AF396855

NOTE HISTORIQUE

sur

LA VILLE

DE TONNEINS

par

ALPHONSE LAGARDE

Avocat

ANCIEN MAGISTRAT

MEMBRE DE LA SOCIÉTÉ D'AGRICULTURE, SCIENCES ET ARTS D'AGEN, DE LA SOCIÉTÉ

DE L'HISTOIRE DU PROTESTANTISME FRANÇAIS ET DE DIVERSES INSTITUTIONS

DE BIENFAISANCE

VENTE AU PROFIT D'UNE ŒUVRE DE BIENFAISANCE : 3 FR. 50

AGEN

IMPRIMERIE ET LITHOGRAPHIE Vᵉ LAMY

1884

NOTICE

SUR LA VILLE DE TONNEINS

NOTE HISTORIQUE

LA VILLE

DE TONNEINS

PAR

ALPHONSE LAGARDE

Avocat

ANCIEN MAGISTRAT

MEMBRE DE LA SOCIÉTÉ D'AGRICULTURE, SCIENCES ET ARTS D'AGEN, DE LA SOCIÉTÉ
DE L'HISTOIRE DU PROTESTANTISME FRANÇAIS ET DE DIVERSES INSTITUTIONS
DE BIENFAISANCE

— ✦ —

VENTE AU PROFIT D'UNE ŒUVRE DE BIENFAISANCE : 3 FR. 50

AGEN

IMPRIMERIE ET LITHOGRAPHIE Vᵉ LAMY

1882

A MONSIEUR PHILIPPE TAMIZEY DE LARROQUE

CORRESPONDANT DE L'INSTITUT DE FRANCE

HOMMAGE DE RECONNAISSANCE

ET DE PROFONDE AFFECTION

BIOGRAPHIE

DE M. ALPHONSE LAGARDE

NOTICE BIOGRAPHIQUE.

M. Jean-Alphonse LAGARDE naquit à Tonneins le 3 octobre 1810. Envoyé de bonne heure au collège royal de Bordeaux, il y fit d'excellentes études classiques et fut dirigé ensuite sur Toulouse pour y faire ses études de droit. Il eut le privilège de s'asseoir sur les bancs de l'école avec des condisciples qui sont devenus depuis, les uns de brillants magistrats, les autres d'éloquents professeurs et parmi lesquels il sut conquérir de solides amitiés.

Après avoir obtenu le grade de licencié en droit, le 23 août 1833, M. Lagarde revint à Tonneins et se fit inscrire le 10 novembre suivant sur le tableau de l'ordre des avocats près le tribunal civil de Marmande; il eut bientôt au barreau un rôle important à côté de confrères dont la réputation s'étendait au dehors, et compta parmi ses clients les familles les plus recommandables de la contrée.

Son intelligence, les connaissances solides qu'il avait su acquérir lui assurèrent la faveur de ses concitoyens qui ne tardèrent pas à le nommer conseiller municipal en 1838, tandis que la fonction de secrétaire du consistoire protestant lui était également conférée.

M. Lagarde remplit les deux fonctions de 1838 à 1865 avec un dévouement absolu, en dépit de luttes pénibles à soutenir et de froissements à supporter. Mais son zèle et son activité n'en reçurent aucune atteinte, et il sut parcourir le chemin du devoir sans se laisser arrêter par les obstacles qu'on se plaisait à amonceler sur sa route.

Nommé, le 18 septembre 1843, suppléant de la justice de paix de Tonneins, dont le titulaire était M. Florimond Lagarde, son père, alors cloué depuis quelque temps sur un lit de douleurs, M. Alphonse Lagarde remplit ces fonctions pendant quatre années consécutives, vaquant à tous les travaux de la justice de paix jusqu'à la mort de son vénéré père. Le 28 mars 1857, sur la proposition de MM. les chefs de la Cour d'Agen, il était nommé juge de paix de Tonneins. Depuis 1853 la Société de l'histoire du protestantisme français le comptait au nombre de ses membres, et en 1872, la Société d'agriculture, sciences et arts d'Agen, le nommait son correspondant.

M. Lagarde a occupé les fonctions de juge de paix depuis 1857 jusqu'en février 1880, c'est-à-dire pendant vingt-trois années. Sa connaissance du droit, sa longue pratique des affaires, son affabilité firent de lui le type accompli du juge de paix, et s'il a rendu bien des jugements, tous frappés au coin de la plus stricte équité et d'une science juridique profonde, on peut bien dire de lui qu'il a rendu encore plus de services, cherchant à concilier les plaideurs avec une patience qui n'avait d'égale que sa bonté; qui pourrait dire le nombre de familles qui seraient encore divisées sans ses sages conseils, le nombre de ménages qui lui doivent la paix intérieure, le nombre de contestations par lui évitées, qui auraient infailliblement amené la ruine de ceux qui les avaient soulevées !

Atteint en février 1880 par une injuste mesure que rien ne pouvait faire prévoir, M. Lagarde descendit de son siège, sans amertume dans le cœur, supportant fièrement sa disgrâce avec le calme de l'homme qui n'a rien à se reprocher et ne regrette qu'une seule chose, c'est d'être si tôt privé de faire du bien à ses concitoyens comme magistrat conciliateur.

Privé de ses fonctions de magistrat, M. Lagarde songea à ses anciens amis du barreau de Marmande et s'empressa de venir leur demander un asile; on le reçut à bras ouverts, et ses confrères, tous plus jeunes que lui, saluèrent sa rentrée en le nommant secrétaire de l'ordre, fonction qu'il occupait encore, quand la mort est venue le ravir à l'affection des siens. Admirateur passionné de l'antiquité, il traduisait chaque matin soit une ode d'Horace, soit une lettre de Cicéron, soit un passage d'Homère ou de quelques auteurs Anglais et Allemands.

Dieu l'a rappelé à lui après une maladie aussi courte qu'inattendue sans lui avoir donné la joie et la consolation, à ses derniers moments de dire adieu à tous les membres de sa famille, qui l'entouraient à cette heure solennelle.

De nombreux amis catholiques et protestants, la Société de secours mutuels dont il était le fondateur et le président honoraire, ses chers orphelins, dont il était le père et le protecteur, sont venus rendre les derniers devoirs à cet homme de bien, mort on peut le dire au travail, et les membres du Conseil de l'Ordre des avocats ayant à leur tête Me Lefèvre, bâtonnier, assistaient en robe à cette triste cérémonie; deux membres du Tribunal de Marmande, à titre officieux avaient également tenu à accompagner la dépouille mortelle de celui dont ils avaient pu apprécier les mérites et la loyauté.

Que mon cher confrère et ami Me Lefèvre me permette de rapporter ici les paroles de suprême adieu qu'il a prononcées au nom du barreau de Marmande, en sa qualité de bâtonnier et qui résument si bien la belle vie de celui dont je n'oublierai jamais les conseils et l'affection :

MESSIEURS,

La mort vient de frapper en pleine intelligence un des hommes qui ont le plus honoré notre barreau.

Je viens au nom de ses confrères lui adresser un dernier adieu.

Alphonse Lagarde était fils d'un homme de bien, magistrat modeste

6

et distingué qui consacrait à l'érudition les loisirs que lui laissait l'œuvre de la justice.

De tels hommes honorent leurs fonctions : ils laissent après eux des exemples que notre regretté confrère ne devait pas négliger.

Ses goûts, ses études, les enseignements de son père, le conduisirent au barreau, où, dès les débuts, il marqua sa place parmi les premiers.

A la mort de son père, il était tout désigné pour le remplacer comme juge de paix du canton de Tonneins.

Il ne crut pas en acceptant ces fonctions quitter tout à fait le barreau où son caractère heureux, sa courtoisie, sa loyauté, lui avaient fait autant d'amis qu'il comptait de confrères.

Il eût certainement hésité à briser des relations qu'il avait su rendre si affectueuses.

Mais il savait mieux que personne que le barreau ne considère pas comme perdus ceux de ses membres qui sont appelés aux dignités de la magistrature.

Unis par un égal respect pour la justice et la loi, magistrats et avocats ne forment qu'une grande famille.

Les magistrats victimes des fautes du pouvoir, sont heureux de se souvenir que leur place est libre dans les rangs indépendants d'un barreau toujours fier de les recevoir.

C'est ce qui devait arriver à M. Lagarde

Pendant de longues années, il se consacra à la tâche difficile et souvent ingrate de concilier ses concitoyens et de leur assurer une impartiale justice.

Bientôt, ses rares mérites, sa connaissance des affaires, sa loyauté poussée jusqu'au scrupule lui assurèrent une autorité et une influence incontestées Ses jugements étaient clairs et bien motivés.

Quand, par une exception bien rare, ils étaient déférés au Tribunal les juges en appréciaient la sagesse et les confirmaient toujours.

On peut dire sans exagération, que M. Lagarde réalisait le type du juge de paix.

Ces magistrats jugent seuls, sans l'assistance de collègues, et souvent sans explications bien claires des parties.

Il leur faut la connaissance du droit que beaucoup possèdent, la science des hommes que certains acquièrent et surtout la confiance respectueuse des justiciables que commandent seuls le savoir et la vertu.

M. Lagarde avait au plus haut degré toutes ces qualités: Elles ne l'empêchèrent pas d'être victime d'une disgrâce imméritée.

Il se souvint alors du barreau où l'attendaient de vieilles amitiés et de nouvelles sympathies.

Mais s'il attachait tant de prix à ce titre d'avocat, il ne songeait plus à reparaître à la barre.

Il se contentait de guider dans cette noble carrière un fils d'adoption auquel nous exprimons de fraternels regrets.

Cependant M. Lagarde ne restait pas oisif. La mort l'a surpris continuant les travaux entrepris par son père dont, par un excès de pieuse modestie, il ne voulait paraître que l'annotateur.

Certes, son œuvre est bonne et ses jours déjà nombreux ont été bien remplis.

Mais si les hommes ont conservé le souvenir de ses mérites et l'exemple de ses vertus, Dieu lui tiendra compte de sa vie toute chrétienne.

M. Lagarde avait la foi vive, la charité entraînante.

Il faisait l'aumône de la main et du cœur.

Il donnait son temps. Il a donné sa vie tout entière, et son âme, transfigurée par la charité, recevra sans doute la récompense promise aux hommes de bonne volonté.

A la mémoire de mon cher et regretté beau-père.

Tonneins, le 1er avril 1884.

Fernand MARQUIS-SÉBIE, Avocat,

Ancien magistrat

NOTICE
SUR LA VILLE DE TONNEINS.

Dans son intéressante et savante *Notice sur la ville de Marmande*, publiée en 1872, M. Philippe Tamizey de Larroque, veut bien exprimer le vœu que *les Recherches historiques sur la ville et les anciennes baronnies de Tonneins*, publiées en 1833, par M. L.-F. Lagarde, soient rééditées et développées à l'aide des matériaux que l'auteur a laissés, et d'un travail manuscrit qu'il n'a guère cessé d'améliorer jusqu'à sa mort.

Avec une bienveillance dont je tiens à le remercier, notre savant compatriote qui me fait presque un devoir d'entreprendre cette tâche, m'y aide en mettant à ma disposition des documents recueillis par lui-même et m'y encourage en acceptant la dédicace de ma monographie. Je serais donc inexcusable de rester sourd à un appel dont je me sens très honoré.

M. Louis Florimond Pierre Lagarde, mon père, avocat, puis juge au tribunal de Marmande, plus tard notaire, et enfin juge de paix à Tonneins, avait conçu le projet de travailler à l'histoire de sa ville natale. Il fut poussé à le réaliser par la remise qu'un honorable citoyen, feu M. Laperche, docteur en médecine, lui fit, pour être déposées dans les minutes de l'étude, des anciennes coutumes de Tonneins, confirmées aux consuls, jurats et habitants de Tonneins en 1301, par Guillaume Ferréol, seigneur de Tonneins.

« Cette découverte, dit M. Lagarde dans l'introduction à

« ses *Recherches historiques*, me faisait connaître le nom des
« anciens seigneurs et les lois particulières de Tonneins ; elle
« était d'une grande importance pour l'objet que je m'étais pro-
« posé ; elle jetait un grand jour sur l'une des principales dif-
« ficultés de mon entreprise. Toutefois j'avais à déterminer
« encore la fondation et les circonstances qui s'y rattachent ;
« enfin restait l'histoire de la ville avant et depuis la rédaction
« par écrit de la coutume.

« L'étude de ces questions m'a offert le tableau d'un fief
« héréditaire remontant au viii* siècle ; un exemple d'organisa-
« tion municipale comme on l'entendait dans l'origine ; le
« spectacle d'une ville qui, après avoir perdu jusqu'à l'exis-
« tence dans les longues calamités qui ont désolé la Guienne,
« s'est retrouvée avec ses anciennes institutions, son ancien
« esprit, son ancien caractère, et à l'aide de ces secours pure-
« ment moraux, s'est créée une seconde fois. »

Les Recherches historiques sur la ville et les anciennes
coutumes et institutions de Tonneins, peuvent être divisées
en trois parties :

1° Situation et origine de Tonneins, constitution politique
et civile de la ville et de la seigneurie.

2° Evènements arrivés à Tonneins ou se rapportant à cette
ville depuis sa fondation jusqu'à l'année 1453, époque où la
domination des seigneurs de la maison de Ferréol passa dans
la maison de Xaintrailles.

3° Evènements survenus depuis 1453.

PREMIÈRE PARTIE.

*Situation, origine, constitution politique et civile de la ville et de
la seigneurie de Tonneins.*

Le territoire de Tonneins était compris dans la division des Gaules
connue, avant la conquête de César, sous le nom de *Celtique* ; et ce

que nous savons de la position et des limites du royaume des *Nitio-briges*, ne permet pas de douter qu'il ait fait partie de ce royaume.

Après la conquête de César, le pays des Nitiobriges fut enclavé dans la *seconde Aquitaine*. Plus tard, il fit partie du royaume des Visigoths sous le nom d'*Agenais*, avec les mêmes limites, à peu près, qu'il avait eues plus anciennement. Puis il dépendit successivement du royaume d'*Aquitaine*, du *duché d'Aquitaine*, du *comté de Toulouse*, encore du *duché d'Aquitaine*, enfin de la *Basse-Guienne*.

Le territoire de Tonneins subit les mêmes changements. Aujourd'hui ce territoire est compris dans le deuxième arrondissement de Lot-et-Garonne. Tonneins est chef-lieu d'un canton comprenant cinq communes et a une population de 8,079 âmes, d'après le recensement le plus récent.

La ville est située sur la rive droite de la Garonne; elle est assise sur un rocher élevé qui domine l'autre rive, et forme sur ce point l'extrémité méridionale d'une haute plaine. Le fleuve, après avoir décrit un angle à peu près droit, à la naissance orientale de la ville, court au pied du rocher du levant au couchant, de telle sorte que Tonneins, élevé à une hauteur de quarante mètres au-dessus d'une vaste et riante plaine, offre, du côté du Midi, une exposition vraiment belle.

La longueur totale de la ville est de deux mille mètres.

Dans cette étendue ont existé deux villes closes et fortifiées, dont chacune a été le chef-lieu d'une haute baronnie : *Tonneins* proprement dit, ou le *Grand Tonneins*, ou *Tonneins-Dessous*, à cause de sa position eu égard au cours de la Garonne, et le *Petit-Tonneins* ou le *Bourg Saint-Pierre-de-Tonneins*, ou *Tonneins-Dessus*.

La première, *Tonneins-Dessous* se composait de la partie occidentale de la ville, depuis le faubourg appelé *Biscarret*, en remontant le fleuve jusqu'à l'ancien passage d'eau, après le château. Son enceinte formait un arc, dont le fleuve était la corde. Le bourg de Cuges, qui dépendait du *Grand-Tonneins*, était à la suite de cette dernière ville, toujours en remontant le fleuve ; et le quartier d'*Entre-deux bourgs*, à la suite du bourg de Cuges, se trouvait placé entre les deux villes et était commun entre elles.

La seconde, comprenait toute la partie orientale, à partir de l'Entre-deux bourgs. Sa figure était, à peu près, celle d'un triangle ayant sa base du côté du Grand-Tonneins.

Cette description est d'accord avec le plan déposé à la bibliothèque nationale et avec les indications du Mercure de France (année 1621) et de l'historiographe Malingre, dans son *Histoire générale des guerres et mouvements arrivés dans les divers états du monde, sous le règne de Louis XIII.* [1]

Ces deux villes ayant été incendiées en 1622, il n'est point possible d'indiquer exactement le tracé de leurs voies et places, encore moins de décrire les édifices qu'elles renfermaient. Voici le peu qu'on sait à cet égard.

La route de Bordeaux à Toulouse traversait, comme aujourd'hui, les deux villes dans toute leur longueur. Tonneins-dessous avait un château considérable et bien fortifié, sur le bord du fleuve, à l'extrémité Sud-Est de la ville, sur l'emplacement actuel de la place dite du château, des maisons environnantes et des terrains que le fleuve a fait disparaître. Ce château appartenait au seigneur. L'ancienne église de Tonneins-dessous était, comme celle que l'on voit aujourd'hui, sous l'invocation de Notre-Dame-de-Mercadieu ou de Mercadil; elle fut détruite pendant les guerres du xvi° siècle. L'église actuelle fut construite à peu près sur l'emplacement de l'autre, dans l'espace de temps qui s'écoula entre 1701 et 1755.

On voyait dans l'ancienne église le piédestal d'un autel votif dont l'origine est encore obscure. Venuti, dans ses *Inscriptions antiques de la ville de Bordeaux*, Saint-Amans dans ses *Essais sur les antiquités de Lot-et-Garonne*, et Delurbe, dans sa *Chronique bordelaise*, affirment que les chrétiens, à une époque inconnue, brisèrent dans l'église Notre-Dame de Tonneins, la corniche de ce monument qui fut transporté à Bordeaux dans l'édifice gallo-romain connu sous le nom de *Piliers de Tutelle*, et de là à Lauzun où il se trouve actuellement, dans le beau jardin du château. [2]

----

[1] Les corrosions successives exercées par le fleuve ont fait rentrer du côté de la ville la ligne droite qu'on remarque dans les plus anciens plans.

[2] M. Ad. Magen, dans une note de son édition des *Essais historiques et critiques* d'Argenton, abbréviés par Labrunie (*Dissertation sur les Nitiobriges*, p. 36,37), donne les raisons qui portent à admettre que l'autel en question, arrivé à Lauzun par une série d'émigrations, n'est qu'un *transfuge de Bordeaux* où il ornait le temple consacré à la divinité tutélaire de cette ville.

Tonneins-Dessus avait aussi son château. L'ancienne église était sous l'invocation de Saint-Pierre. Elle fut détruite au xvi° siècle, ainsi que la seconde, qui était placée sous la même invocation et que le fleuve, à chaque crue, menaçait d'emporter comme il a fait du cimetière.

La nouvelle, a été construite sur un emplacement que la Garonne ne peut atteindre ; elle porte le même vocable que les deux qui l'ont précédée.

Cette ville possédait depuis longtemps un couvent de Carmes, tandis que Tonneins-Dessous n'eut pas d'établissement monastique avant les dernières années du xvi° siècle. A cette époque, le seigneur y fonda un couvent de Piepus et de Tierçaires de l'ordre de Saint-François.

Depuis 1622, l'une et l'autre ont été entièrement reconstruites. Elles n'en font maintenant qu'une sous le nom de Tonneins, bien que, dans son enceinte, on se serve encore des dénominations anciennes.

D'après d'anciens actes, les deux villes avaient une population d'environ quatre mille âmes.

Existait-il, dès l'époque des Nitiobriges, un établissement gaulois sur l'emplacement où Tonneins a été bâti? L'affirmative est probable, mais la preuve n'existe pas.

Les quatre premiers siècles du moyen-âge ne fournissent aucun document sur l'histoire de Tonneins; il n'en est pas de même du cinquième.

Sous le règne d'Honorius, empereur d'Occident, au commencement du v° siècle, Tonnantius Ferreolus, connu sous le nom de Tonnantius Ferreolus I, était préfet du prétoire des Gaules, dignité qui donnait les mêmes pouvoirs que ceux de l'Empereur lui-même, là où elle était exercée. Il était chef de la justice, de la police, de l'administration et des finances. Elu par l'Empereur qui lui remettait une épée et le ceignait d'un bouclier, il se montrait en public sur un char doré, attelé de quatre chevaux de front, et le hérault l'acclamait *Père de l'Empire.*

De son mariage avec Papinianille, fille du consul Affranius Syagrius, naquit Tonnantius Ferreolus II, qui fut sénateur et préfet du prétoire des Gaules. Celui-ci épousa une fille de l'Empereur Avitus, sœur du comte Edicius et de Papinianille, femme de Sidoine Apollinaire.

Tonantius II se fit remarquer dans les événements de la fin du
v siècle.

Il avait recueilli dans la succession de son père deux magnifiques
palais, l'un appelé *Trevidon*, à quatre lieues de Millau, sur le bord
de la petite rivière de Trévezels, l'autre appelé *Prusianum*, sur la
rivière du Gard.

Autour de ces palais, la famille Tonnance Ferréol se forma une
souveraineté comprenant quinze villes conquises sur les Visigoths.[1]

Tonnance Ferréol II eut plusieurs enfants. L'aîné, Tonnance Ferréol III, aurait épousé, disent quelques historiens, une sœur du roi
Clovis I".

Il eut une nombreuse descendance; l'un de ses fils, Déothaire,
fonda dans le pays soumis à l'autorité de son père, un évêché dont
il fut le premier évêque et qui est indiqué dans une foule de manus-
crits sous les noms d'*Aridium*, *Arisium*, *Arisidum*, *Arisidium*.[2]

Les auteurs de l'*Histoire générale du Languedoc* disent que ce
pays, appelé par Grégoire de Tours, *Pagus Arisilensis*, prit ensuite
le nom d'*Arsaqués*, pays d'*Arsac*. Ce mot Arsac employé dans nos
contrées signifie un vaste pays et, par extension, une immense
chose.

La branche aînée de la maison Tonnance Ferréol se fixa dans le
Nord de la France. Ansbert, duc, sénateur, maire du palais en Austrasie, en fut le chef. C'est ce qu'affirment divers historiens très ac-
crédités ; mais cette recherche n'entre pas dans notre cadre.

La souveraineté d'Arisidium fut démembrée, et l'évêché fondé par
Déothaire , supprimé. D'après les auteurs de l'*Histoire générale du
Languedoc*, les traces de cette famille se perdirent, en sorte qu'on
ignore où se fixèrent les enfants de Tonnance Ferréol II et de son
successeur, après qu'ils eurent quitté le pays d'Arisidium.

Quoiqu'il en soit de ces opinions, notre pays possède un document
authentique commençant ainsi : *Asso son las costumas , privilegis,*

---

[1] Pour ces détails, voir Moreri, Dubouchet, Grégoire de Tours.
[2] Voir un mémoire de M. de Mandajors, *Histoire de l'académie des inscriptions et belles lettres*, t. V, p. 338, 313.

franquesas, stabliments et libertals que lo noble senhor Moss. en Guilhem Ferreol, senhor de Thonnenx, tant elh e sos ansiens, an usat, autregat et conferxat als conseilhs, jurals et hab'tants delh dict loc de Thonnenx, aysi coma dejus se ensec. Et ayso fo feit l'an de nostre senhor mil CCCI.

La dispersion des enfants de Tonnance Ferréol, rapprochée des termes de la coutume désignant les ancêtres de Guillaume Ferréol comme seigneurs de Tonneins; le rapport évident qu'il y a entre ces noms *Tonnance* et *Tonneins Ferréol, Ferriol, Ferruol*, permettent assurément de dire que Tonneins doit son origine à l'un des enfants de cette illustre maison. Après avoir transporté la fortune de ses pères dans nos riches contrées, au commencement du VII° siècle, époque de la dispersion de la famille, il a fondé un fief héréditaire sur notre territoire et lui a donné le nom de *Tonnance*, porté par lui et par ses *ansiens*, nom dont on a fait ensuite *Tonenx, Thonenx, Thonnenx*, comme on le voit dans les coutumes et enfin *Tonneins*.

L'étymologie du nom Tonneins qui se trouve dans celui de Tonnance, celle du nom de Ferréol qui se trouve dans celui de Ferréol, la rencontre de ces deux noms *Tonnance* et *Ferréol* concordant l'un avec le nom du fief, l'autre avec le nom des seigneurs qui l'ont possédé jusqu'au XV° siècle, ne semblent laisser aucun doute sur ces origines.

Quant au fait très important de l'existence de la seigneurie de Tonneins au VII° siècle, il est facile de l'établir par des documents authentiques. Une explication préalable est toutefois nécessaire.

Tout le monde sait que l'institution des dimes eut pour cause la piété des fidèles. C'était le dixième des fruits, qu'on donnait aux ministres des autels pour les frais du culte. Les prêtres en jouirent sans trouble jusqu'à l'invasion des Sarrasins, au VII° siècle. Obligés de fui devant ces envahisseurs, ils abandonnèrent les contrées où ils faisaient leur résidence. Les dimes, devenues vacantes, tombèrent au pouvoir des seigneurs et, en raison de ce fait, furent dites inféodées.[1]

Les ecclésiastiques réclamèrent leurs dimes après que Charles Martel eut chassé les Sarrazins de l'Aquitaine, mais les seigneurs qui

---

[1] Boucher d'Argis, *Code rural.*

avaient puissamment contribué à la défaite des Sarrasins, en obtinrent la possession comme récompense de leurs services. Cette inféodation fut confirmée par Charles Martel et plus tard reconnue par le concile de Latran.

La direction des idées religieuses porta plusieurs seigneurs à transiger avec le pouvoir ecclésiastique. Celui de Tonneins adopta ce parti. Il fit un accord avec l'abbé de Sarlat en 1262 ; l'abbé lui abandonna ses prétendus droits sur les dîmes inféodées de Cuges, Sabalaure et Lacouture, à la charge de lui en faire hommage et d'être le chevalier, le vidame et l'avoué de l'abbaye de Sarlat, titre que les barons de Tonneins-Dessous ont toujours porté depuis.

Ces dîmes étaient patrimoniales et héréditaires et, suivant une opinion généralement adoptée, remontaient au moins au viie siècle. Elles étaient donc antérieures à l'invasion des Sarrazins.

Il existe un grand nombre de titres, reconnaissances, baux à ferme, établissant l'existence de ces dîmes au nom des seigneurs de Tonneins, et cela depuis un temps immémorial. Nous avons une reconnaissance de noble dame Catherine Brachet, dame de Xaintrailles, de Villeton et de Tonneins, agissant sous l'autorité de monseigneur Jehan de Stuer, son mari, comparant en son nom et avec sa procuration, nobles et puissants seigneurs Messires Antoine de Salaignac et Jehan de Salaignac, son père, écuyers, seigneurs de La Mothe ; cette pièce suffit pour donner une idée de l'importance qu'avaient ces actes. Elle est rédigée en latin ; je traduis littéralement :

« De son propre mouvement ainsi qu'il (le mandataire) l'a dit au
« nom de la dite dame Catherine, dame du dit lieu de Thonneux, en
« vertu de son mandat spécial ainsi qu'il résulte des lettres de pro-
« curation susdites, a reconnu et confessé, toute fraude cessant,
« tenir et posséder et, des prédécesseurs seigneurs, du dit lieu de
« Thonneux-Dessous, avoir de *toute ancienneté* tenu et possédé
« *en fief* mouvant du seigneur évêque de Sarlat et de ses prédéces-
« seurs, au nom de la dite Église de Sarlat comme seigneur juridic-
« tionnel, sous hommage et serment de fidélité, toute la dîme que
« la dite dame lève et perçoit et que de toute ancienneté ses prédé-
« cesseurs seigneurs du dit lieu de Thonneux ont levée et perçue
« et ont accoutumé lever et percevoir dans la paroisse de Saint-
« Pierre de Brunens, près le dit lieu de Thonneux, sous et avec pen-

« sion annuelle de dix livres arnaudenques,[1] payables annuellement

---

[1] La livre *arnaublense* dont se servit le mandataire de noble dame Catherine Brachet avait cours bien avant 1300, car, elle est mentionnée dans les coutumes de Tonneins, coutumes tracées par écrit en 1301, mais qui existaient antérieurement, ainsi que le prouve le texte même de la coutume.

« Asso son las costumas, privilegis, franquesas, establimentz e libertatz « que lo noble senhor Moss. en Guilhem Ferriol, senher de Thonnenx, tant « el e sos ansiens, an usal, etc. »

Cette monnaie, qui était de billon, circulait en Guienne ; elle était d'un usage général à l'époque où furent rédigées les coutumes de Tonneins. D'après M. l'abbé Argenton, l'un des hommes qui ont le mieux étudié les antiquités de l'Agenais, le nom de notre monnaie était emprunté à Arnaud de Boville, évêque d'Agen au xₑ siècle. Il fallait tailler pour la monnaie arnaudenque 250 deniers par marc tandis qu'il n'en fallait que 220 pour la monnaie tournoise.

Art. 03 de la coutume de Tonneins-Dessous : « Si nulh homme ny nulha « fenna en vendre ny en crompar mesurava a autra mesura que no fos mer-« cada de la merca de la vila de Thonenx, ab que en aquera fos leial e bona, « lo senhor y deu avev V. S. darnaldens de gatge. »

Toutes les amendes, tous les prix des tarifs pour droits quelconques sont ainsi fixés en monnaie arnaudenque.

Bien que Tonneins-Dessous et Tonneins-Dessus eussent des coutumes différentes, il y avait de fréquents rapports entre ces deux localités et, dans les transactions de tous les jours, on devait trouver peu commode d'avoir deux sortes de monnaies. Tonneins-Dessus, en effet, qui avait reçu du seigneur la coutume de Casteljaloux, employait une monnaie qui se fabriquait à Morlaas dans l'ancien palais des vicomtes de Béarn. Elle est plusieurs fois mentionnée dans la coutume et fut en usage dans le Béarn jusqu'au règne d'Henri IV. — Les espèces des États voisins n'avaient aucun cours en Béarn.

Cette monnaie portait d'un côté l'empreinte d'une tête avec ces mots à l'entour :

Gasto vic et doin Bearn

Et au bas : *honor. fuec Morlan*

Sur le revers était une main tenant une épée, avec les armes de Béarn et en exergue *Gratia Dei sum id quod sum*. Les livres de Béarn se nommaient *livres Morlanes*. Le sou *Morlan* était la vingtième partie de la livre. Le quart du sou se nommait *ardit*, liard. Celui-ci se subdivisait en petites pièces nommées *Baquettes*, petites vaches. Le mot *ardit* s'est conservé dans notre patois, bien que cette monnaie ne soit plus, depuis longtemps, en usage. On dit d'un enfant polisson « *nous baou pas un ardit.* »

« au dit seigneur évêque ou à son ordre certain à la fête de Saint-
« André d'hyver, de laquelle pension payée pour le dit procureur
« fondé jusqu'au présent jour au dit seigneur évêque le dit seigneur
« évêque, par amiable composition, a donné quittance au dit pro-
« cureur fondé, ainsi que de tous arrérages jusques au présent jour.
« Après quoi le dit procureur fondé a supplié et requis le dit sei-
« gneur évêque, ici présent et stipulant pour lui et ses successeurs,
« de vouloir bien admettre le dit procureur fondé a prêter son
« hommage et son serment de fidélité, selon la forme dans laquelle
« les prédécesseurs du dit seigneur évêque, avaient accoutumé à re-
« cevoir et admettre les prédécesseurs de la dite dame Catherine
« seigneurs du dit lieu de Thonnenx.

« Lequel dit seigneur évêque ayant entendu la supplication et la
« requête susdite de la part de la dite dame de Tonneins, voulant
« être favorable à la dite supplication, nonobstant que la dite dame
« Catherine eût été obligée et tenue de venir en personne dans la
« dite cité de Sarlat pour y prêter son hommage et voulant à cet
« égard donner une marque de sa considération pour la dite dame, a
« consenti à recevoir le dit hommage du dit noble Jean de Salignac,
« procureur fondé, mais pour cette fois seulement,

« Et alors le dit noble Jean de Salignac procureur susnommé de
« la dite dame Catherine et au nom de cette dernière, présent, de-
« vant le dit seigneur évêque, dans la cour et palais de Sarlat, ayant
« ployé le genou droit et ôté son manteau et son épée et la tête dé-
« couverte, a prêté l'hommage et le dit serment de fidélité au dit
« seigneur évêque ici présent et stipulant et acceptant pour lui et
« pour ses successeurs et pour la dite église de Sarlat. Le dit pro-
« cureur a juré par les saintes Evangiles de Dieu dont le livre a été
« par lui corporellement touché, pour lui et pour les héritiers de la
« dite dame Catherine et dans les mains du dit seigneur évêque, ac-
« ceptant pour lui et ses successeurs et pour la dite église de Sarlat,
« que la dite dame Catherine sera bonne et fidèle vassalle au dit
« seigneur évêque et à ses successeurs et à la dite église de Sarlat,
« et qu'elle conservera sains et entiers les droit du dit seigneur évê-
« que et de ses successeurs et de l'église susdite de Sarlat et les
« droits des dîmes susdites de tout son pouvoir, de bonne foi et
« dans la forme et manière qu'il a accoutumée être fait par les pré-
« décesseurs de la dite dame Catherine, seigneur du dit lieu de
« Tonneins-Dessus. Obligeant en vertu des pouvoirs susdits, tous les

« biens présents et avenir de la dite dame Catherine pour la parfaite
« entente et exécution des présentes.

« Lesquelles choses ainsi faites, le dit seigneur évêque a admis le
« dit procureur fondé au nom de la dite dame Catherine et l'a reçu
« à titre de vassal et à l'hommage et serment de fidélité. Il a déclaré
« de plus être pleinement et intégralement satisfait de la dite pension
« annuelle de dix livres arnauldenses jusqu'au présent jour et en a
« quitté jusques au présent jour ladite dame Catherine, ses hé-
« ritiers.

« Il est néanmoins expressément réservé, du consentement des
« dites parties que s'il était découvert quelque titre duquel il résultât
« que la forme de l'hommage dût être différente, la dite dame Ca-
« therine et ses successeurs devraient s'y conformer, et que, pareil-
« lement, le dit seigneur évêque et ses successeurs sus dits se-
« raient tenus de recevoir et admettre la dite dame Catherine et ses
« successeurs, à l'hommage dans la forme et de la manière indiquée
« par les dits titres.

« De toutes et chacune lesquelles choses les dites parties et cha-
« cune d'elles ont demandé et requis moi notaire de leur délivrer
« un instrument public ou plusieurs selon qu'il leur en sera néces-
« saire et opportun, ce que moi notaire ssussigné leur ai concédé et
« accordé.

« Ce fut fait dans la cité de Sarlat les an, jour, mois susdits, pré-
« sents et entendant vénérables et religieux hommes pères, Pierre
« de Saint-Meyrals autrement Druguet, chantre et Jean de Manhonac,
« chanoine de la dite église de Sarlat, maître Gailhard de Langlade,
« prêtre recteur ou vicaire perpétuel de Sainte-Marie de Triumphac
« près Sarlat et Guillaume Usqui, citoyen de Sarlat, témoins à ce
« requis. Et moi Guillaume de Vallette, prêtre, citoyen de Sarlat, par
« l'autorité royale notaire public. »

Beaucoup de baux et reconnaissances pourraient être joints à la
pièce que je viens de transcrire pour constater l'existence de dîmes
inféodées à l'ancienne Baronnie de Tonneins depuis un temps immémorial. Il résulte de ces documents que Tonneins existait, tout au
moins, au VIII° siècle.

La famille Tonnance Ferréol était d'origine gauloise. Elle avait
dès avant le V° siècle, embrassé le christianisme. A l'époque où elle
se dispersa, plusieurs de ses membres avaient rempli les fonctions de

l'épiscopat. Il est donc probable que, en fondant à Tonneins une seigneurie, le descendant de tant de nobles et pieux personnages y fonda en même temps l'église de Notre-Dame de Mercadil.

Dans l'ancien langage le mot *mercadil* signifiait à la fois *frontière*, et *marchand*. Tonneins était ville frontière soit par rapport à la seconde Aquitaine, soit par rapport à l'Agenais. D'un autre côté, la position de la ville sur le fleuve, et ce qu'on lit dans les coutumes relativement à son commerce permettent de croire que ses premiers habitants furent des marchands.

Les doctrines des Vaudois avaient trouvé de nombreux et fervents adeptes parmi les peuples qui habitaient nos riches plaines. Leurs chefs affectaient partout un grand mépris pour les cérémonies de l'Église romaine; ils ne se découvraient pas au passage d'une procession, ils ne s'inclinaient pas devant le Saint-Sacrement. Le clergé crut dissiper ces symptômes de réforme en faisant punir ceux qui s'éloignaient ainsi de Rome. Des colonnes de croisés furent chargés de conquérir ces âmes. La colonne de l'Ouest, formée d'Aquitains placés sous la conduite de l'archevêque de Bordeaux, remonta la Garonne, enrôla dans ses rangs l'évêque de Bazas et les chevaliers des Landes. La ville de Gontaud ne put résister, elle fut à moitié brûlée. Tonneins fut soumis au pillage et à la destruction : tristes préludes de ces luttes terribles qui, sous le nom dérisoire de guerres de religion, firent couler tant de sang et amoncelèrent tant de ruines.

L'Italien Henri, homme austère et courageux, dont le nom est devenu célèbre dans l'histoire, parcourut nu-pieds, portant à la main un bâton surmonté d'une croix, les contrées situées entre Bordeaux et Toulouse. Il prêchait la soumission aux Saintes-Ecritures, l'abolition du jeûne en tant que méritoire devant Dieu, le salut gratuitement offert par Jésus-Christ. A la fin du xii siècle, l'Agenais était signalé comme le pays de l'hérésie.

Les bûchers furent en permanence des bords du Rhône aux bords du Lot. Un décret du pape Grégoire IX (1233), chargea les dominicains de punir les hérétiques, surtout dans le diocèse de Bordeaux. Des tribunaux d'inquisition furent établis à Toulouse, Albi et Cahors.

Tonneins eut beaucoup à souffrir de ces luttes.

La Baronnie de Tonneins-Dessous appartenait à la maison de Ferréol ; celle de Tonneins-Dessus appartenait en 1261, à Raimond Bernard de Rovinha, seigneur de Caumont et de Casteljaloux, qui donna à ses habitants les coutumes de cette dernière ville.

Il est hors de doute que Tonneins-Dessous et Tonneins-Dessus ont la même origine. Les raisons qui portent à attribuer à un membre de la famille de Tonnance Ferréol la fondation de Tonneins-Dessous s'appliquent à Tonneins-Dessus.

Le seigneur de Tonneins-Dessous possédait dans sa seigneurie de Tonneins-Dessus des dîmes inféodées. Cette dernière seigneurie devait anciennement foi et hommage à sa voisine. Un inventaire, dressé le 25 juillet 1753 entre le comte de Lavauguyon et les sieurs Lescun, Pouget et Ballias établit cette déclaration de foi et hommage.

La ville a toujours été divisée en deux paroisses ; Tonneins-Dessous et Tonneins-Dessus, chacune ayant son église : *Notre-Dame de Mercadil* et *Saint-Pierre*.

De quelle manière la seigneurie de Tonneins-Dessus fut-elle détachée de l'autre seigneurie ? C'est ce qu'il est impossible, jusqu'ici, de dire positivement. Il est probable que c'est par suite d'un mariage qui aura entraîné une division, ou d'une vente pour le voyage de la Terre-Sainte ; mais ce ne sont là que des présomptions Dès l'année 1261, chacune des seigneuries avait son territoire et ses dépendances.

La Seigneurie de Tonneins-Dessous était limitée au Nord par le ruisseau de la *Torgue*, au Sud par la seigneurie de Villeton, à l'Est par celles de Grateloup, de Clairac et de Tonneins-Dessus, à l'Ouest par celle de Fauillet. Elle comprenait quatre paroisses : Saint-Blaise de Breil, Saint-Germain de Rivière, Saint-Etienne de Gajoufet, Notre-Dame de Mercadil.

Elle s'accrut :

1° De celle de Grateloup comprenant les paroisses de Grateloup, Varès, Sainte-Marthe et Saint-Gayran ;

2° De celle de Villefranche-du-Cayran, dont le quart fut donné, le 13 juin 1310, par le roi d'Angleterre, duc de Guienne, à Guillaume Ferréol, et dont les autres trois quarts entrèrent dans la maison de

Ferréol, probablement par suite de ses alliances avec la maison d'Albret ;[1]

3° De la baronnie de Villeton, qui appartenait auparavant à la maison de Xaintrailles ;

4° Du marquisat de Calonges, acquis dans le xviiie siècle par Antoine-Paul-Jacques de Quelen de Stuart de Caussade, comte de Lavauguyon ;

5 Enfin de la baronnie de Tonneins-Dessus qui, à la même époque, fut acquise du duc de La Force par le comte de Lavauguyon, et rentra ainsi dans le domaine des barons de Tonneins-Dessous.

La Baronnie de Tonneins-Dessus était bornée, au nord et à l'ouest, par celle de Tonneins-Dessous, au sud et à l'ouest, par la Garonne et par les seigneuries de Villeton et de Nicole, à l'est par celle de Clairac. Elle comprenait trois paroisses, Saint-Sernin-d'Unet, Saint-Georges-de-Rams, Saint-Pierre-de-Tonneins.

En l'année 1609, on procéda avec solennité et avec une grande exactitude à la délimitation *de la Baronnie* de Tonneins-Dessus.

Un conseiller du Roi, assisté du Procureur du Roi et d'un greffier commis, vinrent d'Agen, *montés à cheval* et prirent *pied terre* à Tonneins-Dessus, à l'enseigne de l'Ecu de France. Bertrand Castelz, syndic, assisté de Naudon Charlaguet, Roubbert Dupin, maître Gabriel Pomarède et Jehan Biscarron, consuls et autres jurats comparaissent devant eux et leur demandent de procéder à la délimitation de la juridiction, pour être déchargés de l'excessive taille qu'ils sont obligés de payer. Il est immédiatement fait droit à cette requête.

Le dénombrement de la Baronnie de Tonneins-Dessus résulte d'un aveu et reconnaissance fait, en 1663, par Henry de la Tour d'Auvergne, vicomte de Turenne devenu baron de Tonneins-Dessus, à la la suite de son mariage avec Charlotte de Caumont.

Il est question, dans cet acte, d'une vieille ville et château, le tout ruiné. Ce dénombrement fut arrêté dans trois jours de Cour, *les playds tenant*, par-devant Me Vital de Goulard, juge royal le plus proche de Tonneins. Il fut déposé au greffe, au bureau du domaine du roi, à Bordeaux, le 17 août 1663.

Ces points posés, je reviens à l'histoire de notre ville et à ses origines.

---

[1] *Rôles gascons. Recueil de Rymer.*

La maison de Tonnance de Ferréol, après avoir possédé dans les environs de Millau, ainsi que je l'ai déjà dit, une souveraineté connue sous le nom d'*Arisidium*, vit ses membres se disperser. Les uns, sous la conduite d'Ausbert, duc et sénateur, tige de la maison de Charlemagne, s'établirent en Austrasie ; les autres fondèrent divers fiefs, soit dans le nord, soit dans le midi de la France. Les fondateurs de la Baronnie de Tonneins donnèrent à ce fief le nom de Tonnance ou de Tonnhenx, Tonneins, conservant pour eux le nom de Ferréol ou Ferriol, sous lequel ils continuèrent à être connus et qu'ils portèrent jusqu'au quinzième siècle, époque à laquelle ce nom s'éteignit à Tonneins avec Isabelle de Ferriol, dame de Montpezat, fille et unique héritière de Jean de Ferriol, chevalier, baron de Tonneins, décédée sans enfants.

Cette illustre famille avait embrassé de bonne heure le christianisme. A l'époque où elle se dispersa, elle comptait déjà parmi ses membres des évêques et des martyrs ; indépendamment du fief de Tonneins elle fonda l'église principale de Notre Dame. qui fut appelée de *Mercadil*, l'église de Saint-Pierre, l'une et l'autre situées dans l'enceinte de la ville, et les autres églises paroissiales situées dans la juridiction.

La fondation de l'ancienne église Notre-Dame paraît remonter au sixième siècle. L'église dut être construite en forme de basilique.

Comme toutes les églises de la contrée, Notre-Dame fut détruite par les Sarrazins. Elle fut réédifiée dans le style roman primitif : les piliers actuels, qui séparent les trois nefs, construits sur les fondements des anciens, ont conservé la forme carrée sans aucun indice de colonnes engagées et supportent des arcades à plein cintre ; des pierres, trouvées dans les anciennes dépendances de l'église, représentent des figures grossièrement exécutées.

Cette église existait en 1490. C'est dans sa nef romane que, après la réunion de la Guienne à la couronne de France, les anciennes coutumes de Tonneins furent exhibées, lues et rétablies, en présence de Guillaume de Stuer de Caussade, qui avait succédé à la maison de Ferréol dans la Baronnie, en présence, aussi, des consuls, jurats et habitants.

Elle fut détruite de nouveau pendant les guerres de religion du seizième siècle et enfin rétablie dans le dix-huitième, telle qu'on la voit aujourd'hui.

Cette nouvelle reconstruction s'opéra dans les circonstances suivantes :

Le 31 juillet 1701, Nicolas de Quelen de Stuart de Caussade, prince de Carency, baron de Tonneins, offrit aux consuls, jurats et habitants de Tonneins, de rebâtir à ses frais l'église Notre-Dame. La jurade accepta. Une requête présentée à l'évêque d'Agen, pour obtenir son approbation, mentionne en ces termes l'ancienne église : « Les malheurs des temps, disent les consuls, ont privé la ville d'une « grande et belle église, seule capable de leur donner la commodité « d'y faire leurs exercices et leurs prières, dont il ne reste que les « fondements, qui se trouvent de vingt-quatre cannes de longueur, y « compris l'épaisseur des murailles et de six cannes de largeur en « œuvre, sans y comprendre les chapelles qui étaient au nombre de « six, trois de chaque côté. »

Sur cette requête, M. de Mascaron, évêque, rendit une ordonnance favorable en date du 23 novembre 1701. La reconstruction s'effectua, mais ne fut terminée qu'en 1755.

L'église de Saint-Pierre de Tonneins, fondée en même temps que l'église Notre-Dame, était bien moins considérable que l'autre. Saccagée par les Sarrazins, elle fut reconstruite en style roman primitif. Détruite de nouveau pendant les guerres du seizième siècle, elle fut rebâtie avec les matériaux et sur l'emplacement de l'ancienne. Sa réédification fut commencée en 1669. Jusqu'en 1756, le culte se célébra dans l'église Saint-Pierre, dont l'usage fut commun aux deux paroisses.

L'église Saint-Pierre était bâtie sur une berge minée par le fleuve; chaque hiver, quelques tombes du cimetière attenant à l'église, étaient emportées par les éboulements. En 1842, on dut procéder à la démolition de ce lieu de culte.

En 1680, M. de Lavauguyon fonda l'église des religieux du Tiers-Ordre de Saint-François, qui est devenue un temple protestant maintenant abandonné.

Résumons ce que nous avons, jusqu'ici, avancé sur l'histoire de notre ville : 1° posssession à titre de fief héréditaire du territoire de Tonneins, par un fils de Tonnance Ferréol; 2° occupation de ce territoire par de nombreux habitants qui, selon ce qui s'est partout pratiqué, viennent s'établir autour du château et de l'Eglise et qui se donnent des coutumes rédigées par écrit en 1301.

Les usages de l'histoire générale confirment ces assertions. « Mon-
« tesquieu affirme qu'il y avait, chez les Germains, des vassaux. Les
« fiefs étaient des chevaux de bataille, des armes, des repas. Il y avait
« des vassaux parce qu'il y avait des hommes fidèles, qui étaient liés
« par leur parole, qui étaient engagés pour la guerre, et qui faisaient
« à peu près le même service que l'on fit depuis pour les fiefs.

« Je ne puis douter, ajoute Montesquieu, que dès le temps des maî-
« res du palais, la plupart des fiefs n'eussent été rendus héréditai-
« res. » On trouve des exemples de fiefs héréditaires dès cette époque; ainsi, le roi de France, Dagobert Iᵉʳ, fit une donation à ses
neveux, Boggis et Bertrand, à titre de fief héréditaire, dès l'année
637, à la condition de faire hommage de ce fief au roi de France.
(*Art de vérifier les dates. Chronologie des rois français de Toulouse
et d'Aquitaine.*)

Quant aux coutumes locales, on en trouve de nombreuses traces
avant l'affranchissement des communes par Louis-le-Gros.

Les villes gauloises eurent leurs magistrats municipaux, leur
sénat, leurs franchises et priviléges. Les vainqueurs, qui connais-
saient par leur propre expérience l'utilité de ces institutions, les
favorisèrent.

Les Francs, à leur tour, ne voulurent pas changer des usages
chers aux populations envahies. Les seigneurs n'hésitèrent pas à les
confirmer ; seulement, ils voulaient paraître les concéder, en faire
don, les *octroyer*. Mably (*Considérations sur l'histoire de France*)
appelle les coutumes « le pacte social de la ville, un contrat entre la
« liberté et la nécessité des temps, une transaction entre le puis-
« sant et le faible, par laquelle la puissance était limitée, la faiblesse
« secourue, l'esprit de cité et l'industrie encouragés. »

D'après Montesquieu, que j'ai déjà cité, les coutumes existaient dès
le commencement de la première race des rois de France ; et son
opinion est confirmée par des historiens qui font autorité.

Dès l'origine de la féodalité, la France était divisée en pays du domaine du Roi ou *de l'obéissance le Roi* et en pays de Barons ou *pays
hors l'obéissance le Roi*. Les Rois ne pouvaient, de leur autorité,
rendre des ordonnances que pour les pays de leur domaine; ces actes
étaient sans valeur dans les pays des Barons, sans le consentement
de ceux-ci. Le roi de France n'aurait pas donné des franchises municipales aux communes du duché d'Aquitaine, ni le duc d'Aquitaine
aux vassaux du Baron de Tonneins.

Les coutumes étaient, à la fois, un code constitutionnel pour la commune, et un code civil pour les particuliers. C'était le droit commun de la contrée.

Les Romains portèrent leurs lois dans les Gaules. Les Gaulois et même les Visigoths en reconnurent la sagesse et les adoptèrent.

Les Francs respectèrent les lois des peuples qu'ils soumettaient. Quant à eux, ils suivaient la loi salique, mais ils permirent aux Bourguignons de suivre la loi Gombette et aux Gaulois et aux Romains d'être régis par la loi Romaine qui était, dans la première race de nos rois, la loi générale. Elle fut surtout loi générale pour cette partie de la France située entre la Loire, les Pyrénées et la mer Méditerranée. Ce fut librement et de leur propre et libre choix que ces populations déclarèrent adopter la loi Romaine. L'autorité royale, loin de s'opposer à cette adoption, la sanctionna, toutefois dans les limites de son pouvoir.

Ce n'était cependant pas, pour ces peuples, une loi se rapportant à leurs origines. Avant son adoption, n'avaient-ils pas leurs usages résultant de leurs rapports sociaux, du climat, de leurs habitudes ? En auraient-ils volontiers fait le sacrifice ? De nombreux documents historiques démontrent que, tout en adoptant pour loi générale le droit romain, chaque localité, chaque ville se réserva des coutumes locales. Il faut remarquer que ces coutumes l'emportaient sur le droit Romain dans tous les points où elles lui étaient contraires ; dans certains cas, les coutumes suppléaient au silence de la loi.

Ces simples explications disent assez ce que dût être la coutume de Tonneins lorsqu'elle fut arrêtée entre le seigneur et les habitants, lors de la fondation de la ville.

La rédaction de la coutume est fixée à l'année 1301 ; et c'est l'acte lui-même qui le dit. Cette époque est remarquable, Philippe-le-Bel était alors maître de l'Agenais et de presque toute la Guienne. Il venait de confirmer les priviléges de la ville de Bordeaux. Le seigneur et les habitants de Tonneins jugèrent ce moment favorable pour transformer en coutume écrite leur coutume jusque-là de tradition et dont le souvenir, confié à la mémoire et au patriotisme des anciens habitants, s'était conservé malgré l'ignorance et les troubles de ces temps reculés.

Au surplus, elle nous est parvenue dans une forme authentique.

Ecrit sur deux peaux de parchemin, l'un des originaux était déposé dans les archives de la ville, l'autre appartenait au seigneur. C'était un véritable contrat synallagmatique. Chaque habitant avait le droit de le consulter et d'en requérir du notaire une copie authentique.

A l'avènement du nouveau seigneur, Guillaume de Stuer, les habitants l'obligèrent à représenter les coutumes, et il en fut fait, en présence du Baron, des Consuls et du peuple assemblé, une lecture et une copie en bonne forme.

Les doubles déposés à l'hôtel de ville furent détruits pendant les guerres de religion. Les consuls exigèrent du nouveau seigneur, Louis de Stuer, avant la prise de possession de la seigneurie, qu'il produisit une copie authentique de la coutume.

La coutume est écrite dans la langue vulgaire des habitants, telle qu'ils la parlaient en 1301. Il serait trop long de faire l'analyse complète de ce précieux document dont nous avons fait une copie exacte destinée à être publiée prochainement dans une revue spéciale.

Le premier septembre 1581, avant d'entrer en possession de sa seigneurie, Louis de Caussade, baron de Tonneins, fut supplié et requis de fournir aux habitants et aux consuls représentés et conseillés par M⁰ Claude Drême, avocat, dont le nom se retrouve dans tous les actes se rapportant à l'histoire de notre ville, une copie des coutumes et de faire le serment exigé par elles.

La coutume fait bien mention du serment réciproque que doivent prêter le seigneur aux habitants en prenant possession de la seigneurie, et les habitants au seigneur, mais elle ne donne point le texte du serment. Toutefois cette formule est reproduite dans l'acte dressé par le notaire *Jehan Pomarède*, pour rendre aux habitants la coutume qui avait été égarée ou détruite, mais dont le seigneur possédait un exemplaire. Il s'agit des serments prêtés, en 1490, par Guillaume de Stuer et, en 1581, par Louis de Caussade.

La baronnie de Tonneins-Dessous relevait immédiatement de la couronne ducale d'Aquitaine. Après la réunion de la Guienne à la couronne de France, l'hommage appartient au Roi comme duc de Guienne. C'est dans ce sens qu'il était rendu. Le seul devoir du baron était de fournir un homme d'armes et deux archers à l'arrière-ban.

Le seigneur avait, dans sa seigneurie, tout droit de justice haute, moyenne, basse, mère, mixte impère et droit de guerre. La haute justice comprenait toutes causes civiles, réelles, personnelles, mixtes, sans aucune limite, et les matières criminelles, y compris les causes entrainant la peine de mort. C'était la justice mère, *merum imperium*. La justice moyenne embrassait toutes les matières civiles et les affaires criminelles, lorsque l'amende ne dépassait pas 60 sols parisis. Elle comprenait la basse justice s'appliquant aux causes personnelles, jusqu'à la valeur de 60 sols parisis, et les simples délits dont l'amende ne dépassait pas dix sols.

Le seigneur jouissait, en outre, des droits suivants : faculté de délivrer les prisonniers; droit aux alluvions; droits sur les biens donnés à l'Eglise; droits de halle, de pilori, de boucheries, de foires et marchés, d'hôpital, de château à fossés, pont-levis, tours, pavillons, girouettes, bastions, ravelins; droits honorifiques dans les églises paroissiales de Notre-Dame-de Mercadil, de Saint-Etienne-de-Gajoufel, de Saint-Germain de Rivière, de Saint-Blaise du Breil; droits honorifiques et de fondateur dans l'église des religieux du Tiers-Ordre de Saint-François; droits de pontonage, de péage d'eau sur toutes les marchandises passant sur le fleuve, du péage par terre, passage d'eau, bateau de poste; une charge de bois par chaque habitant ayant feu et lieu à Tonneins; l'hommage de treize seigneurs de fief.

Le baron de Tonneins avait pour principaux officiers un sénéchal et un bailli.

Le sénéchal était le lieutenant-général du seigneur et son représentant; le seigneur ayant cessé d'avoir un sénéchal, le bailli remplit cet office

Dans l'origine, le bailli était chargé de la défense de la ville et de la seigneurie; mais cette charge devint bientôt purement judiciaire, et son titre, à Tonneins, se convertit en celui de juge.

Le sénéchal et le bailli étaient à la nomination et aux gages du seigneur.

La coutume s'occupe de l'organisation et des attributions des corps municipaux.

Quatre consuls nommés pour un an gouvernaient et administraient la ville. Ils élisaient entre eux secrètement les consuls qui devaient leur succéder l'année suivante, sans que le seigneur et ses officiers eussent le droit de prendre part à cette élection.

Les consuls nouvellement élus juraient, la main sur les Evangiles, en présence du peuple assemblé, d'être bons, droits et loyaux, de défendre les intérêts du seigneur et de la ville, de maintenir les droits de tous, pauvres et riches, amis et ennemis, suivant les fors, coutumes et franchises de la ville, de ne recevoir argent, salaire ni promesses, à raison des affaires de leur compétence.

Le peuple, à son tour, promettait aux consuls *obéissance, secret et aide.*

Les consuls élisaient parmi les prud'hommes de la ville un corps de jurats qui formait leur conseil. Celui qui avait été consul ne pouvait être réélu qu'après trois ans.

Le compte des consuls était rendu devant des commissaires nommés par le corps de jurade.

Les fonctions des consuls étaient gratuites. Leurs frais de voyages, dans l'intérêt de la ville et leur costume, consistant en une robe mi-partie de rouge et de noir et un chaperon rouge, étaient à la charge de la communauté.

Les deniers appelés patrimoniaux provenaient du produit de la grande forêt dite de La Gaufrenque, au nord de la ville, et du produit des boucheries.

Les murs d'enceinte, les fossés, les fortifications appartenaient aussi à la ville à titre de franc-fief, à la charge des réparations.

Les deniers appelés casuels consistaient dans le produit des amendes, des quêtes et de ce qui provenait de causes accidentelles. Ceux-ci étaient spécialement affectés au pavé, aux murailles, aux fortifications ; les deniers patrimoniaux servaient à tous les services indistinctement.

Toute personne étrangère à Tonneins pouvait s'y établir, après information sur sa moralité. La réception du bourgeois de Tonneins était ordinairement accompagnée d'un don fait à la ville par le récipiendaire. Ce don, d'abord de douze deniers, fut ensuite d'une hallebarde pour la défense commune.

Tout habitant pouvait quitter la ville pour aller résider ailleurs.

Le seigneur ne pouvait requérir ni quête, ni taille, ni logement, ni don, ni prêt, ni otages des habitants de la ville. Le mercredi de chaque semaine se tenait un marché, et, chaque année, une grande foire commençant le jour de l'Ascension et finissant le jour de la Pentecôte.

Par erreur, on avait autorisé, dans la ville de Damazan, appelée autrefois Château-Contal, une foire qui se tenait à la même époque que celle de Tonneins. Les consuls de Tonneins s'en plaignirent et le Roi d'Angleterre, réformant les lettres antérieures, écrit aux Consuls ce qui suit :

« Sciatis quod per nostras litteras quondam datas consulibus et universitati bastide Castri Comitalis diocesis Agenensis, super nundinis in eadem bastida tenendis et faciendis diebus et temporibus quibus teneri et fieri consueverant ab antiquo apud Tonnenx, decepti quodammodo per ignorantiam facti prejudiciari nolumus in aliquo dominis et consulibus loci de Tonenx antedicti quominus nundine stant et teneantur in eodem loco de Tonenx diebus et temporibus consuetis, nos eisdem diebus vel temporibus nolumus aliquas nundinas fieri vel teneri apud Castrum Comitale prædictum, sed aliis diebus et temporibus possint in eodem loco de Castro Comitali nundine fieri et teneri quibus non prejudicetur dominis consulibus aut univestati loci de Tonenx supradicti. » 4 juin 1289. (*Documents inédits* publiés par M. Philippe Tamizey de Larroque.)

Le bailli, les consuls et un certain nombre de jurats composaient la cour de justice du baron. Ce n'était cependant qu'une juridiction en première instance; il y avait toujours faculté d'appeler.

L'appel, avant saint Louis, consistait à défier le juge à un combat par armes qui devait se terminer par le sang.

La justice se rendait au nom du seigneur, ainsi le défi aurait dû être fait au seigneur lui-même, mais, comme il y avait félonie à défier son seigneur, on appelait en champ clos les juges qui étaient les pairs des parties, et le combat judiciaire avait lieu avec eux.

Saint Louis abolit le combat judiciaire dans ses domaines et y substitua une forme d'appel qui était porté à la Cour du Seigneur immédiatement supérieur à celui dont la Cour avait rendu le jugement attaqué. On adopta peu à peu ce mode d'appel qui répondait à l'adoucissement des mœurs publiques. On trouve dans les anciennes coutume de Bordeaux divers appels jugés par la Cour du duc de Guienne, notamment un dans l'année 1291.

La coutume de Bouglon, rédigée par écrit dans la dernière moitié du xiiie siècle, prescrit l'appel sans combat. D'après la coutume de Tonneins, remontant, comme nous l'avons déjà dit, à l'année 1301, les bourgeois de Tonneins pouvaient refuser le combat. On doit donc regarder comme certain que, à l'époque où la coutume de Tonneins fut rédigée par écrit, la pratique des appels sans combat commençait à prévaloir.

J'ai dit que l'appel institué par Saint Louis était toujours porté de la Cour qui avait rendu le jugement à la Cour du seigneur immédiatement supérieur et auquel était dû l'hommage ; il suivait l'hommage immédial. Ainsi, l'appel des jugements rendus par la Cour d'un seigneur qui faisait hommage au seigneur de Tonneins était porté à la Cour du baron de Tonneins ; l'appel des jugements rendus par celui-ci était porté à la Cour du duc de Guienne, ou pour les dîmes inféodées à la Cour de l'évêque de Sarlat ; enfin, l'appel des jugements de la Cour du duc de Guienne se portait à la Cour du roi de France.

Après que la Guienne eut été réunie à la couronne, les appels des jugements rendus par la Cour du seigneur de Tonneins furent portés directement au parlement de Bordeaux.

Une chose d'une importance capitale m'a particulièrement frappé dans l'examen de nos vieilles coutumes : c'est le respect profond que nos pères avaient pour le serment ; à chaque page, on trouve mention de serments déférés pour trancher des questions souvent importantes.

Ainsi, les discussions qui pouvaient s'élever entre le seigneur et les habitants se terminaient par le serment déféré non pas au seigneur, mais à l'adversaire du seigneur, qui était crû sur son serment. Il y a beaucoup à apprendre dans l'étude sérieuse de notre vieux droit coutumier : Combien de préjugés admis avec trop de légéreté. et, sur la foi d'auteurs dominés par un esprit de parti, tombent devant un examen attentif et impartial de notre ancien droit !

DEUXIÈME PARTIE.

HISTOIRE DE LA VILLE DE TONNEINS.

1re Période

Depuis la fondation de la ville jusqu'à l'année 1453.

L'histoire de Tonneins, depuis sa fondation jusqu'au xiiie siècle, ne peut être retracée, faute de documents. Cette ville subit le sort de l'Aquitaine.

Dagobert Ier, roi de France donna, en 637, à ses neveux Boggis et Bertrand, l'Aquitaine à titre de duché héréditaire à charge d'hommage à la couronne de France. A cette époque doit se rattacher la fondation de Tonneins.

En 768, le dernier duc d'Aquitaine, Waïffre, de race Mérovingienne, est dépossédé par Pépin le Bref.

Des guerres continuelles entre les descendants des ducs d'Aquitaine, de race Mérovingienne, et les chefs de cette même race, les courses incessantes des Sarrasins et des Normands, furent, sans doute, la cause de grands ravages dans la contrée de Tonneins.

Sanche Mittarra, descendant des ducs d'Aquitaine, de race Mérovingienne, rétablit, en 872, le duché de Gascogne. En 1070, Gui Geoffroi, comte de Poitiers et duc d'Aquitaine, s'empara, à son tour, du duché de Gascogne.

Louis VII, roi de France, épouse, en 1137, la duchesse Eléonore, fille et héritière de Guillaume le jeune, duc d'Aquitaine, et reçoit en dot le duché d'Aquitaine. En 1152, Eléonore divorce et se marie bientôt après avec Henri, comte d'Anjou, devenu roi d'Angleterre, sous le nom de Henri II, et par suite duc d'Aquitaine.

Richard II, roi d'Angleterre, donne, en l'année 1196, l'Agenais à Jeanne, sa sœur, qui l'apporte en mariage à Raymond VI, comte de Toulouse. Une lutte terrible agita bientôt l'Agenais. Raymond VI, dont la cause fut mêlée à celle des Albigeois, devint l'objet de violentes attaques de la part de croisés qui s'élevèrent en masse, du sein même de l'Agenais, contre le comte.

Les Albigeois avaient des rapports avec quelques-uns de leurs amis de l'Agenais. L'italien Henri, dont nous avons déjà parlé, parcourut les contrées situées entre Bordeaux et Toulouse, prêchant partout des doctrines qui avaient de nombreux points de ressemblance avec les croyances des Vaudois. L'Agenais était signalé comme le pays de l'hérésie. Les croisés s'attachèrent à combattre ces novateurs. D's luttes sanglantes s'en suivirent. Tonneins et Gontaud furent, en 1209, ravagés par les croisés. Le missionnaire Henri fut arrêté, et mourut dans les fers.

En 1270, l'Agenais fait retour à la couronne d'Angleterre par la mort, sans enfants, du comte et de la comtesse de Toulouse.

Les annales du XIIIᵉ siècle offrent plusieurs fois le nom de Guillaume Ferriol, aïeul de ce Guillaume qui fit rédiger par écrit la Coutume.

En 1239, il se rend garant d'un traité entre Gaston de Gontaud et Hélie Rudel, seigneur de Bergerac.

En 1242, il fait partie avec cinq hommes d'armes, de l'armée anglaise qui fut défaite par saint Louis, à Taillebourg, et se porte, avec plusieurs autres barons du comte de Toulouse, garant d'un traité entre le roi d'Angleterre et le comte de Toulouse.

En 1250, il est présent à un hommage rendu par Amanieu d'Albret, à Gaston de Béarn.

En 1254, on le voit exécuteur testamentaire d'Hélie Rudel, troisième de ce nom, seigneur de Bergerac.

Dans le même siècle, en l'année 1261, les nouveaux barons de Tonneins-Dessus, Raymond-Bernard de Rovinha et Eyméric de Rovinha, donnèrent aux habitants de cette ville les Coutumes de Casteljaloux.

Cette même année, Guillaume Ferriol fit une transaction avec les moines de l'abbaye de Granselve, diocèse de Toulouse, probablement au sujet de droits que pouvait avoir Guillaume Ferriol, sur l'ancien pays d'Arsac.

L'année suivante, Guillaume Ferriol souscrivit une transaction avec l'abbé de Sarlat, au sujet des dîmes inféodées de Sabalause et de

Lacouture. Nous avons déjà parlé de ces dîmes inféodées, en recherchant l'époque de la fondation de Tonneins-Dessus.

Guillaume Ferriol survécut peu de temps à cette transaction ; il eut pour successeur Etienne son fils, qui prit part en 1293, à la guerre entre Philippe-le-Bel et Edouard Ier.

A Etienne Ferriol succéda Guillaume, qui fit rédiger par écrit la Coutume.

De 1301 à 1312, survint la mort de Guillaume Ferriol.

Etienne Ferriol, son successeur, fut nommé sénéchal d'Aquitaine par lettres-patentes d'Edouard II, datées du 28 octobre 1312. Ce personnage distingué fut chargé de missions importantes : notamment de recevoir le serment de fidélité des maire, jurats et habitants de Bordeaux ; de prendre la défense de Marguerite, comtesse de Foix et vicomtesse de Béarn, contre les officiers du roi de France ; de faire informer sur la demande que faisait Bertrand de Goth, neveu du Pape Clément V, d'être mis en possession de la haute et basse justice dans les villes de Portez et d'Arbenatz.

Etienne Ferriol ne jouit cependant pas longtemps de la confiance du roi d'Angleterre. Sa commission de Sénéchal lui fut retirée en 1313, mais il reçut, deux ans après, ampliation d'une circulaire du monarque Anglais aux barons de Guienne, circulaire dont le but véritable était d'entretenir les barons de Guienne dans leurs bonnes dispositions pour la cause Anglaise. La suscription portait : Etienne Ferriol, chevalier, seigneur en partie de Tonneins.

Les lacunes, qui existaient dans la Coutume de Casteljaloux donnée aux habitants de Tonneins-Dessus, en 1261, obligèrent ces derniers à recourir, en 1317, à leur seigneur pour obtenir des dispositions supplémentaires qui leur furent accordées.

En 1324, la guerre éclata entre la France et l'Angleterre au sujet du château de Montpezat, en Agenais ; elle prit fin par un traité de paix du 31 mai 1325.

Pendant la durée des hostilités, Tonneins et ses environs furent occupés par les troupes du roi de France. Le plus grand nombre des seigneurs du pays avaient pris parti pour la cause française, ainsi que le prouvent les lettres de rémission qui leur furent expédiées plus tard au nom du roi d'Angleterre. Parmi les barons qui bénéficièrent de cette mesure, se trouve Bernard de Rovinha, conseigneur de Tonneins. Le nom du baron de Tonneins-Dessous n'y figure pas. C'était alors Etienne Ferriol, fils du sénéchal d'Aquitaine, qui épousa, en 1327, Dauphine de Gontaud, fille de Gaston de Gontaud et de Comtesse de Luzechz.

En l'année 1340, Edouard III donna à Guillaume-Raimond de Caumont Tonneins-Dessus avec le droit de haute et basse justice. Le roi avait probablement acquis ou plutôt confisqué cette seigneurie pour la faire passer à Guillaume Raimond.

On trouve de nombreuses preuves de ce système de donations et de confiscations alternatives adopté par les rois d'Angleterre, et qu'Edouard III porta jusqu'à l'excès. Il paraît que les seigneurs de Tonneins en profitèrent comme les autres barons de Guienne.

Par suite du titre de roi de France qu'Edouard prenait, il ordonna que tous les appels des sentences des juges d'Aquitaine, qui étaient portées devant le monarque français comme suzerain, lui fussent déférés à l'avenir.

Sous le règne d'Edouard III, l'autorité anglaise prit, en Guienne, une importance qu'elle n'avait jamais eue. Les esprits étant déjà bien disposés en sa faveur, le roi d'Angleterre publia contre Philippe de Valois un manifeste exposant, avec une grande habileté, tous les droits qu'il prétendait avoir. Ces moyens lui réussirent, il rattacha à sa cause les barons et les villes de Guienne, si bien qu'il n'était pas dans le duché de Guienne un seigneur ou une ville qui ne fut entièrement dévoué à sa cause.

Edouard III envoya dans le duché de Guienne le prince de Galles, son fils, avec le titre de lieutenant-général de ses armées. Le 21 septembre 1355, le prince de Galles, surnommé le prince Noir, prêta serment en qualité de lieutenant-général en Guienne, dans l'église Saint-André de Bordeaux.

Il apporta dans la mission que lui donna son père, un zèle, une activité, un courage qu'on ne pourrait, sans injustice, s'empêcher de reconnaître. Il ravagea tout le Languedoc jusqu'aux portes de Narbonne, et revint à Bordeaux chargé d'un riche butin. Il entreprit ensuite, à la tête de 12,000 hommes, dont 9,000 Aquitains et 3,000 Anglais, d'aller au secours de son oncle, le duc de Lancastre, qui était vivement pressé, en Normandie, par le roi de France. Le roi Jean convoqua tous les vassaux de la couronne et marcha au devant du prince de Galles ; il l'atteignit près de Poitiers. Malgré la disproportion de ses forces, le prince comprit que la fuite l'aurait complètement perdu et décida de tenter le sort d'une bataille.

Cependant des négociations eurent lieu : le roi de France voulait exiger que le prince de Galles se rendît prisonnier avec cent des principaux de son armée. Le prince répondit qu'il ne se rendrait que lorsque ses armes ne seraient plus en état de le défendre. L'attaque fut ordonnée pour le lendemain matin.

Ce fut le 19 septembre 1356 que fut livrée cette célèbre bataille de Maupertuis, si funeste à la France.

Le premier corps des Français, commandé par le duc d'Orléans, frère du roi, entre dans les défilés qui conduisaient au camp du prince de Galles. Les Anglais, cachés derrière des haies, accablent de flèches les chevaux et les hommes, et en font un carnage épouvantable. Ceux qui s'échappèrent s'étant avancés vers l'ennemi, l'un des deux maréchaux de France qui étaient à leur tête fut tué et l'autre fait prisonnier. Privés de leurs chefs, les Français se replièrent vers le corps commandé par le Dauphin, mais avec une telle précipitation et une si grande frayeur qu'ils jetèrent partout l'épouvante. Le Dauphin, l'un de ses frères et, par suite, la troupe prirent la fuite. Le prince de Galles, suivant le conseil de ses généraux, laissa les fuyards pour s'attacher au troisième corps de l'armée française commandé par le roi. Celui-ci, vivement attaqué, fait bonne contenance et donne avec calme ses ordres. Les Français firent des prodiges de valeur. À peine âgé de treize ans, le plus jeune des fils du roi, Philippe, était à côté de son père, le couvrait de son corps et parait les coups qu'on lui portait. Le connétable et le duc de Bourbon tombèrent aux pieds du roi. Le jeune Philippe fut blessé. De tous côtés on criait au roi de se rendre ; il ne répondait qu'en redoublant ses coups. Une hache à la main, il écartait tous ceux qui cherchaient à l'approcher ; les courroies de son casque se délièrent, il tomba, reçut deux blessures au visage et fut mis dans l'impossibilité de résister. Aussitôt Henri de Morbec, chevalier artésien, s'approcha de lui et le pressa de nouveau de se rendre. Le roi demanda le prince de Galles. Il n'est pas ici, lui dit Morbec, mais rendez-vous à moi et je vous mènerai à lui. Le roi tira son gantelet et, le donnant à Morbec, il lui dit : *Je me rends à vous.*

Le prince de Galles ignorait le sort du roi. Il envoya le comte de Warwick pour en avoir des nouvelles ; celui-ci rencontra le noble prisonnier allant à pied au milieu d'une troupe de gens d'armes qui l'avaient enlevé à Morbec et qui se le disputaient ; plusieurs même étaient d'avis de le tuer. Le comte leur ordonna de se retirer, mit pied à terre, aborda le roi avec respect et le conduisit à la tente du prince de Galles. Le prince s'avança vers le roi, le pria d'entrer dans son pavillon et lui offrit des rafraîchissements. Le soir, il donna un grand repas à tous les seigneurs qui avaient été faits prisonniers, et voulut lui-même servir le roi. Conduit à Bordeaux où il arriva vers la fin de septembre, le roi fut logé à l'archevêché dans un appartement voisin de celui du prince de Galles.

Le 23 mars 1357, une trêve fut conclue à Bordeaux pour deux ans. De part et d'autre, on nomma des députés gardiens de la trêve, chargés de punir tous ceux qui enfreindraient le traité et de réparer tous les attentats qui seraient commis pendant ces deux années.

Pour la contrée de l'Agenais, ces députés étaient :

Le sénéchal,

Jourdain de l'Isle,

Bertrand de La Mothe,

Le seigneur de La Barthe,

Gérard de Geslin,

Le sire de Caumont,

Amanieu de Fossat,

Bernard de Rovinha,

Guillaume Ferriol,

Le sire de Thouars, sénéchal.

L'intérêt majeur que ces évènements présentaient pour notre histoire locale, la part considérable que prenaient dans ces grandes luttes les deux seigneurs de Tonneins, Guillaume Ferriol et Bernard de Rovinha, nous serviront d'excuse auprès du lecteur pour cette longue excursion dans le domaine de l'histoire générale.

Le prince anglais reçut de son père la Guienne et en prit possession à compter de la donation faite à Londres le 10 juillet 1362. Il traita avec hauteur ces Aquitains qui avaient été les instruments de sa gloire militaire, les accabla d'humiliations, augmenta leurs impôts, dont l'un fut établi sous le nom de fouage.

Un cri général d'indignation se fit entendre : le sire d'Albret, le comte d'Armagnac, Guillaume Ferriol et plusieurs autres présentèrent, sous forme d'un appel, une requête au roi de France, dans laquelle ils se plaignaient avec amertume de la tyrannie du prince de Galles et réclamaient hautement le secours du roi de France.

Charles V reçut cet appel et fit citer le vainqueur de Maupertuis devant la Cour des pairs de France, qui, par un arrêt solennel de l'année 1370, prononça la confiscation du duché de Guienne.

Cette mesure fut suivie d'une déclaration de guerre de la part de Charles V. Duguesclin entra dans l'Agenais. Tonneins et le plus grand nombre des villes de France lui ouvrirent leurs portes, et il ne resta bientôt plus au prince que Bordeaux et Bayonne.

Cette situation, fort compliquée, jetait dans un grand embarras plusieurs seigneurs d'Aquitaine. Jean de Ferriol, seigneur de Tonneins-Dessous, en 1400, persista dans son attachement à la cause française.

Pendant les années suivantes, les prétentions des rois d'Angleterre à la couronne de France furent sur le point de se réaliser par la conquête.

Dans ces déplorables conjonctures, le Dauphin, depuis Charles VII, errait dans les états de son père, appuyé sur le sentiment national qui se faisait jour de toutes parts, et activement secondé par le courage des Dunois, des Lahire, des Xaintrailles et de quelques autres guerriers qui s'étaient attachés à sa fortune, ou plutôt à la fortune de la France.

Cependant, Jean de Ferriol et le sire d'Albret se trouvaient encore envers le roi d'Angleterre dans la position où les avait placés l'appel de 1367 ; mais l'entrée à Paris du monarque anglais, le traité de Troyes, les approches de la mort de Charles VI ébranlèrent leurs résolutions ; ils se soumirent au roi d'Angleterre.

Le traité qui fut souscrit à cette occasion par Jean de Saint-Jean, maire de Bordeaux, chargé des pouvoirs du roi d'Angleterre, et Jean de Ferriol, chevalier, seigneur de Tonneins, tant pour lui que pour Charles et François d'Albret, est rapporté en entier par Rymer, dans deux actes passés au château de Rouen, le 16 janvier 1421.

Les principales conventions du traité furent, de la part des seigneurs Aquitains, la renonciation à l'appel, la promesse de fidélité et d'hommage, et, de la part du roi d'Angleterre, la remise et l'abolition, en faveur des seigneurs d'Albret et de Jean de Ferriol, de toutes choses faites par eux et leurs pères depuis l'appel contre le monarque anglais, la promesse de les faire profiter des mêmes droits dont leurs ancêtres avaient joui avant l'appel, l'obligation de leur rendre les lieux qui avaient été confisqués à leur préjudice, et qui n'auraient pas été donnés à d'autres.

Le premier de ces actes est suivi de la liste des proches parents et alliés de Charles-François d'Albret ayant intérêt au traité. Le nom de *Jean de Ferriol* figure en tête de cette liste.

Charles VI étant mort, les affaires changèrent de face. Sous le nouveau roi, les Anglais, chassés des provinces septentrionales de la France, le furent aussi de la Guienne où, pendant de longues années de guerres et de luttes terribles, nos campagnes avaient été ravagées, nos villes prises et reprises.

Dans l'intervalle de 1421 à 1450, Jean de Ferriol avait cessé de vivre. Isabelle de Ferriol, dame de Montpézat, sa fille et son héritière, n'avait point d'enfants. Elle vendit sa seigneurie de Tonneins-Dessous à Amanieu de Madaillan, surnommé le *baron*, seigneur Aquitain, dévoué au roi d'Angleterre. Amanieu étant tombé entre les mains du roi de France, ce monarque retint en dépôt la seigneurie pour la remettre à qui il serait ordonné par le Parlement de Toulouse dans le ressort duquel était annexé l'Agenais.

Alors s'engagea devant ce Parlement un procès entre Isabelle de Ferriol, les héritiers d'Amanieu de Madaillan et le Procureur général, sur la question de savoir à qui demeurerait la baronnie de Tonneins.

Le procès se poursuivait, lorsque le roi Charles VII donna les lettres patentes suivantes :

« Charles, par la grâce de Dieu, roi de France, à nos amis et
« féaux conseillers les gens de notre cour de Parlement à Tou-
« louse, salut et dilection. Comme à l'occasion de certains procès
« qu'on dit être pendants puis aucun temps en çà en notre dite Cour
« de Parlement, pour raison de la terre et seigneurie de Tonneins
« sur la rivière de Garonne, entre aucuns prétendans y avoir droit,
« ladite terre et seigneurie ait été, ainsi que naguère avons entendu,
« mise en notre main pour la conservation du droit de qui il appar-
« tiendra en définitive, pour laquelle terre et seigneurie de Tonneins,
« qui est en pays de frontière, traiter et gouverner sous notre dite

« main pendant ledit procès qui, comme il est vraisemblable, pourra
« prendre longs trais en notre dite Cour, soit besoin et nécessité y
« commettre et établir personne notable à nous sure et stable, vu la
« situation dudit pays, pour ce est-il que, ce considéré et que notre
« amé et féal conseiller et premier écuyer de corps Poton, sire de
« Xaintrailles, s'en va présentement, par notre ordonnance et com-
« mandement, en notre pays de Guienne sur la frontière de nos en-
« nemis, et que par lui, qui est du pays, icelle terre et seigneurie
« sera plus surement et mieux traitée et gouvernée que par autre,
« vous mandons, commandons et bien expressément enjoignons que
« incontinent et sans délai vous bailliez ou faites réaument et de fait
« bailler et délivrer la garde, gouvernement et administration des
« dites terre et seigneurie de Tonneins audit sieur de Xaintrailles,
« lequel, en tant que mestier seroit, nous avons à ce commis et or-
« donné, commettons et ordonnons par ces dites présentes durant
« ledit procès et jusques à ce que par nous ou notre dite cour de Par-
« lement autrement en soit ordonné, sans préjudice toutes fois dudit
« procès et du droit des parties. Et à ce faire et à obéir audit de
« Xaintrailles ez choses touchant lesdits gouvernement et adminis-
« tration contraignez ou faites contraindre tous ceux qu'il appartien-
« dra par toutes voies en tel cas requises, en déchargeant desdits
« garde, gouvernement et administration desdites terre et seigneu-
« rie de Tonneins, tous ceux qui par ci-devant y auroient été vu
« seroient commis, lesquels nous en voulons être otés et déchargés
« nonobstant le dit procès pendant en notre dite Cour, à quoi ne
« voulons quant à ce avoir aucun égard, pourvu que le dit sire de
« Xaintrailles sera tenu rendre compte de ce qu'il aura reçu ou fera
« recevoir des fruits et revenus desdites terre et seigneurie durant
« le temps qu'il en aura le gouvernement et administration pour
« les bailler ou faire bailler quand temps sera, à qui il devront
« appartenir, de ce faire vous donnons pouvoir. Mandons et com-
« mandons à tous nos justiciers, officiers et sujets que à vous et
« vos commis et députés soit diligemment en ce faisant obéi et en-
« tendu.

« Donné à Tours le dernier jour de mars l'an de grâce mil cccc
« cinquante et de notre règne le 20ᵐᵉ. — Par le roi, vous présent. —
« Chaligant, signé. »

Poton de Xaintrailles présenta requête au Parlement de Toulouse
pour voir entériner lesdites lettres patentes; ce qui fut fait, et, par

suite, il fut mis en possession de la seigneurie. Néanmoins, le procès continua.

Isabelle de Ferriol mourut. Les procédures prirent fin par la vente que firent les héritiers d'Isabelle de Ferriol et les héritiers d'Amanieu de Madaillan à Poton de Xaintrailles de tous leurs droits sur la baronnie de Tonneins. Cette vente, dans les circonstances où se trouvaient les parties et vu le procès que le Parlement de Toulouse avait à juger, n'était pas sans difficultés et il fallut des lettres patentes du roi pour autoriser Poton de Xaintrailles à réaliser cette acquisition.

Le Parlement de Toulouse dut intervenir pour que la vente pût s'effectuer valablement.

Le contrat de vente, sous la date du 27 septembre 1452, passé par-devant Etienne de Saint-Etienne, notaire à Caumont et Jean Monnevotellus, son collègue, investit définitivement Poton de Xaintrailles de la baronnie de Tonneins-Dessous.

Ainsi prit fin dans cette seigneurie l'ancienne autorité de la maison de Ferriol, pour faire place à celle de Poton de Xaintrailles et de ses successeurs.

La vie de cet illustre guerrier appartient à l'histoire de notre cité et il vaut la peine de nous arrêter quelques instants pour apprendre à la connaître.

Fort-Sanche de Xaintrailles, seigneur dudit lieu, d'Ambrus et de Villeton, fils et petit fils de Bertrand de Xaintrailles, épousa, vers l'an 1380, Edie de Roqueys, issue d'une maison noble de l'Entre-deux-mers (Titres de la maison de Bruel, à Tonneins) et probablement sœur de Raymond de Roqueys qui fut archevêque de Bordeaux en 1380.

De ce mariage naquirent :

1° Jean de Xaintrailles l'aîné ;

2° Béatrix de Xaintrailles ;

3° Thalise de Xaintrailles, qui épousa noble homme Laurent de Bruel, alors habitant de Marmande et qui s'établit à Tonneins ;

4° Jean dit Poton de Xaintrailles, celui dont nous avons particulièrement à nous occuper,

Par son testament, daté du château de Villeton le 10 janvier 1411, Fort-Sanche de Xaintrailles, après avoir fait plusieurs legs pieux et ordonné sa sépulture dans l'église du couvent des frères mineurs, au Mas-d'Agenais, disposa de ses biens entre ses deux fils, institua Jean, son fils aîné, son héritier dans les seigneuries de Xaintrailles et d'Ambrus, légua à Poton la seigneurie de Villeton.

La position sociale et l'inclination de Poton de Xaintrailles le portèrent de bonne heure sur les champs de bataille. Son caractère noble et hardi, un sentiment profond d'honneur et de patriotisme lui firent épouser la cause du Dauphin alors que cette cause semblait désespérée. Il n'avait pour toute fortune que la baronnie de Villeton, qu'il venait de recueillir dans la succession de son père ; mais, riche d'émulation, de dévouement, de courage, il entra, vers 1417, au service du prince, alors errant et proscrit. Il trouva un ami dans la personne du roi de France dont il partageait la noble ambition et les hautes qualités.

En 1418, Poton de Xaintrailles, fort jeune encore, fit la premier essai de sa valeur. Il défendait avec La Hire, dont il était le compatriote et l'émule, la ville de *Couci*. La garnison, obligée de se retirer, par suite de la trahison d'une femme qui avait livré la place au duc de Bourgogne, les choisit l'un et l'autre pour ses chefs, et ceux-ci vengèrent cet affront en attaquant à la tête de quarante lances et mettant en fuite le seigneur de Longueval, qui commandait quatre cents hommes d'armes.

Trop confiant en ces inspirations, Xaintrailles entreprit une expédition en Normandie avec le maréchal de Boussac, qui l'abandonna bientôt. Réduit à ses propres forces, il fut obligé de se rendre à Talbot. Le général anglais se souvint du noble exemple que lui avait donné son prisonnier et lui rendit la liberté. Le berger Guillaume fut retenu et chargé de chaines par les Anglais qui, malgré les vives instances de Xaintrailles, ne consentirent pas à lui donner la liberté.

Après plusieurs faits d'armes remarquables, Xaintrailles assista à l'entrée du roi dans Paris et reçut du monarque de nombreux témoignages de confiance.

En 1450, il fut employé dans la guerre de Guienne. Il signa, en qualité de commissaire du roi, le traité de capitulation de Bordeaux, le 2 juin 1451 et assista à l'entrée du comte de Dunois dans cette ville.

Par lettres-patentes du 20 juin 1451, le roi lui donna la ville et la seigneurie de Saint-Macaire.

Le comte d'Armagnac, Jean V, lui céda la vicomté de Brulhois, qui formait un petit état sur la rive gauche de la Garonne et qui s'étendait d'Auvillars à Port-Sainte-Marie.

En 1453, le roi le créa Sénéchal de Limousin.

Après le décès du maréchal de Jaloignes, en 1454, il devint maréchal de France.

Le roi lui confia bientôt après le gouvernement de Bordeaux. Il établit sa résidence dans le Château-Trompette, construit par ordre de Charles VII. C'est là qu'il mourut le 7 octobre 1461. Il fut enseveli, selon sa volonté, à Nérac, dans l'église des Cordeliers.

Voici les titres que prenait Poton de Xaintrailles :

Noble, puissant et magnifique seigneur Poton de Xaintrailles, sire de Xaintrailles, vicomte de Brulhois, baron de Tonneins, Grateloup, Villeton, Lagruère, Galapian, Ganat, Enpanat ; seigneur de Saint-Macaire, Vally, Mery-ez-Bois, Menestral-sur-Sandre, Roqueys, Puyavan, Hauterive, Ambrus, Caubeyres, le Grézet ; avoué de Sarlat ; premier Maréchal et grand Ecuyer de France ; Chambellan et capitaine des gens-d'armes du roi ; Gouverneur de Guienne et de Berry.

Vers 1436, il avait épousé Catherine Brachet de Vendôme, dame de Salignac en Limousin, fille de Jean, seigneur de Pérusse et de Montagne, et de Marie de Vendosme ; il n'eut point d'enfants.

Par son testament, fait à Bordeaux le 11 août 1461, Poton de Xaintrailles avait légué entre autres choses à Catherine Brachet les seigneuries de Tonneins et de Grateloup.

Ces détails font assez connaître la valeur et le caractère de l'homme illustre qui posséda la baronnie de Tonneins-Dessus.

Quelques jours après, ils s'emparèrent de la ville de *Crespy* dont ils firent une place d'armes. Ils y furent assiégés par le duc de Bourgogne à la tête de forces supérieures. Obligés de céder au nombre, ils obtinrent du moins une capitulation honorable.

Un an après, Poton, fait prisonnier dans une rencontre près d'Abbeville, fut rendu à la liberté par l'abandon que fit le Dauphin de la ville de S int-Riquier.

En 1423, il fit preuve de courage et d'adresse dans un combat singulier, en présence du duc de Bourgogne.

Cette même année, il se trouva à la bataille de Crevant, où il fut fait prisonnier pour la deuxième fois. Racheté aussitôt, il escalada les ville de Ham et de Guise. La première fut reprise et la seconde investie. Poton, qui commandait dans celle-ci, sortit pour aller chercher du secours et fut fait encore prisonnier. Il se trouva néanmoins en 1424, à la bataille de *Verneuil* et à la prise de *Bruine-le-Comte.*

En 1428, il était enfermé dans Orléans qu'il défendait contre les Anglais et les Bourguignons. Il fut blessé le 21 octobre dans une sortie.

Poton de Xaintrailles rejoignit le roi Charles VII à *Chinon,* pour lui rendre compte de l'état de la place. De là il se rendit à Selles, à Issoudun et à Bourges. Il revint ensuite à Orléans, où, plus d'une fois, il força les quartiers de l'armée ennemie pour introduire des convois. Il y fut joint par Jeanne-d'Arc qu'il accompagna dans toutes ses sorties. Il concourut à la levée du siège et au recouvrement des villes d'Yenville, Fargeau, Beaugency et autres.

Ces derniers événements avaient changé la fortune de la France. Les armées Anglaises et Bourguignonnes pliaient sur tous les points. Talbot, étonné des succès de Charles VII, délibérait s'il continuerait à tenir la campagne, lorsqu'il fut rencontré près de Patay par l'avant-garde française commandée par le maréchal de Boussac, La Hire, Xaintrailles et Jeanne-d'Arc. La bataille était inévitable. Les Anglais furent taillés en pièces; Talbot se rendit à Xaintrailles, qui paya son tribut d'estime à un ennemi malheureux mais plein de valeur, en obtenant la liberté du prisonnier sans rançon.

Cette victoire fut suivie du sacre du roi de France, à Reims.

Xaintrailles assista à la cérémonie du sacre. Le roi le nomma peu de jours après son premier écuyer du corps et maître de son écurie.

En 1430, à la tête de trois cents hommes et en la compagnie de de Jeanne-d'Arc, il attaqua et défit une troupe bourguignonne.

Cette même année, il se jeta, avec Jeanne-d'Arc, dans la place de *Compiègne* assiégée par les Anglais et les Bourguignons. Pendant ce siège, Jeanne-d'Arc tomba dans les mains des Anglais. Xaintrailles continua à défendre la place et fit lever le siège.

Bientôt après, il gagna la bataille de Germigny.

Xaintrailles, cédant à l'enthousiasme du moment, avait à sa suite un berger nommé Guillaume, qui se disait inspiré.

2me Période

De l'année 1453 jusqu'à notre époque.

L'expulsion des Anglais avait délivré l'Agenais du fléau de la guerre. Un seigneur que ses exploits et sa valeur personnelle avaient grandi, que ses richesses rendaient indépendant, que la faveur royale recommandait, déjà investi d'une baronnie voisine, garantissait à Tonneins protection et pospérité et associait les habitants à l'éclat de sa gloire et de sa grandeur.

A la vérité, le caractère d'un guerrier tel que Poton de Xaintrailles pouvait inspirer aux habitants de cette ville quelques craintes pour le maintien de leurs franchises ; mais en avaient-ils mieux joui au milieu des troubles passés ? Le seigneur de Tonneins n'était-il pas l'un des plus fermes soutiens du trône de France ? N'y aurait-il pas eu ingratitude et peut-être témérité à lui rappeler la coutume ? On s'accommoda pour le moment de ce que la situation présente offrait de bon, sans trop s'occuper de ce que l'on souhaitait de mieux.

Ainsi se passèrent les quelques années pendant lesquelles Poton de Xaintrailles jouit de la baronnie de Tonneins-Dessous. Il mourut en 1611 ; Catherine Brachet se mit en possession de cette baronnie et, deux ans après, du consentement du Roi Louis XI, elle se maria avec Jean de Sluer, sire de la Barde, vicomte de Ribérac, premier baron de la Manche.

Diverses transactions réglèrent les droits des prétendants à la succession de Xaintrailles et attribuèrent définitivement à Catherine

Brachet la propriété de la Baronnie de Tonneins-Dessous. Celle-ci mourut en 1490, ainsi que Jean de Stuer, son mari, sans laisser de postérité.

Le 9 août de cette même année, Catherine Brachet avait fait un testament par lequel elle instituait pour son héritier universel *Guillaume de Stuer*, seigneur de Saint-Maigrin, Conseiller d'Etat et chambellan ordinaire du Roi, sénéchal et gouverneur de Saintonge, son parent.

Lorsque Guillaume de Stuer se présenta aux consuls et aux habitants de Tonneins pour prendre possession de sa seigneurie, les circonstances n'étaient plus les mêmes qu'à l'avénement de Xaintrailles. Les consuls voulant restaurer les coutumes, revendiquèrent, pour les habitants et pour eux, la plénitude de leurs droits. Ils rappelèrent que, *dès les temps les plus anciens*, les seigneurs de Tonneins avaient arrêté avec les habitants certaines coutumes et octroyé certains droits municipaux. Sous les derniers seigneurs, ces conventions étaient tombées en désuétude, mais l'acte écrit existait dans les archives de la ville ; et voici d'après eux ce qu'il portait : toute personne venant à la seigneurie de Tonneins était tenue de prêter aux habitants le serment de les observer; les habitants devaient ensuite prêter au seigneur le serment de fidélité ; les coutumes devaient être lues publiquement, on devait dresser un procès-verbal constatant cette lecture, les serments réciproques, et contenant la transcription littérale et authentique des coutumes.

Guillaume de Stuer consentit à remplir toutes ces obligations.

En conséquence, une assemblée générale composée du seigneur, des consuls et des principaux habitans de la ville de Tonneins-Dessous fut tenue, le 9 décembre 1490, dans l'église de Notre-Dame de Mercadil. Dans le procès-verbal de cette assemblée, on trouve un grand nombre de noms propres qui sont encore portés par des habitants de Tonneins.

Jean de Drulha, consul des habitants, donna lecture des coutumes qui furent reconnues par le seigneur et par tous les assistants pour être les lois, coutumes et droits municipaux de Tonneins, après quoi les serments réciproques furent prononcés, avec les formes ci-après :

Le seigneur toucha de ses deux mains les Saints Evangiles, le missel et la croix placés sur l'autel, puis il fit le serment.

Les consuls prêtèrent ensuite leur serment, l'un après l'autre, au nom des habitants, sur le missel et sur la croix, dans les mains du seigneur.

Le même jour, Guillaume de Curtibus, notaire public et greffier de la Cour du sénéchal d'Agenais, assisté de Me Pierre Drinotus, notaire de Tonneins, dressa l'acte de prestation desdits serments. A la suite se trouve la copie des coutumes.

Guillaume de Stuer, après ces préalables, entra en possession de la seigneurie de Tonneins-Dessous. Il épousa, quelques temps après, Catherine de Caussade ; il en eut un fils, François de Stuer, dit de Caussade, qui fut baron de Tonneins-Dessous, et dont la postérité continua à posséder cette baronnie.

Les deux villes de Tonneins avaient, comme nous l'avons déjà dit, une origine commune. Avant la séparation en deux communautés distinctes, la coutume de Tonneins-Dessous, de l'année 1301, régissait aussi le bourg Saint-Pierre-de-Tonneins.

Après la séparation, les nouveaux seigneurs du bourg Saint-Pierre donnèrent aux habitants de cette communauté les coutumes de Casteljaloux, qui parurent incomplètes et ne s'adaptaient pas bien aux mœurs et aux habitudes locales. Diverses circonstances déterminèrent les habitants du bourg à demander des dispositions supplémentaires. Deux nouveaux articles, ainsi que nous l'avons déjà dit, furent plus tard ajoutés à leur coutume donnée, en 1261. En 1475, nouvelle demande : les habitants de Saint-Pierre envoient une députation à Casteljaloux et obtiennent deux autres articles.

La plupart de ces dispositions morcelées, incohérentes, étant tombées en désuétude au commencement du XVIe siècle, avaient été remplacées par l'arbitraire des seigneurs. Les habitants de Tonneins-Dessus se plaignirent de cette situation ; mais, pour toute réponse, le seigneur, François de Caumont, les traita de rebelles et les menaça de leur retirer absolument la coutume. Le refus était par trop humiliant et la situation ne pouvait pas se perpétuer : une transaction intervint le 9 mai 1502. Le seigneur, les consuls, les habitants se réunirent dans l'église Saint-Pierre. Les principaux sujets de litige furent réglés, et les coutumes de Casteljaloux remises en vigueur.

C'est ainsi qu'à des époques rapprochées, les habitants des deux villes de Tonneins furent confirmés dans la possession de leurs coutumes ; on voit avec quelle différence :

Tonneins-Dessous, doté d'un corps complet de droit politique et municipal, tombé en désuétude pendant les guerres, profite de la première occasion qui lui est offerte pour remettre ce code en vigueur et le serment est absolument refusé au premier seigneur de la maison de Stuer jusqu'à ce qu'il ait juré, le premier, de maintenir les coutumes et les nouveaux articles impérieusement demandés par les habitants.

Tonneins-Dessus n'a pas la même vie politique et municipale. Le despotisme de ses barons la tient sous le joug, la ville veut faire entendre de légitimes plaintes, on la menace de lui enlever ses dernières franchises, elle est obligée de céder. Le malaise qu'éprouvaient les habitants donne lieu dans la suite à de fréquentes contestations entre eux et leurs seigneurs. Ce n'est pas que Tonneins-Dessous n'eût souvent à lutter pour se soustraire à des usurpations plus ou moins manifestes, mais, on le voit, les deux villes soutenaient des intérêts d'une nature différente : Tonneins-Dessus réclamait des libertés et des droits que Tonneins-Dessus possédait et que ses habitans avaient à cœur de conserver.

Guillaume de Stuer mourut en 1529, François de Stuer dit de Caussade, son fils, lui succéda.

Le nouveau seigneur se refusant à prêter le serment, les consuls prirent vigoureusement en mains les intérêts de la ville et demandèrent que la coutume fût exécutée. Ils portèrent la question devant le Parlement de Bordeaux qui, par arrêt du 12 janvier 1530, ordonna que la coutume fût observée et condamna le seigneur à faire le serment. La cour délégua un commissaire pour assister à la prestation du serment qui eut lieu le 29 janvier 1530.

Des évènements plus graves vont fixer l'attention.

La Réformation s'était introduite en France et gagnait du terrain. L'Agenais l'accueillit avec enthousiasme. Un neveu de Mélanchton vint à Tonneins ouvrir une école et prêcher la Réforme. Quelques historiens soutiennent que le grand réformateur Mélanchton vint lui-même, mais ce point n'est pas établi. Le baron de Tonneins-Dessus et les habitants, en grand nombre, embrassèrent la nouvelle doctrine. Le seigneur de Tonneins-Dessous, François de Stuer, conserva sa croyance.

Ces nouvelles idées rencontrèrent de nombreux et puissants contradicteurs. Blaise de Montluc accepta la mission de sévir contre ceux

qui embrassaient la Réforme et chacun sait comment il s'y employa.
Les persécutions, renouvelées de celles qui avaient décimé les Albigeois, firent couler le sang des confesseurs de la Réforme. Tonneins
fut accablé de contributions, de passages de troupes, de logements
de gens de guerre. En l'année 1559, Charles de Courcy, seigneur de
Burie, avait été nommé lieutenant pour le Roi de France en Guyenne.
M. de Burie n'avait pas l'ardeur de Blaise de Montluc, il aurait peut-
être réussi à apaiser les troubles et à rétablir l'ordre, mais l'impé-
tuosité de son collaborateur ne s'arrangeait pas des mesures
conciliantes et la lutte était devenue terrible. Il était impossible de
résister plus longtemps ; les consuls, jurats et habitants non seulement
de *Thonens*, mais de Grateloup et Villeton, toutes terres du seigneur
de Thonens demandèrent à Burie de recevoir leur soumission. Voici
l'acte qui fut dressé à cette occasion le 27 janvier 1560.[1]

« Les consuls, juratz. manans et habitans des jurisdictions de
« Thonens, Grateloup et Villeton, terres du seigneur de Thonens,
« déclairent à vous, Monseigneur de Burye, lieutenant pour le Roy
« notre Sire, en absence du Roy de Navarre, qu'ils sont très
« humbles et très obéissans subjects et serviteurs du Roy not e
« Sire et de vous comme tenant son lieu, prestz à exposer pour
« le service du dict seigneur et vostre, leurs vies, corps et biens,
« et pour montrer de leur foy et obéissance les dicts consuls, ensem-
« ble les juratz qui sont du corps de la ville, se offrent de mectre
« les armes qu'ils ont en tel lieu qu'il vous plaira ordonner, et
« quant aux habitans de la ville et jurisdiction qui ne sont consuls,
« juratz ne ayant aulcune charge de république, les dicts consuls fe-
« ront donc diligence de rendre leurs armes, et s'ils en font refuz
« de avertir le Roy notre sire ou à vous, notre dict seigneur, comme
« son lieutenant en absance du Roy de Navarre au présent pays de
« Guyenne, et parce que vous, estant sur les lieux, en passant pour
« venir en la présente ville et cité d'Agen, les officiers n'auraient
« lors communiqué aux dicts manans et habitans pour savoir leur
« volonté, vous feust promis que icelle semaine vous en viendoiet
« faire rapport en la dicte présente ville, ce que ont faict aujourd'hui
« en votre logis, vingt septiesme du présent moys de janvier, les

---

[1] Documents inédits publiés par M. Tamizey de Larroque. *Rec. des trav.
de la Société d'Agr., Sc. et Arts*, 2. série, t. iv, p. 230.

« manans et habitans du dict Thonens par la personne de maistre
« Pierre Treilhard, scindic et consul des dicts manans et habitans du
« dit Thonens, les manans et habitans du dict Grateloup par la per-
« sonne de Jourdain Macault, consul du dict Grateloup, les dicts ha-
« bitans de Villeton par la personne de Jehan de Vysmes et Bernard
« de Lafore, consul et jurat du dict Villeton, lesquelz vous ont très
« humblement supplié vouloir remonstrer au Roy, leur prince sou-
« verain, que si ausdictes jurisdictions y a eu quelques insultes et
« forfaictz, que ce n'a esté par les gens de bien des dictes jurisdic-
« tions qui en sont grandement desplaisanz, pour raison desquelz
« tant les officiers que consulz des dictes jurisdictions ont envoyé
« et informé tout incontinent les dictes informations tant en la cour
« souveraine de parlement de Bourdeaulx, que en la cour présidialle
« d'Agennoys, par devant lesquels les dictes informations sont, et af-
« fin que les dicts habitans, et chescun d'eux pourtans et ayans ar-
« mes obeyssans à ycelles rendu en tel lieu qu'il vous plaira com-
« mander, vous supplient très humblement les dictz consuls, ma-
« nans et habitans leur octroyer vos lettres au cas requises en foy
« de quoy les dicts scindic et consuls et juratz ont signé le présent
« de leur main. »

Treilhard, consul de Thonens ; — de Lacoste, consul de Grateloup ; — Jean de Vismes, consul de Villeton ; — B. de Lafore.

Les consuls et habitants de la baronnie de Caumont jurèrent, ce
même jour, obéissance et fidélité au Roi dans les mains de M. de
Burle, et s'engagèrent à déposer leurs armes dans le château.

Ces rétractations avaient été arrachées par force aux disciples de
la Réformation. Un conseiller au Parlement avait été envoyé à Agen
et avait exercé des poursuites contre plusieurs membres de la nouvelle Société religieuse, parmi lesquels se trouvait le célèbre Scaliger. En se défendant, il prit aussi la cause de ses co-accusés et obtint un acquittement complet.

La ville étant accablée de dépenses par suite des persécutions, les
consuls durent vendre, en 1563, l'Hôtel-de-Ville et les poids publics,
et, en 1568, une partie des fossés intérieurs. Cette dernière vente fut
précédée d'une transaction entre les consuls et le seigneur. Ce dernier reçut une somme d'argent pour prix de sa renonciation aux
droits qu'il prétendait avoir sur ces fossés. Cette transaction fut
faite le 25 octobre 1568 par M⁵ Pomarède et Fazas, notaires ; les
contractants étaient, d'une part, François de Stuer et, d'autre part,

les consuls Pierre Eveillard, Georges Castan, Micheau et Georges Escoutet, le syndic Pierre Boix, et les jurats Serres, Jean Dupuy, Jean Pomarède, Guillemot de Saint-Blancard, Jacques Dupin, Jean Dupin, François Conti, Géraud Rivière, Guilleri Castaing et Pierre Ardant.

Les événements de la guerre amenèrent à Tonneins, en cette même année 1568, Jeanne d'Albret, reine de Navarre, conduisant avec elle le jeune prince, qui fut depuis lors Henri IV, et la princesse Catherine. Pendant son séjour à Tonneins, elle reçut M. de Lamothe-Fénélon, envoyé de la cour de France, qui la pressa vivement de quitter la défense des réformés, afin d'éviter sa ruine et celle de son royaume.

L'historien Olhagaray, à qui ces faits sont empruntés, ajoute que cette grande reine ne put être ébranlée dans ses résolutions, qu'elle *s'en prit avec beaucoup de soupirs à ceux qui conseillaient le Roi d'extirper, sous le masque de la religion, du tout en tout la maison de Bourbon, de laquelle Monsieur le prince, son fils, était le premier, son principal jeton,* accusa les tyranniques cruautés exercées sur ceux de la religion et menaça enfin le roi qui endurait ces choses, de la colère de Dieu.

Après deux jours de séjour à Tonneins, où la reine attendit le sieur *de Fonterailles,* sénéchal d'Armagnac, qui conduisait une cornette de cavalerie, et le sieur *de Montamat,* son frère, qui amenait un régiment d'infanterie, cette princesse, *presque sous le canon et à trois doigts du nez du sieur de Montluc,* qui dressait ses troupes à Villeneuve-d'Agen, sortit de Tonneins, prit la route du Périgord et alla s'enfermer dans Bergerac. C'est de là qu'elle écrivit au roi Charles IX, le 16 septembre, cette lettre énergique dans laquelle elle proteste que les armes ne sont dans ses mains et dans celles des réformés que pour ces trois choses : *Empêcher qu'on ne les rase de dessus la terre, servir le roi, conserver les princes de son sang.*

De Bergerac, la reine se rendit à Cognac et puis à La Rochelle.

Les protestants jouissaient, en plusieurs endroits, d'une sécurité qui ne fut pas de longue durée. L'épouvantable massacre de la Saint-Barthélemy habilement préparé, quoiqu'en aient dit certains historiens, désireux de dégager leur cause de cette terrible solidarité, remplit la France de deuil et d'effroi. Henri, devenu roi de Navarre par la mort de Jeanne d'Albret, fut préservé de l'assassinat pour tomber dans la captivité, mais il rompit bientôt ses fers et revit ses braves Gascons en armes auprès de son berceau; des villes dévouées et fortes, grâce aux franchises municipales dont elles n'avaient cessé de profiter, mirent à sa disposition leurs hommes et leurs biens.

Montluc était à Montauban au moment de la Saint-Barthélemy. La défaite d'une partie de ses troupes l'obligeait à se tenir sur la défensive.

Le vieux maréchal venait de mourir, lorsque Henri reprit les hostilités dans la Guienne. Tonneins resta toujours attaché à la cause du roi de Navarre. La ville qui avait été ouverte à Jeanne d'Albret, le fut toujours à son fils.

Le maréchal de Biron, commandant l'armée de la Ligue, occupait Marmande. Henri établit son quartier-général à Tonneins. De là, il dirigeait souvent des escarmouches contre l'armée de Biron. Les chroniqueurs en rapportent une qui fit beaucoup de bruit dans la contrée, et que j'ai racontée dans ma chronique des Eglises réformées de l'Agenais.

Franço s de Stuer de Caussade était mort, laissant deux fils, Paul, comte de Saint-Maigrin, et Louis. Le premier fut assassiné le 21 juillet 1578, au moment où il sortait du Louvre; le second se trouva, de droit, appelé à la baronnie de Tonneins. Il avait épousé Diane Descars, fille unique et héritière de Jean de Pérusse-Descars, comte de La Vauguyon, prince de Carency. Ce mariage apporta dans la maison de Stuer les titres et les biens de la maison de La Vauguyon-Carency.

Ici se présente un fait qui prouve combien les habitants de Tonneins étaient attachés à leurs coutumes et franchises municipales, comme aussi aux droits civils que les coutumes leur reconnaissaient. Louis de Stuer de Caussade se présente pour prendre possession de la Seigneurie, mais, au nom de leurs mandants, les conseils exposent *que le contrat contenant les anciennes coutumes de Tonneins s'était perdu et égaré à cause de l'injure du temps et par le moyen des guerres civiles intervenues dans le pays, et qu'ils étaient avertis que le dit Seigneur avait recouvré et tenait devers soi le dit contrat.* En conséquence, ils prient Louis de Caussade de le faire exhiber, d'en faire donner lecture publiquement et de le remettre à la ville. Leur réclamation est admise. Les coutumes furent publiquement lues, les consuls en firent prendre une copie authentique par deux notaires de la ville et les serments furent réciproquement prêtés sur la place publique de Tonneins-Dessous.

C'est ainsi que Louis de Caussade fut installé dans sa baronnie de Tonneins le 1ᵉʳ septembre 1581. Dans cette installation, le seigneur était assisté de M. Bernard de Dular, juge ordinaire de Tonneins, Grateloup et Villeton, son conseil, et les consuls de Mᵉ Claude Drême, avocat, leur conseil.

Le roi de Navarre continua la guerre. Tonneins le vit souvent dans ses murs; les habitants le traitaient comme un des leurs. Voici un article de dépense qui a pris place dans un compte-rendu par les consuls en 1582 :

« Le 21, jour du mois de Septembre 1582, le Roi de Navarre pas-
« sant en cette ville, venant de la chasse du côté de Verteuil, manda
« qu'on lui fit tenir des choynes deurs (petits pains), chez le logis de
« Grison, pour faire collation, ce que les comptables firent et lui en
« apportèrent pour deux sols, lesquels demandent leur être alloués. »
En marge, on lit : « Passé pour ladite somme de deux sols. »

Pendant ces guerres si opiniâtres qui désolaient la contrée, un chroniqueur rapporte que le gouverneur de Clairac, Baron d'Arros, vint harceler Bernard du Bouzet, sieur de Roquépine, qui tenait garnison à Tonneins, et chercha à l'attirer dans une embuscade. Roquépine et Poudenas, son frère, sortirent brusquement avec des cavaliers et feignirent de tourner le dos à la vue de l'ennemi. Ce stratagème leur réussit. Les gens de Clairac furent presque tous tués ou faits prisonniers avant d'être à portée de l'embuscade.

Après le traité de Nemours, Henri III croyant le Roi de Navarre sans ressources, se proposait de l'accabler complétement sauf à se défaire ensuite du duc de Guise. Il exhorta sa sœur, Marguerite de Valois, femme du Roi de Navarre, à se déclarer contre son époux. La princesse habitait Nérac, elle en sortit sous prétexte d'un pèleri-nage et vint se mettre à la tête d'une petite armée que Lignerac, son nouvel amant, avait levée par ses ordres. Elle se présenta devant Tonneins mais fut repoussée par les habitants. Le roi de Navarre poursuivit cette troupe, l'atteignit et la dispersa.

Bientôt après, Henri de Navarre quitta, pour ne plus le revoir, un pays si souvent témoin de sa brillante valeur et dans lequel il avait laissé des souvenirs si chers. Il porta ses armes victorieuses sous les murs de Paris et devint roi de France.

Pendant l'occupation de Tonneins par le roi de Navarre et ses troupes, il y avait eu une sorte d'émigration de la part de ceux qui considéraient ces faits de guerre comme un attentat contre la Royauté. Le maréchal de Matignon ayant repris possession de Tonneins au nom de Henri III, invita les habitants à rentrer en paix dans leurs maisons et à ne pas souffrir de nouveaux troubles.

Le maréchal avait mis une garnison dans le château, mais Louis de Caussade la fit congédier et s'y établit. Un acte fut passé devant Éveillard, notaire à Tonneins, le 25 Septembre 1587, entre dame Diane d'Escars, femme du sieur de Saint-Maigrin à qui Matignon avait remis le château, et les habitants de Tonneins, pour donner à ceux-ci le droit de reprendre leurs maisons.

A cette époque, la Baronnie de Tonneins-Dessous était possédée par Louis Stuer de Caussade et celle de Tonneins-Dessus par Jacques Nompar de Caumont, marquis de Laforce.

Le seigneur de Tonneins-Dessus était à Paris à l'époque du massacre de la Saint-Barthélémy. François de Caumont, son père, était couché entre ses deux fils au moment du massacre. Le père et le fils aîné furent poignardés, mais Jacques Nompar, bien que grièvement blessé, eut la présence d'esprit de contrefaire le mort et échappa à cette boucherie. Ce souvenir terrible excita son ressentiment contre les assassins et en fit l'un des plus intrépides défenseurs du parti protestant. Nous le verrons lutter avec bravoure et persévérance pendant les guerres dites de religion, sous Louis XIII.

Quant à Louis de Caussade et ses successeurs, ils restèrent fermement attachés au parti catholique.

Le marquis de Laforce exerça la plus grande influence sur la population des deux villes et Louis de Caussade perdit complètement la sienne ; c'est ce qui détermina probablement Henri IV à nommer gouverneur du château de Tonneins Jacques de Bruet, seigneur de Lagarde, sous la seule autorité du gouverneur de la Province.

Le règne de Henri IV fut pour Tonneins une époque de paix et de bonheur. Les maux de la guerre furent réparés, on créa des établissements utiles. Une partie des fortifications furent rétablies. Les habitants se plaignaient de ce que leurs impositions étaient excessives. Le seigneur fit procéder à une exacte délimitation de la seigneurie de Tonneins-Dessous.

Jacques de Bruet avait épousé Thalèze de Xaintrailles ; il exerça plusieurs fois le consulat et était *mestre de camp* d'un régiment de cinq compagnies. Il fut nommé gouverneur de Tonneins le 10 novembre 1604. Cette famille était alors protestante et ne devint catholique, comme tant d'autres de nos contrées, que lors de la révocation de l'édit de Nantes.

Après la mort de Louis de Caussade, Jacques de Stuer de Caussade, comte de La Vauguyon, son fils, lui succéda ; il avait épousé, en 1607, Marie de Roquelaure. Il ne fut plus désigné, après sa prise de possession de la Baronnie, que sous le nom de comte de La Vauguyon.

En 1602, le marquis de Laforce, seigneur de Tonneins-Dessus, obtint du Roi l'établissement de deux foires à Tonneins-Dessus.

L'année 1610 mit fin à l'état de calme dont jouissait Tonneins : Henri IV mourut.

A la douleur qu'éprouvèrent les habitants de Tonneins, vinrent se joindre des craintes trop fondées. Un roi de neuf ans, privé des conseils de Sully et livré aux mortels ennemis de son père, l'alliance avec l'Espagne, la défense faite aux protestants de tenir leurs assemblées, la retraite des princes, tout présageait de nouveaux troubles.

Le départ du prince de Condé de la Cour au commencement de l'année 1614, fut un sujet de vives alarmes. A cette époque, les Consuls étaient : Naudon, Charlaguet, Etienne Chirol, Pierre de Lathané et Jean Drème.

Un courrier du prince, porteur d'une dépêche pour le premier consul de Tonneins-Dessus, arriva aux portes de la ville dans la nuit qui précéda le 20 mars. Introduit chez le magistrat, il remit sa dépêche. Le consul se hâta d'assembler le corps de jurade et lui soumit la dépêche encore scellée. Serait-elle ouverte ou la remettrait-on immédiatement au maréchal de Roquelaure, gouverneur de la province ? L'assemblée examina longtemps ces questions et adopta enfin un moyen terme. La dépêche fut transmise au comte de La Vauguyon qui se chargea d'en rendre compte à M. de Roquelaure et la rendit aux consuls.

Cette circonstance donna lieu à une dissussion entre M. de Lagarde, gouverneur, et les consuls ; le gouverneur représenta qu'il était responsable de la conservation de la ville, qu'il devait donc en avoir les clefs ; il en réclama la remise immédiate. Les consuls répondirent que, *de tout temps et ancienneté, voire même de mémoire perdue*, ils étaient en possession de la garde des clefs de la ville, qui leur étaient remises après leur serment, qu'ils les tenaient, non de M. le gouverneur, mais de leurs prédécesseurs ; que, au surplus, ils s'en rapportaient au corps de jurade. La décision fut favorable aux consuls. Il furent maintenus en possession des clefs, et le gouverneur fut prié de ne plus parler de cette affaire.

La marche des événements appela l'attention sur le mauvais état des fortifications de la ville, et l'on entreprit de les réparer.

Le calme revint à la suite du traité de *Sainte-Ménéhould*.

Au moment même de la signature du traité, on se préparait à recevoir à Tonneins les députés du vingt-unième synode national des Églises réformées de France.

Le synode s'ouvrit à Tonneins le 2 mai 1614. Jean Gigord, pasteur et professeur de théologie à Montpellier, en fut le modérateur, Jean Gardisi fut élu modérateur adjoint, André Rivet et Denis Maltret secrétaires.

Jean Gigord était connu dans les églises de la réforme par sa conférence avec le père Cotton, de la compagnie des Jésuites. Forcé d'entendre un sermon du révérend père dans une salle du palais de Fontainebleau, Jean Gigord fut introduit ensuite dans un cabinet pour conférer avec le prédicateur. La discussion roula sur la cène, elle fut longue et fort vive. Comme il arrive toujours dans ces luttes, les deux conférenciers trouvèrent des admirateurs. Le premier chirurgien du roi, Martel, de Castres, fit un grand éloge de Jean Gigord.

Le roi avait autorisé une seconde conférence pour le lendemain, chez le duc de Sully, en présence de dix catholiques et de dix protestants ; il retira cette autorisation.

Le synode de Tonneins, on le voit, était présidé par un pasteur d'une grande distinction.

Pour la première fois, l'assemblée déclara se réunir sous la permission du roi.

Quoiqu'on en ait dit, il est certain, d'après les documents les plus positifs, que cette grande assemblée de 1614 limita ses travaux à l'objet même de sa réunion, le culte de l'Eglise réformée, la discipline, l'enseignement, la sûreté et la prospérité des Eglises.

On a pris pour un sujet politique les plaintes que firent entendre quelques pasteurs sur ce que les places de sûreté n'étaient pas entretenues ainsi que le prescrivait l'Edit, mais l'Etat n'avait-il pas confié aux protestants des places de sûreté pour qu'ils veillassent eux-mêmes à leur défense ? pour que leurs intérêts religieux se trouvassent d'accord avec ce que voulait l'Etat, qui tenait à ce que rien ne troublât la paix intérieure ? Le synode mit, au contraire, une grande réserve dans ses décisions. Il ne voulut point, par exemple, sans en référer à l'autorité civile, prendre connaissance d'une lettre qui arriva d'Angleterre au moment de la tenue du synode. Il se trouva que cette lettre ne traitait absolument que de sujets religieux.

On s'occupa beaucoup de l'enseignement et de la création de colléges.

Le synode invita les pasteurs et les fidèles à combattre un écrit du jésuite Suarès soutenant que la vie, les états, l'autorité des rois dépendaient de l'autorité du pape. Il s'occupa très sérieusement d'un projet d'union entre toutes les églises de la réformation. La discussion en fit adopter un sur de très larges bases. Chaque église était chargée de régler, comme elle l'entendait, la discipline et les cérémonies du culte ; les églises ne devaient ni se juger ni se condamner l'une l'autre.

La confession de foi, les catéchismes, les formulaires de prières et la discipline des églises réformées furent maintenus.

L'assemblée se sépara le 3 juin, après avoir renouvelé le serment d'union.

Pendant la tenue du synode, le duc de Rohan devait présider, à Tonneins même, une réunion de députés des divers conseils provinciaux convoquée pour étudier les questions qui touchaient à la situation politique des réformés. Ce projet ne put pas se réaliser.

Au commencement de l'année 1615, sous le consulat de Bernard de Feytis, docteur en médecine, Robert Dupin, Gabriel Pomarède et Pierre Fazas, M. de Lagarde fut député à une grande assemblée qui se tint à Grenoble, pour traiter de la sûreté et des intérêts communs des réformés de France. Cette assemblée fut transférée à Nimes et puis à La Rochelle où elle acquit un haut degré d'influence.

Les Consuls reçurent, dans le mois de juillet suivant, l'ordre de M. de Gourgues, président au Parlement de Bordeaux, de faire transporter à Bordeaux des provisions pour les gens et les chevaux de la suite du roi, qui se rendait dans cette dernière ville à l'occasion de son mariage. Cet ordre fut publié et exécuté par les soins des consuls.

Bientôt après, Roquelaure invita les consuls à faire garder la ville à cause des mouvements qui se manifestaient.

Le 26 août de cette année, le serment d'union des Églises réformées fut solennellement prêté à Tonneins dans une assemblée générale des habitants, tenue au Temple :

Voici le texte du serment :

« Nous soussignés, ayant ci-devant expérimenté et reconnu par témoignage très évident, combien l'union et concorde est nécessaire entre tous les membres des églises de ce royaume, et qu'elles ne peuvent longuement subsister sans une bonne et étroite conservation mutuelle des unes avec les autres, et pour cette cause, désirant oter à l'avenir toutes semences de division et particularités entre les dites églises, pour prendre les justes moyens de leurs légitimes et nécessaires défenses et les opposer quand besoin sera aux efforts et violences des ennemis desdites églises, avons, pour le bien, conservation et sûreté d'icelles, pour le service de Sa Majesté, bien de l'état et affermissement de la paix et tranquillité publique, ce continuant les traités d'union de toutes les églises réformées dudit royaume ci-devant faits et arrêtés entre les dites églises par leurs députés sous la protection et obéissance de Sa Majesté, comme dit est, renouvelé et en tant que de besoin, renouvelons et confirmons par ces présentes la dite union ; promettons et jurons devant Dieu de demeurer inséparablement unis et conjoints sous la très humble subjection du roi, que nous reconnaissons nous avoir été donné du ciel, le souverain empire de Dieu demeurant toujours en son entier, et ce non seulement en doctrine et discipline ecclésiastique, conforme à la confession de foi générale des dites églises, arrêtée en synodes nationaux, mais aussi en tous devoirs et offices de charité publique et particulière et en tout ce qui dépend de la mutuelle conservation, aide, support et assistance des dites églises les unes avec les autres, et même d'observer toutes les résolutions et règlements des assemblées générales pour le bien et service du roi, repos de l'état, et spécialement pour la manutention des dites églises. Promettons en outre garder soigneusement et conserver les places dont la garde nous a été commise en suite des brevets du dernier jour d'avril 1598 et autres

brevets, déclarations et concessions faites sur ce sujet en faveur des
dites églises et pour les sûretés d'icelles sous l'autorité et l'obéissance
de Sa Majesté, le tout, sous peine d'être déclarés indignes du gouvernement et garde des dites places et de toutes charges et dignités,
comme déserteurs de l'union des dites Eglises et d'encourir comme
tels toutes censures et peines ordonnées par les assemblées ecclésiastiques et politiques. »

Ce serment fut prêté et signé par le gouverneur, par les consuls,
au nom de tous les habitants, et par le pasteur, au nom du consistoire.

Les mécontents cherchaient à soulever le peuple contre l'autorité
royale. Des soldats parcouraient les campagnes et ravageaient la contrée. Pour un grand nombre, les luttes religieuses n'étaient qu'un
prétexte de désordre.

Il fallait cependant prendre des mesures et sauvegarder les droits
et les intérêts de tous. Une grande assemblée eut lieu dans ce but, le
20 septembre 1615.

Les consuls firent un exposé de la situation : pour exécuter les
volontés du roi, ils avaient fait tous leurs efforts pour garder la ville
et pour empêcher qu'elle ne fût envahie par les ennemis du repos
public ; mais, craignant de la voir prise par des gens de guerre qui
rôdaient dans le pays, ils demandaient qu'on s'occupât, sans retard,
de mettre les fortifications en état de défense ; ils priaient tous les
membres de l'assemblée de demeurer inséparablement unis sous
l'obéissance de Sa Majesté et manutention des églises réformées ; à
cet effet, le gouverneur et les consuls entendaient contribuer selon
leurs facultés, espérant que les habitants joindraient leurs efforts à
ceux de leurs chefs en se soumettant à une contribution prélevée
par telles personnes que l'assemblée désignerait.

Les propositions du gouverneur et des consuls furent acceptées à
l'unanimité. La cotisation fut payée et versée dans les mains des
commissaires ; on traita avec des ouvriers qui mirent immédiatement la main à l'œuvre.

Les consuls de Clairac avertirent ceux de Tonneins qu'un corps de
quatre cents hommes réunis sur la rive gauche de la Garonne, menaçait la ville. Il fallait donc hâter le travail des fortifications.

Tonneins Dessus partageait ces préoccupations ; ses habitants avaient obtenu de Tonneins-Dessous des arbres destinés à faire des palissades à leurs portes.

La présence du duc de Rohan et du duc de Bouillon à Sainte-Foy était la véritable cause de ces mouvements et de ces appréhensions. Placés à la tête des mécontents, ils avaient acquis une telle influence que le plus grand nombre des gentilshommes du pays s'étaient joints à eux. M. de Lagarde, gouverneur de Tonneins-Dessous, appelé à Sainte-Foy par M. de Rohan, voulait avoir l'adhésion de la jurade. Il y eut dans ce corps une vive opposition. Après une longue délibération, le voyage du gouverneur fut résolu.

M. de Pécharnault, exempt des gardes du corps du roi, fut prié de prendre le commandement de la ville en l'absence du gouverneur. A peine installé, il vint annoncer à la jurade l'arrivée du duc de Rohan à Tonneins. Malgré le danger auquel elle s'exposait, la jurade décida d'aller au-devant du duc et de lui faire un accueil sympathique.

M. de Rohan venait avec l'intention d'empêcher la jurade de se rendre à Bordeaux pour complimenter le roi.

La situation était de plus en plus tendue : de cette abstention à la révolte il n'y avait pas loin.

Le duc comprit cependant que la jurade ne voulait pas rompre si ouvertement avec l'autorité royale ; il demanda alors qu'on voulût bien renvoyer le voyage à neuf jours ; on lui en accorda quatre. M. de Lagarde, gouverneur, fut autorisé à installer, sous sa responsabilité personnelle, une garnison en ville.

Le délai expiré, la députation, pour aller à Bordeaux complimenter le roi fut nommée. Elle devait assurer le roi de *l'entière fidélité, obéissance* et très humble service que tous les habitants lui devaient et dans lesquels ils voulaient continuer toute leur vie, de tout leur pouvoir et puissance, demeurant néanmoins en l'union des églises réformées (Délibération du corps de Jurade, du 19 octobre 1615).

Le duc de Rohan, toujours obstiné, fit des démarches pour empêcher ou retarder le départ de la députation. Les circonstances lui vinrent en aide : Les députés n'étaient pas d'accord, deux d'entre eux manifestèrent de la répugnance pour accomplir leur mandat, les deux autres voulaient partir aussitôt. Pendant ces tiraillement, les consuls d'Agen proposèrent à leurs collègues de Tonneins de réunir les députations des deux villes. Les députés de Tonneins ne répondirent pas clairement à cette proposition. Le duc de Rohan réussit ; la députation ne se rendit pas à Bordeaux.

L'agitation allait croissant. Le parti des mécontents recrutait les habitants des campagnes. Tonneins recevait et protégeait ceux qui résistaient à l'insurrection. L'attitude des habitans changeait à chaque nouvelle assemblée du corps de jurade. Tantôt la ville était louée de sa fidélité au Roi, tantôt elle était menacée d'un siège.

Le travail des fortifications se continuait avec l'assentiment public : les uns y voyaient un avantage pour garder la ville sans l'autorité du Roi, les autres, au contraire, un moyen de la remettre plus sûrement aux mécontents.

Les choses restèrent en cet état jusqu'à l'année 1618.

La coutume laissait dans l'ombre certains détails d'administration municipale, ce qui en rendait souvent l'application difficile. Les consuls demandèrent au Parlement de Bordeaux les dispositions réglementaires qui manquaient à la coutume et le Parlement rendit un arrêt qu'il est utile de reproduire :

« Entre Antoine Ducros, Guilhem Dade, David Théophile Castels, Pierre Desclaux, Paul Vigouroux, capitaine, tant eux que Jérémie Tournier, Arnauld Chirol, M⁰ Jean Discarron, syndic des consuls de Tonneins, M⁰ Bernard Feytis, Etienne Chirol, Pierre Peytault, Gabriel Pomarède, Pierre de Lathané, Claude Dessins, M⁰ Jean Drôme et Pierre Fazas, appelant de certaine sentence arbitrale et demandant l'entérinement de certaine requête et autrement ledit Discarron défendeur en exécution, d'une part. Et Pierre de Ferron écuyer, sieur de Beaupuy syndic, nommé et élu par aucuns des habitans de la ville de Tonneins, Jacques de Brucl sieur de Lagarde, gouverneur dudit Tonneins, Jean de Lathané, exempt des gardes du corps du Roi, M⁰ Pierre Bernardin, avocat en la Cour, et Alexandre de Larrard appelés et défendeurs, et lesdits sieurs de Lagarde, Salomon Dupin, Etienne Gendreau et Jean Méric, défendeurs aux dites exécutions et demandeurs aussi en exécution de la Cour. Vu le procès sentence arbitrale d'où vient l'appel et pièces mentionnés au vu d'icelle du 10⁰ de juin 1617, lettres de relief d'appel et exploits obtenus par lesdits appelants des 24 et 25 juin 1617, arrêt à corriger sur ledit appel du 11 décembre dudit an, requête du sieur de Ferron de l'entérinement de laquelle est question, commission et exploits du 12 et 15 août dudit an, arrêt à mettre pièces par devers la Cour du 11 décembre 1617, dires et corrigés desdites parties, enquête produite par ledit sieur de Ferron du 12 août 1605, information par lui produite faite de l'autorité de la Chambre de l'édit de Nérac du 3 mai audit an, décret de prise de corps obtenu et un exploit des 6 mai et 26 juin audit an 1617, contrat de compromis du 21 mai audit an, attestation produite par lesdits appelans faite devant le juge ordinaire de Tonneins du 12 février 1618, requête des appelans démonstrative du 9 dudit mois et an, autre requête des appelés contenant réponse du 22 dudit mois et an, acte de déclaration du 18 dudit mois de février 1618, extrait des comptes qui restent à rendre avec un livre des coutumes et privilèges de la ville de Tonneins et autres pièces et productions des parties avec les requêtes à dire et produire contenant appointement en droit.

Dit a été que la Cour a mis et met l'appel et ce dont a été appelé au néant et a ordonné et ordonne :

Que les gages du Ministre de Tonneins seront pris cotisés et levés sur tous les habitans de la ville et juridiction dudit Tonneins faisant profession de la Reli_ion prétendue Réformée en la forme accoutumée et non sur le revenu du bois de la Gautrenque ni autres deniers communs ou domaniaux de ladite ville, à la charge que, en l'Assemblée qui se fera pour la susdite imposition et cotisation, un chacun desdits habitans y pourra assister pour y représenter son intérêt. Et sera la taille qui se paye au Roi pour raison dudit bois prise sur le revenu d'icelui.

« Et ordonne la susdite Cour que le corps et conseil de ladite ville et communauté dudit Tonneins demeurera composé, comme il était anciennement, de quatre consuls, et jurats au nombre desquels seront réunis les dits Lathané exempt des gardes du corps du Roi et Lacueilhe.

« Auxquels ladite Cour enjoint, lorsqu'ils procèderont à l'élection des consuls, d'élire des personnes les plus qualifiées de ladite ville et juridiction.

« Et ne pourront être déchus lesdits Jurats que pour cause infamante.

« Lesquels consuls et jurats, pour pourvoir aux affaires qui se présenteront, s'assembleront les jours accoutumés au son de la cloche dans la maison commune de ladite ville et non ailleurs, et cha cun d'eux pourra proposer ce qu'il avisera être bon pour le service du Roi ou autres affaires concernant le bien de leur communauté.

« Et ne pourra être rien résolu ni arrêté ez dites assemblées que, pour le moins, les deux tiers desdits consuls et jurats ne soient présents et opinants, et à ces fins ladite Cour leur enjoint d'assister en toutes Assemblées ordinaires ou extraordinaires qui se feront en ladite maison commune, à peine d'être exclus de l'entrée d'icelles sauf en cas de légitime empêchement.

« Et les résolutions prises en icelles seront écrites dans un livre et signées tant du consul qui aura présidé que du greffier d'icelle sans qu'elles puissent être révoquées que avec juste cause et pareil nombre de consuls et jurats qu'elles auront été faites.

« Lequel greffier sera pris du corps desdits jurats et exercera sa charge pendant un an, sauf de la continuer plus longtemps s'il est trouvé bon.

« Faisant inhibitions et défenses auxdits consuls et jurats de faire aucunes Assemblées extraordinaires contre la forme observée de tout temps et ancienneté en la ville, à peine de dix mille livres et autre plus grande s'il y échéoit.

« Et lorsqu'il faudra élire un nouveau syndic y sera pourvu d'une personne suffisante et capable qui sera nommée et prise par lesdits consuls et jurats en ladite ville et jurisdiction, laquelle ne pourra prendre gages, journées ni location, ainsi jouira seulement de l'exemption des tailles pendant son année et en outre sera payé de la dépense qu'il aura faite lorsqu'il travaillera pour la communauté sous la ville, laquelle lui sera taxée par lesdits consuls et jurats eu égard à sa qualité.

« Lequel syndic aura entrée en toutes les Assemblées pour y proposer ce qu'il jugera être utile pour le service du roi et bien de ladite communauté.

« Lequel ne pourra être continué après son année expirée.

« Et nul ne sera élu consul ou syndic qu'il ne soit natif de la ville ou jurisdiction de Tonneins ou domicilié en icelle dix ans avant ladite élection.

« Un desdits consuls, tel que les autres consuls et jurats voudront, fera la recette et dépense de l'administration du revenu des deniers communs, lequel fera ladite charge sans aucun gage.

« Et tant lui que les autres consuls seront tenus dans un mois après leurs charges finies, rendre bon et fidèle compte de leur administration par-devant les officiers du Seigneur du lieu, en faisant les proclamations accoutumées.

« Comme pareillement les consuls qui ont été en charge depuis les dix dernières années rendront compte en présence du syndic.

« Et ne pourront par ci-après ceux qui auront été consuls ou auront administré les biens de ladite communauté être admis dans la ville à aucune charge que au préalable ils n'aient rendu compte et payé le reliquat s'il s'en trouve.

« Et aux fins que les titres de la maison commune puissent être conservés, ledit syndic sera tenu de faire remettre tous lesdits titres et papiers ensemble les comptes rendus et qui se rendront ci-après dans un coffre à deux clefs, desquelles l'un desdits consuls aura l'une et ledit syndic l'autre.

« Et en ce qui concerne les écrits respectivement prétendus par les parties, ladite Cour a mis et met icelles parties hors de cour et de procès, leur fait inhibitions et défenses de se méfaire ni médire et enjoint ladite cour à toutes parties de garder le présent règlement aux peines susdites, sans dépens et pour cause.

« Dit aux parties à Bourdeaux, en Parlement le dernier jour de Mars 1618. Signé : de Pontac. — MM. Dafils, président; Gouffecteau, rapporteur. Épices 35 écus. Sur les deniers de la communauté. »

Cet arrêt fut transcrit sur les registres des actes de jurade par Me Sylvestre, notaire royal, syndic de la ville de Tonneins. On trouve sur ledit regristre la mention suivante :

« Par moi, notaire royal, soussigné et syndic de ladite ville de Thonens l'année mil six cent dix-huit la présente copie d'arrêt a été écrite sur son propre original sans y avoir rien ajouté ni diminué. Lequel original a été remis dans le coffre de la ville à Tonneins, le dix-huitième septembre mil six cent dix-huit. — Signé : Silvestre, notaire royal et syndic. »

Pierre Fazas fut nommé secrétaire. Les jurats furent invités à prendre régulièrement part aux assemblées du corps de ville fixées au mardi de chaque semaine, sans préjudice des assemblées extraordinaires. Tous les habitants furent requis de remettre les papiers appartenant à la ville qu'ils pouvaient détenir. Les jurats, après en avoir fait l'inventaire, devaient les renfermer dans un coffre.

Le 19 août, on décida que, dans les affaires soumises à l'assemblée des jurats, ceux-ci opineraient chacun à leur tour, sans confusion, et que celui qui interromprait et opinerait avant son tour, paierait une amende au profit des pauvres.

Pendant l'année de leur magistrature, les consuls étaient dispensés de payer la taille au roi. Aucune autre coutume locale ne contient une telle disposition.

Le passage du duc de Mayenne à Tonneins fut annoncé pour le 14 septembre. On se prépara à le recevoir avec tous les honneurs qui lui étaient dus comme lieutenant-général pour le roi de la province de Guienne.

Un acte public de cette époque rapporte officiellement ce passage :

« Le quatorzième septembre mil six cent dix-huit, Monseigneur le duc de Mayenne fit son entrée en la présente ville de Tonneins, étant gouverneur pour le roi et premier consul de ladite ville, noble Jacques de Bruet, écuyer, sieur de Lagarde, et Messieurs Jean de La Barrière, M. Pierre Desclaux et Pierre Monjau, second, troisième et quatrième consuls, par lesquels le dit seigneur fut reçu en la forme suivante, savoir : Que le dit sieur de Lagarde, en qualité de gouverneur, accompagné de cent chevaux, alla au-devant de lui jusqu'à Fauguerolles, entre Marmande et Tonneins et après l'avoir salué et offert ce qui dépendait de sa charge pour le service du roi et du dit seigneur, il l'accompagna dans la dite ville, et, sur le chemin entre la ville et la maison de Beaupuy, appartenant au sieur de Ferron, il fut reçu par les gens de pied que le dit sieur de Lagarde avait fait assembler en armes en un bataillon composé de sept cents hommes bien armés de piques et mousquets, et après que le dit seigneur les eut vus au dit bataillon, il désira les voir défiler. Ainsi ils passèrent tous en ordre par-devant lui et vinrent se rendre en haie dans la ville d'un côté et de l'autre de la Grand-Rue. Et comme le dit seigneur s'approchait de la dite ville, les consuls, avec les livrées, accompagnés des jurats, lui vinrent au-devant, et le dit sieur de La Barrière, second consul, lui parla, et tant au nom du dit sieur de Lagarde que du reste des consuls et du corps de ville, lui présenta les clefs de la dite ville. Cela fait, le dit seigneur passa dans la dite ville, au milieu des haies des gens de pied, et s'en alla coucher à

Aiguillon, où le dit sieur de Lagarde l'accompagna. » Signé : Lagarde et Fazas, jurat et secrétaire.

Henri de Lorraine, duc de Mayenne et d'Aiguillon, avait été nommé gouverneur de la province de Guienne par lettres patentes datées de Paris le 18 mai 1618, par suite de la démission du prince de Condé. Il fut reçu au Parlement de Bordeaux, le 9 juillet suivant, et fut tué d'un coup de mousquet dans l'œil gauche au siège de Montauban, le 10 septembre 1621. Il était fils de Charles, duc de Mayenne.

Dans cette année 1618, époque du passage du duc à Tonneins, Jean de Lathané, exempt des gardes du corps du roi, Etienne Chirol, Jean Drème, Corbeyran Goumois étaient consuls; Hélie Dubenquet, syndic.

L'année 1619 vit recommencer les troubles. Une lettre du duc de Mayenne apprit que des troubles se manifestaient dans la contrée et que des troupes se réunissaient dans le château de Prayssas.

Le 26 février, une compagnie d'élite du duc traversa la Garonne à Tonneins.

Le départ de la reine mère du château de Blois, son entrée à Angoulème, où elle avait été reçue par le duc d'Epernon, furent la cause de ce commencement d'agitation.

Le duc recommanda de faire bonne garde et d'empêcher les enrôlements au service des mécontents. Le 2 avril, passant en bateau devant la ville, il renouvela ses ordres.

Grâce à ces précautions, Tonneins ne cessa pas de rester sous l'autorité du roi.

Le reste de cette année fut occupé par des procédures entre les consuls de Tonneins-Dessous et ceux de Tonneins-Dessus. La ville de Tonneins-Dessous avait une poste d'eau qui partait chaque dimanche pour Bordeaux. Les consuls de Tonneins-Dessus établirent une concurrence aux mêmes jour et heure. Etait-ce pour ceux de Tonneins-Dessous un droit exclusif, un privilège ? La jurade le pensait, elle protesta, signifia des actes ; tout fut inutile, la poste passait avec une remarquable régularité. Les consuls et les jurats de Tonneins-Dessous ne s'arrêtèrent pas à des actes de procédure ; le trois juin, ils se rendirent en corps sur le port appelé encore quai de la Barre et firent amener la poste de Tonneins-Dessus au moment où elle passait ; ils s'emparèrent des marchandises qu'ils emmagasinèrent et saisirent le patron qu'ils firent conduire en prison.

Ce coup d'état fut suivi d'un long procès par devant le Parlement de Bordeaux ; les deux villes dépensèrent beaucoup d'argent, mais, en définitive, les choses restèrent en l'état.

Des évènements plus graves se préparaient et occupaient plus vivement les esprits. L'année 1620 fut agitée et l'on pouvait déjà prévoir de grandes catastrophes.

L'assemblée de La Rochelle avait remplacé celle de Nîmes et de Grenoble. Toutes les affaires des Eglises réformées étaient dans ses mains, et elle les dirigeait avec une autorité et une vigueur qui inquiétaient l'autorité royale. C'était un Etat qui se formait dans l'Etat, et le gouvernement le voyait avec peine. Les réformés de France les plus autorisés n'approuvèrent pas que l'assemblée de La Rochelle s'arrogeât des pouvoirs aussi étendus. Les uns refusèrent d'en faire partie, d'autres ne voulurent pas accepter ses résolutions. Le pouvoir qui ne connaissait pas assez la situation des esprits et qui était souvent mal conseillé, hésitait et manquait de volonté. Des deux côtés se trouvaient des hommes violents et fanatiques. Les dangers étaient, de part et d'autre, singulièrement exagérés. Quelques protestants se plaignaient de l'autorité royale et se considéraient comme menacés d'une ruine prochaine. D'un autre côté, le Roi était poussé à des actes de violence, parce qu'on soutenait que les réformés tendaient à faire passer la couronne sur la tête d'un prince étranger. Telles étaient les préoccupations de cette époque, reproduites dans tous les mémoires du temps, notamment dans le *Mercure de France*, si intéressant, si bon à consulter pour se rendre compte de la situation des esprits.

La guerre civile, avec toutes ses injustes préventions, avec toutes ses horreurs, apparaissait terrible, inévitable.

L'assemblée de La Rochelle avait divisé la France protestante en plusieurs cercles. Celui qui comprenait la Basse-Guienne (la Guienne et la Gascogne), était placé sous le commandement du marquis de La Force, baron de Tonneins-Dessus, le même qui avait échappé au massacre de la Saint-Barthélemy. Les villes de sûreté de ce cercle étaient entr'autres, Sainte-Foy, Clairac, Tonneins.

Louis XIII se mit à la tête des troupes destinées à combattre le mouvement des réformés. Il se rendit dans la Basse-Guienne, accompagné de personnages considérables, du connétable de Luynes, du garde-des-sceaux du Vair.

Déjà le duc de Mayenne avait réduit plusieurs villes du duché d'Albret. Le Roi s'avançait vers l'Agenais ; Castillon, Sainte-Foy, Bergerac lui ouvrirent leurs portes. Dans cette dernière ville, la commission envoyée par la ville de Tonneins fut reçue par Louis XIII et lui donna l'assurance que le gouverneur n'entendait pas résister à l'autorité royale et qu'il était prêt à rendre la ville.

Certain qu'il pouvait compter sur Tonneins, le Roi en fit le centre de ses opérations militaires et se disposa, sans délai, à réduire Clairac et les autres villes de l'Agenais qui résistaient encore. Il partit de Bergerac le 16 Juillet, coucha à Saint-Barthélemy le 18. Son projet était de séjourner à Saint-Barthélemy pour faire passer devant lui son artillerie, mais la majorité du Conseil fut d'avis de marcher en avant. Le 19 Juillet, jour de lundi, l'armée se mit en marche, elle fut surprise à Hautevignes par un violent orage. Les ruisseaux du Tolzat et de la Torgue débordèrent, les chemins furent remplis d'eau, il fallut camper et attendre que les eaux se fussent retirées.

Le lendemain, le garde-des-sceaux prit les devants avec le comte de Schomberg et deux compagnies de la garde, et arriva à Tonneins quelques heures avant le Roi qui, disent les chroniqueurs, avait couru de grands dangers au passage du Tolzat. Ils rapportent aussi que M. du Vair fut fort blâmé d'avoir fait entrer le roi dans une ville qui avait donné des gages aux insurgés.

Les fortifications des deux villes furent conservées, le Roi étant décidé à établir à Tonneins son centre d'opération pour faire la guerre en Guienne.

La Garonne était le seul moyen de transport et de communication ; il n'y avait ni ponts ni routes latérales. Le passage du fleuve devant Tonneins était le meilleur, le plus fréquenté, le plus sûr, notamment pour les villes de sûreté de la rive gauche, aussi, ces villes s'empressèrent-elles de faire leur soumission, sauf Clairac et Montauban.

Le Roi soumit à son Conseil la question de savoir laquelle de ces deux villes serait assiégée la première ; on se détermina pour Clairac.

Le 23 Juillet, commença le siège de Clairac. Le même jour, M. de Termes, maréchal de camp, frère du duc de Bellegarde, fut blessé sous les murs de la ville assiégée. Transporté à Tonneins, il mourut le lendemain.

La ville de Clairac ne pouvait pas tenir longtemps devant une armée. Elle résista cependant avec énergie et les assiégés firent des prodiges de valeur, mais elle dut céder au nombre et fit sa soumission le 5 Août.

Ce siége avait coûté cher aux assiégeants. M. du Vair y contracta une maladie qui l'enleva avant la reddition de la ville, le 3 Août. Il avait été, comme M. de Termes transporté à Tonneins. Son corps fut inhumé à Paris.[1]

Le Roi se rendit à Agen le 10 Août et de là à Montauban qu'il assiégea. Cette entreprise ne fut pas heureuse pour les troupes royales. Il fallut abandonner ce siége. L'armée prit sa revanche en assiégeant la petite ville de Monheurt, qui résista aux troupes royales pendant trois jours. Le connétable de Luynes fut blessé devant Monheurt et transporté au château de Longueville où il mourut.[2]

Le Roi dissémina son armée dans les diverses places de la contrée afin de contenir Sainte-Foy, seule ville de l'Agenais qui eût repris les armes ; il laissa le commandement de ses troupes, au duc d'Elbœuf.

L'année 1622 commença sous des auspices peu favorables au maintien de la paix.

---

[1] M. du Vair était l'un des plus illustres magistrats de cette époque. On a publié son testament dans lequel il exprima « son profond regret de voir que la réformation de l'Eglise de Dieu et l'édification de ses peuples étaient empêchées par l'avarice et l'ambition de ceux qui avaient le plus d'obligation à les promouvoir. Il priait sa divine bonté de leur toucher vivement et efficacement le cœur pour cet effet. » (*Mercure de France*, année 1621.)

[2] A la prise de Monheurt, se rattache un fait que nous ne pouvons point passer sous silence. Un grand nombre d'habitants de Monheurt, femmes, vieillards, enfants s'étaient réfugiés à Tonneins et s'y croyaient en sûreté. Or, voici, sans aucun commentaire, le ban que fit publier à son de tambour le comte de Lavauguyon, seigneur de Tonneins ; il enjoignait à tous ceux de Monheurt qui s'étaient retirés à Tonneins chez leurs parents et amis, hommes, femmes, petits enfants, malades, sains, et non seulement les habitants de Monheurt, mais aussi tous ceux qui avaient été dans Monheurt au siège, eussent à vuider dans vingt-quatre heures à peine de la vie en cas qu'ils y fussent trouvés. (Bibliothèque nationale, lettre d'un gentilhomme de Guienne, escrite à un sien amy, 12 Janvier 1622.) Communication de M. Tamizey de Larroque.

Suivant une décision de l'assemblée de La Rochelle, le marquis de La Force commandait les places de sûreté des Eglises réformées de la rive droite de la Garonne. M. de Favas, celles de la rive gauche.

L'action du marquis de La Force s'exerçait principalement sur Tonneins, où il soutenait avec énergie et intelligence la cause de la réformation religieuse.

Le duc de Mayenne, lieutenant général en Guienne, qui avait joui d'une très grande influence dans la contrée et qu'on appelait d'un nom qui dépeint si bien son caractère, *le bon seigneur*, avait été tué au siège de Montauban. Son successeur avait remis sa charge, en sorte que la Guienne était sans chef, ce qui laissait libre cours aux idées nouvelles. D'un autre côté, l'assemblée de La Rochelle gagnait sans cesse en autorité et profitait, pour attirer les populations à sa cause, de l'irritation que causaient le séjour de l'armée royale, les frais et les désagréments de toute sorte qu'il fallait subir pour l'entretien des garnisons.

On avait vu Monheurt, une petite ville résister pendant trois jours à toute une armée, Montauban obliger le Roi à lever le siège sans avoir remporté le moindre avantage. Toutes ces circonstances encourageaient à la résistance ; aussi Sainte-Foy s'était-il soulevé. Tonneins, Clairac et les villes où se trouvaient des amis de la réforme n'étaient plus retenues et exprimaient hautement leur désir d'être débarrassées des troupes royales.

Le marquis de La Force, au commencement de cette année 1622, prit Montflanquin. Le marquis de Lusignan, l'un des chefs les plus distingués de l'armée protestante, s'empara de Clairac.

Le siège de Montravel retenait en Périgord le duc d'Elbœuf, général en chef de l'armée royale. Le moment était favorable pour agir. Le marquis de La Force voulut en profiter.

Les troupes que le Roi avait alors en garnison pour garder Tonneins ne s'élevaient pas à plus de cinq cents hommes commandés par le comte de La Vauguyon et par M. de Dondas. Ces forces occupaient le château de la ville basse.

A la tête de deux mille fantassins et de trois cents cavaliers, le marquis de La Force entra, sans coup férir, dans Tonneins-Dessous, Il assiégea le château qui se rendit à discrétion. Le comte de La Vauguyon et le sieur de Dondas furent faits prisonniers de guerre et envoyés à Sainte-Foy ; la garnison fut passée au fil de l'épée.

Tonneins-Dessus et Tonneins-Dessous ne reconnurent plus d'autre autorité que celle de l'assemblée de La Rochelle. M. de La Force y laissa une garnison de quinze cents hommes sous le commandement du marquis de Montpouillan, son fils, et du vicomte de Castels, gendre de M. de Favas, et conduisit le reste de ses troupes dans les localités environnantes, où il se tint en observation.

Le duc d'Elbœuf et le maréchal de Thémines, ayant appris ces événements, partirent aussitôt pour s'opposer à M. de La Force. Ils donnèrent à toutes leurs troupes rendez-vous à Fauillet et bientôt furent assemblées sous les murs de Tonneins-Dessous et du bourg de Cuges, douze mille hommes de l'armée royale.

Dès le commencement de ces tristes luttes, le comte de La Vauguyon, seigneur de Tonneins-Dessous, avait négligé la défense de la ville. Réduite à ses seules ressources, la population n'avait pas tenu ses fortifications en état ni préparé ses munitions, en sorte qu'elle n'était pas capable de résister à une armée relativement nombreuse. Tonneins-Dessus, au contraire, constamment soutenu par le marquis de La Force, possédait tout ce qui était nécessaire pour soutenir une attaque régulièrement conduite. Sa situation même rendait plus difficiles les opérations d'un siège.

Attaqués par le maréchal de Thémines, à la tête des régiments de Picardie, Chappes, Beaumont, Villeroy, par le duc d'Elbœuf, pour le bourg de Cuges, avec les régiments de Piémont, La Suze, la douze, Grignan, Flein, Bourdeilles et Château, Tonneins-Dessous et le bourg de Cuges furent emportés dès le premier jour.

Ce dénouement d'ailleurs prévu, était la conséquence nécessaire de l'état des localités assiégées. Les habitants de Tonneins-Dessous se réfugièrent à Tonneins-Dessus qui fut occupé bien vite par le marquis de Monpouillan, le vicomte de Castels, la garnison et tous les hommes capables de porter les armes. Le siège fut continué sur ce point.

Etabli à Tonneins-Dessous avec son armée, le duc d'Elbœuf creusa des tranchées, mit ses canons en batterie pour ouvrir une brèche.

De La Force ne restait pas inactif. Il s'avança avec ses troupes sous les murs de Tonneins-Dessus, s'y retrancha, établit plusieurs barricades sur la butte d'un moulin à vent au nord est et près de Tonneins-Dessus du côté de Clairac. Cette entreprise hardie, en face des assiégeants, aidait puissamment les assiégés et leur permettait d'opérer de fréquentes diversions.

Le duc d'Elbœuf voyant tout le mal que lui causait cette petite troupe établie dans une si bonne position, résolut de la disperser et d'attaquer en même temps la ville en donnant l'assaut par une brèche qu'il avait réussi à pratiquer au nord de Tonneins-Dessus. Les régiments de Piémont et de Picardie lancés contre la ville furent repoussés avec perte. Le duc d'Elbœuf se porta lui-même, à la tête de douze cents fantassins, de cinq cents cavaliers appuyés par deux pièces de canon, vers les positions occupées par M. de La Force. Celui-ci, du haut de ses retranchements, accabla les ennemis, puis, abandonnant tout-à-coup ses positions, il se fit poursuivre jusque sous les murs de Clairac où il rentra se félicitant d'avoir fait diversion aux opérations du siège et donné de la confiance aux assiégés.

Ce double fait d'armes eut lieu le 20 mars, jour des Rameaux. Voici comment le duc d'Elbœuf l'apprécia dans une lettre qu'il adressa le lendemain au parlement de Bordeaux :

« Messieurs, je dois, vous honorant comme je fais, raison et avis de
« ce qui se passa hier, jour des Rameaux, au combat que je fis contre
« les ennemis, afin que vous receviez la part que vous méritez au
« progrès des armes du roi. L'action fut telle que je pris la cornette
« de M. de la Force, et il lui fut tué trois ou quatre cents hommes de
« pied et pris force prisonniers, gentilshommes et autres, outre un
« drapeau de gens de pied et le moulin qu'ils avaient si bien fortifié.
« Si ledit sieur de La Force ne se fût retiré comme il fit, s'étant sauvé
« à Clairac avec le sieur Théobon, je vous assure qu'il eût été mon
« prisonnier. J'espère avoir bientôt raison de ce lieu assiégé dont je
« vous donnerai des nouvelles, vous suppliant de me donner des
« vôtres et de me croire parfaitement, Messieurs, votre bien humble
« et affectionné serviteur, Elbœuf. »

Il arriva souvent, pendant ce siège, que M. de La Force conduisit ses troupes jusques sous les murs de la ville pour venir au secours de son fils, M. de Monpouillan, et harceler les assiégeants.

Le siège traînait en longueur, le Parlement s'en plaignait et le duc d'Elbœuf ne pouvant arriver à aucun résultat résolut de ne plus tenter l'attaque et de réduire la ville par la famine. Tonneins étant mal approvisionné, cette tactique semblait assurer un prompt succès. Mais, de La Force avait compris la gravité du péril ; il s'était emparé de la petite ville de Granges et y avait saisi une quantité très considérable de blé et de farine ; il fit armer et équiper plusieurs bâteaux, les chargea de provisions et les fit diriger sur Tonneins. Le Parlement de

Bordeaux, informé de cette tentative, envoya des bâteaux sous la conduite de trois chevaliers de Malte pour s'emparer des barques et des vivres. Leur entreprise échoua ; les provisions entrèrent dans Tonneins-Dessus, qui fut ainsi, ravitaillé pour deux mois.

Par de fréquentes escarmouches, le duc de La Force tentait de diviser l'armée royale. Il réussit même à tourner la ville et à occuper la campagne au nord de Tonneins. Il rangea ses troupes en bataille sous les murs de Tonneins-Dessous. Le duc d'Elbœuf se porta aussitôt sur ce point et le duc de Monpouillan, profitant de cette diversion, fit une vigoureuse sortie contre les tranchés des assaillants, et força les troupes royales à abandonner leurs positions. Ce fut alors un sauve-qui-peut général. Les divers marchands qui suivaient l'armée royale se réfugièrent dans les villes voisines et répandirent le bruit que le siége était levé.

Le duc d'Elbœuf, que cette résistance décourageait, entama des pourparlers : il exigeait que les assiégés se rendissent à discrétion. Ceux-ci répondirent qu'ils étaient décidés à mourir plutôt que de subir une humiliation, d'autant moins méritée, que leurs armes avaient été deux fois victorieuses pendant ces longues luttes.

Tous les efforts des assiégeants se concentrèrent du côté d'une fortification formant une demi-lune à l'angle nord-ouest de la ville. Cet ouvrage qui n'était pas établi selon les régles de l'art, fut emporté le 18 avril. Le marquis de Monpouillan, qui avait reçu une forte blessure à la tête, tomba aux mains des troupes royales. Au moment où les assiégeants célébraient leur victoire, six cents hommes sortirent en bon ordre de la place, reprirent les fortifications et forcèrent les assiégeants à leur remettre M. de Monpouillan. Dans cette affaire, l'armée royale perdit l'un de ses officiers les plus distingués, M. de la Reinville, maréchal de camp. Il fut enterré dans l'église du Mas où l'on peut lire son épitaphe.

Le duc d'Elbœuf dirigea ses efforts contre le bastion oriental de Tonneins-Dessus déjà fortement entamé et l'emporta dans une charge vigoureuse ; mais ayant appris que six cents hommes de troupes fraîches avaient été introduites dans la ville la nuit précédente, il crut prudent de ne pas s'avancer davantage.

Ce nouveau renfort avait rendu la confiance aux assiégés. Le 27 avril, après avoir bien étudié la situation et concentré les troupes, ils exécutèrent une grande sortie, reprirent le bastion, culbutèrent les corps-de-garde des assiégeants, puis l'armée, et balayèrent entièrement les tranchées.

Le duc d'Elbœuf, surpris par la vigoureuse offensive des assiégés, courait au-devant de ses soldats effrayés et cherchait à les ramener au combat : « Quoi, messieurs, s'écria-t-il, les ennemis nous auront chassés et auront repris en une nuit ce que nous n'avons pu gagner qu'avec tant de temps, et nous ne pourrons pas faire en un jour ce qu'ils ont fait en une nuit ! Pour moi, je suis résolu de mourir ou de les chasser aussi vite qu'ils nous ont chassés, et je ne veux pas attendre pour le faire plus de temps qu'il n'y en a jusqu'à midi. Je ne doute point que tout le monde ne me suive, puisque tout le monde y est engagé d'honneur comme moi et aurait honte de survivre à un tel affront. Ainsi, je n'ai point d'autres ordres à donner, sinon qu'à midi chacun aille droit à son poste pour l'emporter ou y mourir ! »

A la puissante voix d'un chef aussi vaillant, les troupes royales se rallièrent, les tranchées furent rétablies, les postes repris, *avant la fin du jour*, comme l'avait prescrit le duc d'Elbœuf.

Cependant, le marquis de La Force avait rassemblé un corps de huit cents hommes de pied et de quatre cents chevaux et, d'accord avec les assiégés, se préparait à une nouvelle tentative pour faire lever le siège. Le duc d'Elbœuf l'apprit ; il reçut un renfort de six cents hommes, ce qui portait ses troupes à environ onze mille hommes. M. de La Force, bien qu'il fut informé de cette circonstance, n'abandonna pas son projet.

A la fin du mois d'avril, vers neuf heures du soir, il partit de Clairac et se dirigea vers les hauteurs de Mont-Caubet, et, suivant la cime des côteaux, il s'arrêta dans la forêt de la Gautrenque où il fit halte. Il arriva, au point du jour, à l'entrée de Tonneins-Dessus, à une portée de mousquet du camp du duc d'Elbœuf. Il voulait attirer l'armée royale hors de ses retranchements et donner aux assiégés le moyen d'opérer une sortie. Ce projet réussit, le duc d'Elbœuf marcha, avec une compagnie de cavaliers contre M. de La Force, qui se retirait lentement, faisant toujours feu sur les poursuivants. L'armée royale s'y laissa prendre, elle arriva ainsi près du bois de la Gautrenque où M. de La Force avait opéré sa retraite en bon ordre.

Les assiégés qui surveillaient ces mouvements, feignirent une sortie vers Clairac pour y attirer les troupes qui étaient restées dans le camp ; bientôt, réunissant leurs forces, ils se dirigèrent vers le bastion tant de fois pris et repris, renversèrent tous les obstacles, se jetèrent sur les tranchées occupées par quelques compagnies des régiments de Piémont et de Picardie, tuèrent ou mirent en fuite les soldats, détruisirent les ouvrages, brûlèrent les affûts de trois pièces d'artillerie, jetèrent deux de ces pièces dans le fossé de ville et une autre dans la Garonne, s'emparèrent de tout ce qu'ils trouvèrent dans le camp. Enhardis par ce succès, ils osèrent pénétrer dans Tonneins-Dessus et jusque dans le logement du duc d'Elbœuf, laissant partout des traces de leur vengeance.

Après ce coup de main, les assiégés rentrèrent en bon ordre dans Tonneins-Dessus, se préparant plus que jamais à la résistance.

La peste et la famine faisaient d'affreux ravages dans la ville, mais d'un autre côté, les expéditions si fréquentes de M. de La Force qui pénétrait sous les murs mêmes de Tonneins, les sorties souvent heureuses de la garnison produisaient un grand découragement dans l'armée royale. Le roi s'en prenait au duc d'Elbœuf de la longueur d'un siège qu'il croyait d'abord devoir durer seulement quelques jours. Il menaçait le duc de lui envoyer M. le Prince avec des troupes fraîches et de lui enlever l'honneur du triomphe.

Les chefs des deux camps ennemis furent forcément amenés à s'entendre. Le duc d'Elbœuf finit par se désister de ses premières prétentions ; le 4 mai 1622, il signa avec le marquis de Monpouillan et le vicomte de Catsets les articles de la capitulation arrêtés en ces termes :

1° Que les assiégés demanderaient pardon général de ce qu'ils avaient entrepris contre le service du roi ;

2° Qu'ils jureraient et promettraient et protesteraient sous peine de la vie de ne porter de six mois les armes contre le service de S. M., pour quelque cause et prétexte que ce fût ;

3° Que moyennant les choses et protestations ci-dessus, ils sortiraient de la place de Tonneins avec les armes et bagages, la mèche éteinte ;

4° Qu'ils laisseraient en la dite place tous les canons qu'ils y avaient trouvés, avec toutes les munitions de guerre qui y étaient, sans en distraire ni en emporter aucune ;

5° Qu'il leur serait pourvu *de bâteaux* ou charriots pour emmener leur malades par eau ou par terre, et iceux conduits en assurance ès lieux où ils se voudraient retirer, ou bien iceux être pansés s'ils voulaient demeurer sur les lieux ;

6° Qu'il leur serait fourni des sauf conduits et passe-ports pour se retirer où bon leur semblerait.

Cette capitulation fut exécutée, mais ce qui honore la mémoire des deux chefs des troupes assiégées, c'est qu'ils moururent tous les deux trois jours après le traité, des suites de leurs blessures aggravées par la maladie qui faisait tant de victimes. Leurs corps transportés d'abord dans l'église de Bugassal, furent inhumés à Clairac.

Monsieur le Prince arrivait avec quatre mille hommes pour remplacer le duc d'Elbœuf, il apprit à Bordeaux la capitulation et la retraite de la garnison de Tonneins à Clairac et à Sainte-Foi.

Le siège avait duré près de trois mois, puis un traité avait été conclu ; tout cela fut considéré come un affront aux armes du Roi, il fallait finir d'une manière plus éclatante : la ruine des deux villes fut résolue.

Trois mois après la capitulation, le duc d'Elbœuf fit mettre le feu aux deux villes qui furent réduites en cendres. Un poète de Tonneins qui écrivait en latin a laissé à sa ville natale un adieu qui mérite de rester dans nos archives. J'ai trouvé cette pièce dans un recueil de poesies de *Jean Costebadie*, à la bibliothèque nationale et je l'ai très exactement transcrite.

THOMENSIUM — EPIGRAMMA XXXI.

Patria fusa solo, rapidis populata que flammis,
   Nil igitur, nisi quod voluit ignis, eris !
Debueras populis meliora exempla futuris,
   Lentius et funus debuit ire tuum.
Viderat et nuper peregrinus et incola : sed non
   Credidit ille oculis, credidit esto malis.
Tanta ruina tua est, oculis non creditur ! ipsi
   Credere vix poterunt qui potuere pati.
Ut vidi, interit : mihi patria nostra dedisti
   Vitam unam, luctus funera mille dabit.[1]

La guerre civile dévastait la France, il fallait y mettre un terme,

---

[1] Le même poète a chanté le château de Ferron et on trouve aussi dans le recueil des poésies de Costebadie des épîtres adressées à diverses personnes.

Dès le 16 février de cette année, le grand et vénérable Du Plessis-Mornay, étranger à ces mouvements, avait écrit au roi cette lettre qui ne saurait être trop connue et trop reproduite :

« Sire, autrefois V. M. a eu pour agréable et même m'a commandé de lui parler de ses sujets de la religion. Je suis si peu, et l'affaire si grand, que je crains que V. M. ne me l'impute en présomption. C'est pourquoi, ne m'osant conjoindre à ceux qui vous demandent la paix pour eux, je me tiens obligé de la requérir en toute humilité pour vous-même et par votre seule bonté de laquelle ils ayent, après Dieu, à reconnaître leur être et leur bien être. Je pense voir V. M. comme un bon père ému en ses entrailles pour la leur donner. Ils ne peuvent aussi ignorer le besoin de la requérir de V. M. avec toutes sortes de soumissions qui expédient le passé et protestent de toute obéissance à l'avenir. Si, jusques ici, Sire, ils ne l'ont fait de si bonne grâce qu'il eût été à désirer, V. M. veuille considérer la peur qu'on leur a donnée que leur ruine fût absolument résolue, qui leur a fait tenir pour justes tous moyens de s'en garantir, leur a fermé les yeux aux bienséances et devoirs pour ne les arrêter que sur leurs nécessités, tous prêts néanmoins, aussitôt qu'il aura plu à V. M. de leur montrer un visage serein, de courir à ses pieds à deux genoux et répandre leur sang pour son service. J'ai dit, Sire, que j'ose vous en supplier très humblement pour vous-même, parce que c'est votre maison qui brûle de tous côtés ; ce sont partout vos hommes qui se perdent, votre sang qui s'espand, votre justice qui s'épuise, vos triomphes qui tournent en funérailles ; et quand ces desseins auront réussi au-delà de l'imagination, il ne vous en restera que des déserts et des ruines. Permettez, Sire, qu'un ancien serviteur vous ramentoive en quels périls ils ont autrefois assisté ce grand Henri, votre père, et par quantes années ; et que ces services passés tiennent quelque lieu en leur compte en déduction des mécontentements que V. M. peut avoir reçu. La principale négociation, Sire, gît par devers vous seul qui saura juger équitablement quelles sûretés leur sont nécessaires pour les garantir des animosités de leurs malveillants qui n'ont que trop paru en ces dernières années. Et quand ils n'auraient pas eu l'avis ni la hardiesse de les demander à V. M., il est de sa bonté naturelle et de son affection paternelle de leur accorder d'elle-même ; c'est-à-dire de capituler proprement avec sa justice, en quoi reluira son autorité tout entière. Et peut-être ne manquera-t-elle pas d'occasion en peu de temps en laquelle elle puisse en employer de toute qualité et éprouver à bon escient et leur courage et leur fidélité tout ensemble. Je ploye ici le genouil devant V. M. et lui requiers pardon de ma hardiesse, suppliant le Créateur, Sire, qu'il me doint voir V. M. paisible au dedans et glorieuse au dehors, pour mourir en cette inviolable qualité de votre, etc. »

Ainsi les Réformés ne cessaient de demander la paix. Le roi le savait et cette lettre si digne était faite pour le toucher. Le 19 octobre 1622, il fit publier une déclaration qui maintenait en partie les dispositions de l'édit de Nantes et ordonna que toutes personnes de quelque qualité et conditions qu'elles fussent seraient rétablies en leurs biens, charges, honneurs et dignités ; mais en même temps que toutes nouvelles fortifications seraient rasées.

Les prud'hommes des deux villes de Tonneins ne se découragèrent pas, ils s'assemblèrent, pour ainsi parler, sur les ruines encore fumantes de leur maisons. C'était vers la fin de l'année 1622 ; ils firent revivre les institutions municipales qui leur étaient si chères et nommèrent les consuls de l'année suivante.

Les consuls et les jurats avaient pensé que la déclaration du 19 octobre emportait, pour chaque habitant, le droit de rechercher l'emplacement de sa maison pour la reconstruire. Ils se disposaient à agir en conséquence, lorsqu'une décision du roi défendit de rétablir la ville à une distance moindre de cinq cents pas du fleuve.

Jean-Olivier Dussault, avocat général au Parlement de Bordeaux, se transporta à Tonneins pour délimiter les cinq cents pas en dedans desquels on ne pouvait pas bâtir.

Le roi avait institué une Commission chargée de veiller à ce que les conditions de la reconstruction fussent exactement observées. Les habitants, par l'organe de leurs consuls, demandèrent qu'on les autorisât à bâtir sur l'emplacement même de leurs maisons détruites. La chose traînant en longueur, les plus pressés et les plus hardis n'attendirent pas les décisions de la Commission et reconstruisirent leurs demeures. Les consuls fermèrent les yeux jusqu'à ce que ces faits eussent été dénoncés au Parlement de Bordeaux.

Le 11 août 1623, le Parlement rendit un arrêt qui chargea M. Dussault « de faire et parfaire le procès à ceux qui construisaient et bâtissaient des maisons ez environs de Tonneins. »

Dussault se rendit à Tonneins. Il n'est pas sans intérêt de constater d'après des pièces authentiques le soin jaloux que les habitants mettaient à reconstruire sur leurs anciennes possessions, leur persistance à réclamer ce qu'ils considéraient comme un droit, leur désintéressement : en vain leur faisait-on des offres pour reconstruire ailleurs, au nord de la ville. Sans doute la Garonne, avec ses constantes érosions, avec ses inondations terribles, s'est chargée de démontrer la sagesse des prescriptions de l'autorité, mais ce sentiment si naturel de conserver des propriétés qui leur étaient chères et parce que c'était leur patrimoine et parce qu'ils avaient énergiquement lutté pour les défendre, ce sentiment n'est-il pas éminemment respectable ?

Laissons maintenant parler Dussault :

« Aujourd'hui samedi, 16° du mois de septembre 1623, nous Jean Olivier Dussault, conseiller du roi en son conseil d'Etat et privé et son avocat général en sa cour de parlement de Bordeaux, commissaire député par le roi aux démolitions des villes et châteaux de Caumont et Fronsac, et aussi commissaire député par la dite Cour pour faire et parfaire le procès aux contrevenants qui ont rebâti ou bâti de nouveau des maisons dans les ruines de Tonneins-Dessus et Dessous et dans les cinq cents pas prohibés par le roi être rebâties près la rivière de Garonne par nous bornés et limités au mois de janvier dernier aux consuls du dit Tonneins par le commandement de S. M. ayant ci-devant reçu de la cour un arrêt du 11° du mois d'août dernier contenant que la Cour nous a commis et député pour faire et parfaire le procès à ceux qui construisent et bâtissent des maisons à Tonneins et ez environs dudit lieu, ensemble aux voleurs qui sont ez dits lieux, voyant que nous avions avancé de démolir la plus grande part du dit château de Caumont et partie des maisons de la dite ville à cause de laquelle démolition nous n'avions pu désemparer du dit lieu de Caumont parce que les propriétaires des maisons bâties en icelle qui font la plus grande partie, profession de la religion prétendue réformée, quoiqu'ils eussent reçu argent par notre ordonnance, ne voulaient démolir leurs dites maisons si nous nous fussions transportés à Fronsac comme nous avions une fois délibéré d'y aller, nous aurions pris résolution pendant que la dernière tour du dit château se sappait et que les maçons et charpentiers par nous employés continuaient le dit travail avec les manœuvres par nous convoqués, nous aurions, dis-je, résolu d'aller faire un tour au dit Tonneins pour faire au vrai notre procès-verbal des bâtiments refaits au dit lieu et du nom de ceux qui se sont logés dans les dits bâtiments sans congé ni permission du roi. Et avant de partir du dit Caumont — dès le jour précédent 15e du présent mois de septembre, nous aurions envoyé par Lalement sergent royal du présent lieu de Caumont un mandement notre pour assigner à cejourd'hui devant nous heure de huit du matin les consuls du dit Tonneins-Dessus et Dessous pour nous rendre raison des dites contraventions et leur faire entendre notre commission et en outre nous informer par eux des noms desdits contrevenants. Et ce jourd'hui sixième du dit mois, étant en compagnie du sieur du Saillan, du sieur d'Orgueil, secrétaire de la chambre du roi et maître Jean Coudere, juge du prieur du Mas et consul de ladite ville, maître N. de Laroche, notre substitut en icelle et de deux autres habitants du dit lieu du Mas et d'un religieux Carme nommé frère Jean Fiton et de notre greffier et de nos serviteurs domestiques et de douze soldats du Mas et un sergent pour les conduire et de vingt maçons, deux charpentiers, douze manœuvres et de Antoine Bernard maître architecte de Bordeaux, nous sommes acheminés au dit lieu de Tonneins où nous sommes arrivés, environ les huit heures du matin et où étants, après avoir passé la rivière de Garonne, avons trouvé grand nombre de gens assemblés au dit marché du dit Tonneins Dessous, à quatre-vingts pas environ près du bord de ladite rivière et en nombre de près de trois cents personnes, tant hommes que femmes, et tous les hommes portant leurs épées sous leur bras. Et soudain à l'abord ont comparu devant nous Daniel Michellet, consul de Tonneins-Dessous accompagné de maître Jean Beaupuy, lieutenant du juge de la dite juridiction de Tonneins-Dessous et plusieurs autres habitants du dit lieu à nous inconnus qui nous ont salué, et leur ayant fait lire au haut du dit Tonneins, notre commission contenue au dit arrêt, nous leur avons remontré le tort qu'ils avaient eu de laisser ainsi rebâtir les habitants dans les ruines du dit lieu et hors icelui sans le congé et permission du roi, contre les inhibitions à eux par nous faites de la part de S. M. de se rebâtir dans les cinq cents pas près de la dite rivière que leur avions bornés et limités dans le mois de janvier dernier; lesquelles inhibitions ils ne pouvaient ignorer, tant parce que nous avions posé les dites bornes des dits cinq cents pas par le commandement de S. M. en la présence de partie des dits consuls et des dits habitants et en défaut de partie des autres consuls absents et nous avions depuis notifié verbalement et encore par écrit aux dits consuls les dites inhibitions et plantement des dites bornes. Et partant que les dits consuls pour endurer telles constructions sans dire mot semblaient les autoriser et se rendaient coupables d'icelles, dont la Cour irritée contre eux nous aurait commis et renvoyé au dit lieu pour faire le procès tant à eux que autres habitants contrevenants aux dites inhibitions et que nous voulions voir à la ville les dites maisons rebâties et savoir le nom de ceux qui s'étaient rebâtis, et qu'à ces fins nous leur enjoignions de nous suivre : quoique le dit Michellet nous ait répondu au commencement que personne n'avait rebâti dans les dictes ruines et nous étant avancés dans icelles, avons trouvé dans le lieu ci-devant, le bourg de Cuges, dépendant de Tonneins-Dessous, plus de quinze maisons et choppes ou huttes faites partie de bois et bardés, composé de foin et argile, partie en terre et argile et briques couvertes de tuiles et nous étant approchés es dites choppes, il en est sorti quantité de pauvres femmes, et filles et d'enfants, mal habitués, se jetant à genoux, criant miséricorde et pleurant avec cris et lamentations effroyables, disant qu'elles ne sauraient où se retirer si nous leur faisions rompre les susdites huttes et choppes parceque elles étaient veuves et n'avaient aucun lieu pour se rebâtir; ce que voyant et reconnaissant que c'était un jeu joué par l'industrie et artifice dudit Michellet et autres habitants riches dudit Tonneins qui invitaient lesdites femmes à crier et hurler, ou pour émouvoir le peuple à sédition contre nous à ce bruit, ce qu'il eussent fait si n'eussions été bien accompagnés ou pour nous faire lâcher prise et nous émouvoir à commisération, nous avons dit à ce peuple que nous étions là de la part du Roi et de la Cour pour leurs témérités et contraventions, pour leur faire justice et non miséricorde, laquelle ils ne méritaient étant si souvent refractaires aux volontés et commandements du Roi et prenant plaisir d'irriter Sa Majesté par leur opiniâtreté et endurcissement au mal, au lieu de l'apaiser par leur obéissance, qu'ils se retirassent chacun en leurs huttes et choppes et que nous les irions visiter toutes et savoir leurs noms sur chacune d'icelles ; et nous y étant acheminés, nous avons trouvé quinze familles dans les ruines de Tonneins-Dessus et Tonneins-Dessous, savoir : les nommés Anne Peytault, Judith Lansade, Marie Chopin, Anne Micheau, Jeanne et Suzanne Mensac ses filles, Anne de Lafosse, Jean Méric et des gens assez moyennés sur les bastions dudit Tonneins-Dessous, Jean Jurqueyt et Jean Boucherie avouant leurs maisons au sieur de Lagarde, lequel s'est trouvé présent et nous a soutenu lesdites maisons de Boucherie et de Jur-

queyt être siennes lui appartenaient jaçait que depuis lesdits
Jurqueyt et Boucherie nous ayant confessé le contraire et que lesdites
maisons étaient à eux seuls. Et passant vers Tonneins-Dessus, avons
trouvé les choppes de Jeanne Husbie, Dauphine Baillarguet, Jeanne
de Barre, Marie Blandine, et passant plus avant vers l'église des
religieux carmes, avons trouvé un homme assez moyenné avoir déjà
bâti une maison passable sur la contrescarpe du bastion environnant
ladite église, lequel bastion avons fait ci-devant raser et combler, et
en outre Guillaumette Rodies et Florette Salles, toutes lesdites femmes soi-disant veuves, pauvres et misérables, et leur ayant demandé
à tous pourquoi ils s'étaient rebâtis sans congé et permission du
Roi ou de la Cour, il nous ont répondu n'avoir de place ailleurs pour
se rebâtir et que personne ne leur en voulait donner. Et ayant trouvé
audit Tonneins-Dessus, maître Barbe consul avec Paul Fazal arpen-
teur et autres habitants, leur avons fait pareille lecture dudit arrêt
par notre greffier, et fait mêmes reproches et remontrances qu'audit
Michellet consul de Tonneins-Dessus, et l'ayant blâmé de ce qu'il ne
faisait trouver lieu pour retirer ledit peuple au-delà des bornes desdits cinq cents pas à lui ci-devant montrées et par nous plantées en
sa présence, il nous a enfin dit que s'il nous plaisait d'aller près du
ruisseau qui était au-dessus dudit Tonneins où était anciennement
un moulin, il nous y mènerait et nous montrerait quelque lieu près
d'une fontaine où le peuple se pourrait bâtir, ce que nous lui avons
accordé faire. Après quoi nous avons mis lesdits maçons en besogne
aux environs de l'église des religieux carmes. Cependant nous avons
enjoint auxdits femmes et hommes qui se sont rebâtis dans lesdites
ruines de descendre promptement leurs tuiles et charpentes autrement que nous les ferions démolir par lesdits soldats et manœuvres
au retour de ladite église des carmes, laquelle nous ayant commandement exprès du Roi verbalement à nous fait par deux fois par S. M.
de faire démolir, nous blâmant S. M. lorsque nous l'allâmes saluer
à Fontainebleau en avril dernier et lui rendre compte des commis-
sions qu'il avait plu à S. M. nous donner, de ce que nous avions laissé
ladite église en pied et que nous ne l'avions pas faite démolir. Et
ayant fait commencer de saper ladite église par le bout d'en bas, et
par un côté, du consentement dudit père Filon, lequel nous avions
disposé à nous laisser faire ladite démolition étant avec nous à Caumont, et lequel ayant charge de son provincial pour obéir à la volonté
du Roi, a consenti à ladite démolition de ladite église et de la petite
maison qu'ils avaient rebâtie audit Tonneins-Dessus depuis le siège et

reddition de la ville, à cause de quoi nous lui avons accordé la somme de trois cents livres sur le bon plaisir du roi pour leur indemnité, nous sommes retournés sur nos pas vers lesdites huttes et choppes desdites femmes et ayant fait poser à terre les mousquets à portée desdits soldats et commandé à iceux de rompre la muraille d'une choppe de Marie Blandin qu'elle avit commencée à couvrir de rams, ce qui fut fait soudain et ensuite commandé auxdits soldats de descendre la tuile de deux choppes appartenants auxdites Dauphine Baillarguet et Jeanne Burie sans rien rompre, comme ils eurent mis les tuiles à terre et qu'ils commençaient à moutonner les murailles, lors lesd. Michelet et Barbe consuls et ledit Beaupuy lieutenant du juge de Tonneins-Dessous nous prièrent de patienter et que dans le lendemain ils feraient mettre tout à bas et nous prièrent et firent prier par ledit sieur du Saillan et autres de notre suite de laisser faire lesdits habitants et qu'ils obéiraient. Comme de fait, voyant que chacune desdites femmes commençait à descendre son tuile de crainte qu'allassions par toutes les autres choppes comme avions commencé, nous fimes retirer lesdits soldats et enjoignimes auxdits consuls de faire obéir le peuple dans lundy prochain, à peine de nous en répondre et de faire faire nous-mêmes ladite démolition en notre présence, ce qu'ils nous promirent de faire. A cause de quoi nous enjoignimes audit Barbe, consul de Tonneins, de nous mener voir ledit ruisseau pour voir la situation de ladite Fontaine et ruisseau et du fond qu'il voulait nous montrer. Et nous y ayant mené, nous jugâmes ladite fontaine être trop proche dudit bastion et être à 70 pas au-deçà des bornes desdits 500 pas près ladite rivière et que se rebâtissant près ladite fontaine, ils s'approcheraient fort près des bastions ruinés. A cause de quoi nous passâmes plus avant et trouvâmes un champ proche de l'une des bornes par nous posées au bout desdits 500 pas entre un grand chemin allant dudit Tonneins à Gontaud et ledit ruisseau, lequel nous avons jugé le plus propre à bâtir, ledit peuple et les plus pauvres desdits habitants tant pour le lavement de leur linge que pour leur issue et être éloignés comme il faut de ladite rivière et médiocrement de ladite fontaine, en lieu plénier et hors de soupçon, qui nous a donné sujet de demander le nom du propriétaire dudit champ audit Barbe consul, et nous ayant été dit qu'il s'appelait Bazats, notaire royal, nous avons enjoint audit Barbe de nous le faire venir parler, mais ayant été dit qu'il demeurait à une lieue de Tonneins, nous lui avons donné charge de nous le faire venir parler audit Caumont le lendemain, jour de dimanche, et cependant nous étant enquis de la valeur dudit journal de terre, il nous a été dit qu'il avait valu audit lieu cent écus avant le siège et que ledit champ était noble. A cause de quoi nous avons lors dit audit Barbe et audit peuple, que sous le bon plaisir du roi, nous hazarderions d'acheter audit lieu un journal de terre et en baillerions cinquante écus pour y loger le menu peuple et les pauvres seulement, à quoi ledit Barbe et les dits pauvres se sont accordés et nous en ont remercié. Et soudain ayant trouvé ledit Bazats dans quelque maison prochaine comme nous en retournions vers les deux bastions et sur le bord de la rivière pour prendre le nom desdits habitants qui se sont rebâtis du côté de Clerac et d'Aiguillon le long du chemin venant de la Gautrenque à Gontaud, joignant lesdits bastions ruinés et encore sur le bord de la rivière que nous avons trouvés être en nombre de trente quatre familles, savoir est près lad. rivière : Salomon Ducasse, Abraham Chopy, Jean Borderie, boucher, Jacques Roudier, pêcheur, Jean Fourestier, dit de Baye, Jean Oignon, Jean Brugier, Guiraud Guérin, Amand Villiers, Philip Roudier, pêcheur, Jean Berglas, Pierre Petit, Marie Guérin, Bernard Tornillon, Jean Roudier, cordier, Jean Crestian. Et sur ledit chemin joignant lesdits bastions, Jean Rigades, Jean Granval, Isabeau et Jeanne Crestian, Jeannette Mendouze, Judith Castéra, Jeanne Desmons, Jean Jugla, Pierre Tibaudeau, Toynette Dulan, veuve Pierre Samaruc, Pierre Brettes, Jean Mizeau, Olivier Lacombe, Jean Miqueau, Anne Teste, Jean Coudroy et Simon Bonneteau. Ils nous ont fait présenter ledit Bazats, notaire, auquel ayant fait présenter cent cinquante livres dudit journal de sa terre, il nous a dit lui avoir coûté cent écus le journal, et enfin lui ayant, au dernier mot, dit qu'il n'aurait que lesdites cent cinquante livres dudit journal ; nous lui avons donné charge de nous venir trouver le lendemain audit Caumont, où nous contracterions avec lui s'il voulait pour accommoder ledit peuple, ce qu'il nous a promis pourvu que lui baillassions au moins deux cents livres dudit journal, ce que nous lui avons refusé. Enfin il nous a promis venir nous trouver le lendemain, et cependant ledit Barbe nous ayant demandé place audit journal pour les riches et moyennés dudit lieu de Tonneins, nous lui avons refusé et dit que nous n'entendions gratifier dudit journal de terre que les pauvres seulement, parce que les riches avaient moyen de s'en passer et se rebâtir ailleurs. Et parce qu'il était près de trois heures après-midy, nous avons repassé ladite rivière et sommes allés dîner et prendre notre repas avec toute notre compagnie en la maison de Jean Laperche, dit Perchot, hoste catholique qui est vis-à-vis dudit Tonneins pour être plus assurés. Ayant assigné ledit Michellet audit Tonneins-Dessous à l'heure de relevée pour aller visiter les autres maisons qui ont été rebâties sur le chemin de Marmande et hors les bastions ruinés de Tonneins-Dessous.

« Et avenant l'heure de quatre heures après-midy pardevant nous commissaire susdit, ayant repassé ladite rivière, accompagné des susdits, avons été voir et visiter les maisons rebâties hors les bastions de Tonneins-Dessous, le long du chemin de Marmande, et y avons trouvé vingt familles et entre autres des gens du Mas et de Marmande qui sont assez moyennés et tiennent des locataires dans lesdites maisons à eux appartenantes qu'ils ont fait rebâtir sur ledit chemin de Marmande, n'étant distantes que de quatre vingts pas ou environ du bord de la rivière ainsi que l'avons jugé à vue d'œil et prenant les noms par écrit, avons trouvés savoir est : les nommés Abraham Cousin, Thomy Pillet, Jean Fourcade, vis-à-vis des bastions et sur la contre escarpe d'iceux, et sur ledit chemin de Marmande, Marthe Baudry, femme de François, dit Sabre de Marmande, absents, ledit M Jean Beaupuy, lieutenant du juge de Tonneins-Dessous, Jean Drème, notaire royal, Jean Tiradou qui est un insigne voleur, diffamé et tenu pour vil dans le pays qu'avons trouvé absent, et en sa choppe avons trouvé Isabeau Monneau, sa femme, plus Roulles Lousteaut et Jean Bonneteau locataires, Marie Rouger, Daniel Nadau, marchand, du Mas, absent, mais, en son lieu, Anne Massac et Isabeau Larroche, ses locataires, Pierre Colisson, chirurgien, Jean Séré de Goulaud, absent, et en sa maison Marie Bouyer, locataire et hôtesse, François de Bach, maréchal, de Fauillet et François de Pillet, son locataire, les hoirs feu Jean Brauthe, maître de la poste et Marie Pélissier, leur locataire, Pierre Bretonneau, brassier. Et leur ayant enjoint de se retirer dudit chemin et d'aller bâtir ou delà de la seconde, troisième et quatrième bornes desdits cinq cents pas par nous plantées en janvier dernier sur lesquelles avons à l'instant mené ledit Michellet et tout ledit peuple, ils nous ont répondu n'avoir ni place ni lieu pour se rebâtir ailleurs que là où ils avaient refait leurs maisons. Et ayant enjoint audit Michellet de nous nommer et écrire les noms des héritages au delà desdites bornes et que nous leur achèterions audit lieu un autre journal de terre pour y rebâtir les pauvres seulement comme nous avons offert à ceux de Tonneins-Dessus ; ledit Michellet nous a dit ne pouvoir savoir et que dans le lendemain il s'en ennayerait et en parlerait à sa communauté et qu'il nous en rendrait toute réponse dans lundy matin, 18 du présent mois et nous viendrait trouver à Caumont. Auquel lieu de Caumont, l'heure étant tarde, nous nous sommes retirés sur le soir dudit jour et avons remis lesdits Michellet et Barbe consuls audit jour de lundi matin, dix-huitième du mois sur ledit lieu de Tonneins les ayant assignés devant nous auxdits jour et lieu sur les huit heures du matin. »

Le 17 septembre 1623, le notaire Bazals vend à M. Dussault un journal de terre moyennant cent cinq francs pour être affecté à la construction de maisons pour les pauvres de Tonneins-Dessus.

Pour Tonneins-Dessous, ce fut plus difficile. Les consuls Michellet et Desclaux assistés du jurat Villotes déclarent protester contre les opérations du délégué du Parlement, affirmant que le Roi a promis de laisser remettre les lieux dans l'état où ils étaient avant les *mouvements*, qu'il a nommé des Commissaires pour s'occuper de ces questions et qu'ils n'acceptent nullement pour la communauté de Tonneins le don que M. Dussault prétend leur faire d'un journal de terrain. Cette protestation, rédigée par écrit, indigne le conseiller délégué du Parlement qui témoigne tout son mécontentement et déclare aux représentants de Tonneins-Dessous qu'il les considère comme se mettant en opposition avec la volonté du Roi et comme continuant leur révolte.

M. Dussault interroge alors le sieur Romefort, procureur d'office, et lui demande s'il a ordre de M. le duc de Lavauguyon de se joindre aux consuls. M. Romefort dit que, représentant le duc de Lavauguyon, il a cru devoir agir dans son intérêt, parce que les maisons démolies et qu'il s'agit de reconstruire lui doivent rente et qu'il doit ainsi veiller à ce que la reconstruction ait lieu.

Cette résistance n'a-t-elle pas quelque chose de remarquable après les malheurs et la ruine de cette ville? Les consuls défendent avec courage les habitants ruinés. M. Dussault trouve que les travaux qu'on avait promis de faire pour démolir les échoppes reconstruites au milieu des ruines, ne se font pas assez promptement, il ordonne aux maçons et charpentiers venus du Mas d'y travailler.

Une vive opposition se manifeste. Le délégué assigne les délinquants, MM. Beaupuy, lieutenant, Michel et Desclaux, consuls, et Villotte, jurat, à comparaître en personne, à huitaine, en la Cour.

Le consul de Tonneins-Dessus, chargé de diviser entre les habitants pauvres de Tonneins-Dessus la terre achetée pour qu'ils y établissent *leurs échoppes*, dresse un procès-verbal constatant que quarante ont refusé ces propositions et que trois seulement ont accepté.

Les habitants de Tonneins-Dessous, réunis dans le Temple de Fauillet, déclarent qu'ils en réfèrent à l'autorité du Roi et des Commissaires par lui nommés, tout en respectant néanmoins l'autorité du Parlement.

Le duc de Laforce adressa aussi à M. Dussault, et par ce dernier au Parlement de Bordeaux, une lettre par laquelle il suppliait le délégué du Parlement de ménager les habitants de Tonneins, accablés de tant de maux.

Ces mesures arrêtèrent M. Dussault. Les constructions furent reprises sur leur ancien emplacement, sans qu'aucune poursuite fut exercée contre les habitants.

Cette lutte avec le Parlement, en 1623, au sujet du rétablissement des maisons incendiées prouve, peut-être plus que la résistance armée, l'énergie et le courage de cette vaillante population.

Les persécutions et les troubles qui agitèrent les villes de la contrée pendant la minorité de Louis XIV durent nécessairement perdre de leur violence dans les communautés dont on avait détruit les fortifications et les moyens de défense. Travailler à extirper les racines de la Réformation religieuse, telle était la mission que s'était donnée le pouvoir, et il l'accomplissait par les plus rigoureux moyens. Les protestants ne pouvaient plus espérer de conserver les garanties que les Edits de pacification leur avaient données. Le grand Roi et ses conseillers ne voulaient pas qu'il restât un seul protestant en France, et tout était bon pour arriver à ce résultat. Aussi voit-on, dans les actes municipaux, les consuls, pour conserver leurs titres, passer d'une année à l'autre au catholicisme, et il est peu de nos grandes familles de l'Agenais qui aient résisté à cette pression.

Tonneins dut quelque adoucissement à ces maux à la protection puissante du maréchal de Turenne, qui devint, en 1653, baron de Tonneins-Dessus, par son mariage avec Anne Nompar de Caumont, fille d'Armand, duc de La Force, maréchal de France. Jean Révérend de Bougy, lieutenant général des armées du Roi, qui épousa Marguerite de Chaussade, unique héritière de la baronnie de Calonges, usa souvent de son influence au profit des habitants de Tonneins.

Jean-François Labat de Vivens, chevalier de Malte, capitaine d'une Compagnie de chevau-légers au régiment de Créquy, nommé commandant de la ville de Clairac, en 1652, rendit aussi de grands services au pays par son courage, sa fermeté et l'esprit de modération qu'il apporta dans les diverses missions dont il fut chargé en Guienne pendant les troubles.

Les villes de Tonneins étaient représentées, à cette époque, par des hommes à la fois intelligents et honorables qui firent tous leurs efforts pour la défense de leurs concitoyens. Les temps étaient difficiles ; partout la lutte et une lutte à outrance. C'est un devoir pieux de rappeler les noms des hommes qui méritèrent bien de leurs concitoyens : Le corps de jurade de Tonneins-Dessous se composait de MM. Claude Drême, avocat au Parlement ; Daniel Desclaux, aussi avocat au Parlement ; Pierre Desclaux, juge royal de Monheurt ; Daniel Ducasse, docteur en médecine ; Raimond Rommat, Moïse Drême, Jean Nadeau, Jean Laperche, Gabriel Pomarède, Pierre de Laguo, Théophile Cassets, Jean Monnereau, Daniel Tournier, Gédéon Bouchard, Pierre Vigneau, Pierre Colisson, Pierre Lannes, Jean Coumois, Pierre Rogal, Pierre Ducasse, Jean Laperche puîné, Moïse Pélissier, Jean Tournier, Pierre de Beaupuy, Pierre Vergues, Jacob Monnereau, Jean Sourdes, Jean Escoubès, Etienne Maresquères.

Le corps municipal de Tonneins-Dessus se composait de MM. Charles de Lajaunie, Jacques de Larroque, Salomon Farges de Tridon, Jean Farges de Tridon, Abraham Hébrard, Pierre Bourrillon, Salomon Bourrillon, Moïse Bourrillon, Pierre Crugut, Joseph Havard, Mathieu Farges, Salomon Ducasse, Pierre Duprat, Jean Marches, Jean Laperche jeune, Daniel Signac, Sallelles, de Labat, Glory, Jazas, de Lassale, de Massac, Bareyre, Pierre Gondes, David Gondes, Regnault de Lagrange. Ce dernier était au service en qualité de cornette au régiment de Clérambeau.

Cette population ruinée par la guerre, par l'incendie, travaillait courageusement à réparer ces désastres. L'agriculture et l'industrie lui en offrirent les moyens. Elle se livra surtout à la culture et à la fabrication du tabac, à la culture du chanvre et aux travaux de filature de cette précieuse plante.[1]

---

[1] Les circonstance n'étaient plus les mêmes en ce qui concerne la conservation de la fabrication du tabac à Tonneins, je ne reproduirai pas ici un travail que M. Louis-Florimond Lagarde consacra à la défense des intérêts de notre population ouvrière. Ce travail fut trouvé remarquable et très concluant. Soumis par un ancien maire de Tonneins, M. Gabriel Arbanère, délégué par la ville auprès de l'Administration supérieure, aux autorités compétentes, il contribua pour beaucoup à conserver à notre industrieuse population la Manufacture des Tabacs. On peut lire, d'ailleurs, ce mémoire dans les *Recherches historiques sur Tonneins*, publiées en 1833.

La culture du chanvre et l'industrie de la corderie occupaient beaucoup de bras à la campagne et à la ville. Un habile industriel, M. Dubernet, avait créé, à Tonneins, des établissements parfaitement conçus que maintint sa veuve, mais qui furent bien compromis après la mort de celle-ci.

On trouve dans une lettre de M. Lavau de Gayon, subdélégué de Marmande, à l'Intendant, datée de Marmande, le 20 août 1768, un éloge bien mérité des travaux, de l'intelligence supérieure et de l'active persévérance de M⁽ᵐᵉ⁾ Dubernet. Elle est décédée depuis quinze jours et « la perte de cette femme est irréparable, disait le subdélégué. » Elle avait donné la plus grande activité au commerce et à la culture du chanvre. On présume, ajoute M. Lavau de Gayon, que la mort de cette dame causera la perte de ces établissements. Cette lettre se termine par une instante demande de protection.

Déjà, en janvier 1768, les parents de M⁽ᵐᵉ⁾ Dubernet avaient demandé que ces établissements fussent reconnus comme manufacture royale.

La culture du chanvre est une des principales branches de notre agriculture locale; elle a beaucoup perdu depuis quelques années. Notre ancienne Société de statistique dont j'ai eu l'honneur d'être Président et lauréat a pu constater d'année en année, la diminution de la culture du chanvre. Cependant il est vrai de dire que si nos chanvres n'ont pas la finesse, la souplesse de ceux de la Loire, en revanche ils sont plus forts, plus solides et donnent aux cordages de la marine qui les employait beaucoup plus autrefois une résistance très grande.

Les fabriques de cordages, de ficelles ont, de leur côté, considérablement souffert de la concurrence des grands établissements de filature de chanvre d'Angers, de Nantes et d'autres fabriques mécaniques.

La manufacture des tabacs occupe un grand nombre de femmes dont les maris ont de la peine à gagner leur vie. Les chefs de ce bel établissement verraient avec plaisir se fonder une grande fabrique qui pût donner du travail aux hommes et augmenter ainsi le bien-être de nos familles. Nous

En 1758, après la réunion de la baronnie de Tonneins-Dessus et du marquisat de Calonges à la baronnie de Tonneins-Dessous, Antoine-Paul-Jacques de Quelen de Stuer de Caussade, comte de Lavauguyon, fit ériger Tonneins en duché-pairie, sous le titre de duché-pairie de Lavauguyon. Il est très probable que, à cette époque, qui coïncide avec la reconstruction de l'église de Notre-Dame de Mercadieu, la cure de cette paroisse fut érigée en archiprêtré.

En 1771, des débordements fréquents de la Garonne, entretenant toute l'année une grande humidité dans nos plaines et de mauvaises émanations jusque sur les coteaux voisins, attirèrent sur la contrée de Tonneins des maladies épidémiques tellement graves, tellement meurtrières, qu'elles reçurent le nom de *peste de Tonneins*. Le mal empirait de jour en jour ; des familles succombèrent à ce terrible fléau. Rien de plus cruel qu'une épidémie s'abattant sur une ville. On dirait qu'un souffle terrible sort de gouffres inconnus et abat, avec une irrésistible puissance les populations comme les gerbes sous la faux du moissonneur. Vainement recherche-t-on les causes, on voit les effets épouvantables et le mal va toujours grandissant, défiant les efforts de la science. L'épouvante paralyse les cœurs les mieux trempés. Les populations croient à de mystérieux sortiléges et s'affolent bientôt sous l'empire de la terreur.

Deux médecins de Tonneins, MM. Laperche père et Laperche fils, après avoir, à l'aide des ressources locales, combattu cette épidémie, se virent à bout de voies et prirent le parti de se faire solliciteurs pour avoir des remèdes et des secours. J'ai trouvé aux archives de Guienne des pièces de l'année 1771 qui nous révèlent l'intensité du fléau. On nous permettra de les faire passer en partie sous les yeux de nos lecteurs. Elles nous feront connaître les souffrances que nos aïeux endurèrent et nous permettront de rendre hommage aux deux médecins qui se dévouèrent pour secourir leurs concitoyens déci-

---

sommes persuadé que les honorables officiers supérieurs de notre manufacture des tabacs prêteraient, avec dévoûment, le concours de leurs lumières et de leur expérience à une réunion qui prendrait la belle mission de doter notre ville d'un vaste établissement de filature, et de donner en même temps à la culture du chanvre un débouché sûr et facile.

La mise en œuvre de ce projet, que nous avons étudié pendant si long-temps, serait, à notre sens, d'un grand secours à notre population.

més par le mal et au digne curé Peyneau qui n'hésita pas à se faire
pour la première fois solliciteur afin de sauver quelques malades.

« La jurisdiction de Tonneins, écrivait M. Laperche, au ministre,
« le 24 octobre 1771, affligée depuis plusieurs années par des fléaux
« continuels et successifs, causés par les inondations de la rivière,
« voyait tous les ans s'évanouir l'espérance des plus belles récoltes,
« et le laboureur ainsi frustré dans son attente, pouvait à peine four-
« nir à son nécessaire absolu et joignait très mal les deux bouts dans
« l'année. Mais aujourd'hui, en proie à une épidémie longue et
« meurtrière, réduits à la misère, à la dernière extrémité, manquant
« de tout, abandonné de tout le monde, le peuple va périr cet hiver
« nécessairement, et le Ministre, touché de la calamité publique, ne
« prend des dispositions.......... Un deuil général règne dans toute
« cette contrée, il n'est point de famille parmi les gens du peuple
« qui n'ait perdu plusieurs personnes, et ne se voie en même de pé-
« rir entièrement... Témoins tous les jours de ces misères, le cœur
« navré de ne pouvoir, vu la modicité de nos fortunes, secourir ces
« pauvres gens, nous leur donnons bien nos soins, il faut des hom-
« mes et par conséquent le droit de les attendre de vous, mais ces
« soins leur sont inutiles, l'essentiel manque ; point de remèdes pour
« combattre la maladie, point de nourriture pour soutenir les forces
« abattues.

« Nous voyons tous les jours, dans des familles nombreuses, huit
« ou dix personnes étendues sur un tas de paille, obligées de s'entre
« aider elles-mêmes, ne pouvant espérer de secours des voisins qui
« gémissent dans le même état, pâles, bouffies, défigurées, la mort
« peinte sur les lèvres, la désirant même.

« Les registres mortuaires de la seule paroisse d'Unet contiennent,
« depuis deux mois, plus de cent personnes, celles de Bugassal, Saint-
« Georges, Saint-Pierre de Tonneins, dans la même proportion et
« dans ce nombre encore, ne sont pas compris les morts de la
« religion prétendue réformée.

« Cette épidémie qui dévaste totalement cette juridiction ne sem-
« blait point être dangereuse dans le principe, et nous pouvons
« même dire, fondés sur l'expérience de tous les jours, qu'elle n'est
« devenue si meurtrière que par la misère affreuse dans laquelle
« vit le peuple, par la crédulité, le fanatisme et la superstition. — Ce
« n'étaient dans le principe et même encore lorsqu'elle attaque quel-
« qu'un que des fièvres intermittentes tantôt régulières, tantôt anor-
« males dont les premiers accès étaient presque toujours accom-

« pagnés de symptômes fâcheux, mais cette épidémie ne résistait
« pas aux remèdes lorsqu'elle était attaqué méthodiquement et que
« les malades étaient soignés et pourvus de tout ce qui leur était né-
« cessaire. Les gens aisés s'en sont très bien relevés, le quinquina
« et avec lui quelques remèdes délayans, apéritifs et fébrifuges suffi-
« saient après les remèdes généraux, et la maladie n'était point de
« durée, mais le peuple, surtout le peuple des campagnes, aveuglé
« par une crédulité préjudiciable, voyant la régularité de ces fièvres,
« était fort tranquille, se contentant souvent de quelques amulettes
« inutiles ; se faisait de lui-même souvent des remèdes terribles qui
« rendaient la maladie fâcheuse et plus rebelle, d'autres couraient
« en foule et de très loin chez des gens qui prétendaient guérir ces
« fièvres par des moyens dont ils faisaient des secrets, mais la ma-
« ladie, ayant pris racine, a délabré totalement le tempérament de
« ces pauvres gens, on les voit presque toujours tomber dans des
« obstructions des viscères, dans l'anazarque, l'hydropisie, le marasme
« qui les consume entièrement et en peu de temps, d'autres sont em-
« portés par des flux dyssentériques. »

Le digne abbé Peyneau, curé de Tonneins depuis 1757, joignit ses
instances à celles de MM. Laperche père et fils, pour obtenir des
secours.

A la fin de novembre 1771, il écrivit à l'intendant :

« Me voilà enfin en état de cesser toutes mes importunités auprès
« de votre grandeur. Je m'en réjouis véritablement. Je suis d'un état
« où l'on ose tout pour les pauvres, dit-on. Il faut que je ne sache
« pas mon métier. J'avoue de bonne foi que je n'ose rien. Depuis
« douze ans que je conduis la paroisse de Tonneins, j'ai vu bien des
« mauvaises années et je n'avais encore importuné personne. Il a fallu
« une calamité telle que nous l'éprouvons depuis quatre mois, pour
« me forcer de crier au secours. Peut-être même dois-je me repro-
« cher devant Dieu et devant les hommes d'avoir trop tardé de le
« faire. »

Cette simple et bonne lettre qui en dit plus, dans son touchant
laconisme que beaucoup de grandes phrases, est suivie d'une lettre
adressée aussi à l'intendant, par MM. Laperche, le 20 décembre 1771.
Les malades vont mieux, pas de nouveaux cas. La lettr se termine
ainsi : « que ne vous doit-il pas ce peuple dont la majeure partie

« aurait nécessairement péri sans les secours efficaces que votre
« grandeur a répandus avec générosité ! »

Les archives de la période révolutionnaire ressemblent, au fond,
sauf des incidents quelquefois graves , quelquefois plaisants , aux
archives de toute autre époque. Ce sont des réparations à voter, des
projets à étudier, des fonds à faire rentrer. Sous ce dernier chef, on
en use avec une grande liberté, les citoyens appelés *riches* sont taxés
souvent avec un sans gêne par trop révoltant. La marche générale
des archives municipales n'est troublée que par des accusations se
reproduisant fréquemment contre des hommes qu'on avait d'abord
encensés et soutenus.

En l'an III, l'un des magistrats municipaux qui avait exercé le plus
d'influence est envoyé en prison, à Agen, lui qui en avait fait incar-
cérer tant d'autres. Il est bientôt après exclu de ces sociétés populaires qu'il avait le plus contribué à créer. En l'an IV, l'Administration
municipale donne à ce même magistrat sommation d'abandonner
une maison dont il s'est emparé sans titre.

Dans une lettre du 5 fructidor an V au Ministre de la police générale, la municipalité de Tonneins se plaint des exagérations, des
accusations incessantes du citoyen Jouan le Jeune qui voudrait *avoir*
le mérite d'être persécuté et qui veut contribuer pour sa part à
donner au Gouvernement des tableaux infidèles de la situation inté-
rieure pour lui arracher des mesures que redoute la tranquillité
publique. Il est accusé de faire l'office de persécuteur, de voir partout
des royalistes dont il faut se débarrasser. C'est à cette susceptibilité
ombrageuse qu'est due sans doute la fausse supposition que la population de Tonneins avait voté le retour des Bourbons, et c'est ce qui
a fait tromper l'auteur de l'histoire de France que nous, nous avons
eu occasion de citer.

En dehors du dépôt des archives locales, on a bien voulu nous
communiquer divers documents, notamment une lettre du représentant du peuple Alex. Yzabeau au citoyen Jouan le Jeune, lettre qui
nous parait résumer cette époque passablement tourmentée et qui
se termine par ces mots significatifs : « Répare tes fautes et tu pour-
ras encore être utile à la patrie. »

Cet ancien magistrat municipal, malgré ses fautes et ses erreurs,
avait cependant de nombreux et chauds amis, et, dès l'an II, une

prière signée par plusieurs citoyens très estimés à Tonneins lui adresse des félicitations et lui donne des témoignages d'estime et d'amitié.

Nous croyons devoir terminer les annales anciennes de Tonneins par quelques notes rapides sur les événements qui se passèrent dans cette ville depuis 1789 jusqu'à nos jours.[1]

La reconstitution de l'autorité, la détermination des droits et des devoirs de chacun par nos lois modernes font cesser les luttes, les violences, les exactions qui agitaient les petites villes. Tonneins traversa la période de la première République sans trop d'agitation, sans trop de troubles. Les guerres du premier Empire appelèrent sur les champs de bataille des habitants de notre cité qui se distinguèrent par leur courage.

L'un des faits les plus saillants des premières années de notre siècle est certainement la fondation à Tonneins dans le local qui est occupé aujourd'hui par l'hospice, d'une bonne école secondaire qui a rendu de grands services à notre population et d'où sont sortis des

------

[1] J'avais terminé mon travail lorsque le fils de l'un des hommes qui ont rendu le plus de services à Tonneins M. Fauré, a bien voulu me communiquer un passage d'un ouvrage intitulé , « *Histoire de la Révolution française* 1789-1799, par Théos Barrau. » Voici textuellement le passage (page 382). « C'était trois semaines après l'expulsion des Girondins. L'examen et la discussion des divers articles dans les assemblées primaires durèrent plus d'un mois. Toutes acceptèrent la Constitution : seule la ville de Tonneins la repoussa et demanda la royauté de Louis XVII, et, chose inouïe, ne fut pas inquiétée par ce vote. »

J'ai vainement cherché cette déclaration de l'Assemblée primaire. On m'a bien communiqué des documents constatant qu'il y a eu, à cette même époque, des luttes à Tonneins, que diverses personnes ont été signalées à l'animadversion publique, mais je n'ai pu découvrir la résolution d'une assemblée primaire votant pour le retour de la monarchie.

hommes qui se sont distingués dans la magistrature, dans le barreau et dans la médecine. Il est regrettable, à plusieurs égards, que cette institution n'ait pas été maintenue.

L'acquisition à très bon compte de la grande et belle maison qui appartenait autrefois à l'honorable famille de Luppé et qui était appelée le château, avec le champ qui en dépendait, sous l'administration intelligente de M. G. de La Bruyère, ancien maire et conseiller général, a doté Tonneins d'un hôtel de Mairie très convenable et de belles promenades publiques qui font honneur à notre cité.

La ville a hésité longtemps à s'imposer des sacrifices pour se défendre contre les corrosions incessantes du fleuve. Il fut fait cependant, sous le règne de Louis-Philippe, un commencement de travaux pour garantir Tonneins-Dessus, la partie de la ville qui était le plus exposée à la violence des courants.

Plus tard, un homme d'initiative et de résolution, M. le Préfet Féart, dont il est juste de garder le souvenir à Tonneins, prit en mains la cause de notre ville et obtint l'établissement d'un quai en pierres en prolongement de celui qui garantissait l'extrémité orientale de la berge et défendant toute la ville depuis Tonneins-Dessus. Qu'il nous soit permis de rappeler comme preuve de reconnaissance que, dans une séance du Conseil municipal, nous demandâmes et obtînmes par les suffrages unanimes du Conseil, que ce quai d'un si grand intérêt pour notre ville, fut appelé quai *Féart*. *Soyons reconnaissants !*

Après bien des difficultés, des luttes et des travaux soutenus avec un dévouement et une énergie dont la ville doit tenir compte, l'honorable M. le docteur Desclaux vit ses projets se réaliser et s'élever les murs de cette nouvelle manufacture des tabacs dont la création est en partie son œuvre.

Vingt-trois années d'études et de projets ont permis d'élever sur le boulevard de la Gardolle un temple protestant dû aux secours de l'Etat, aux allocations de la commune et pour une grande partie aux souscriptions d'un grand nombre de membres de l'Eglise. Une partie de la population protestante s'y réunit, une autre partie attachée à l'orthodoxie et à son ancienne liturgie célèbre le culte dans une vaste salle dépendant de l'établissement des jeunes protestants disséminés. Ces protestants ne demandant rien à l'Etat et à la commune pour les frais de leur culte et l'absence de ces ressources financières ne les empêche pas de rester attachés à l'église réformée nationale.

Telles sont les fondations d'un intérêt général dignes d'être signa-lées ici et que je crois devoir rappeler.

Avant de terminer cette monographie, il m'a paru juste de consa-crer quelques pages à ceux de nos compatriotes qui ont enrichi de leurs travaux notre littérature locale. Déjà, dans ma chronique des églises réforméesde l'Agenais, j'ai parlé de J. Costebadie (*Costabadius*) qui vivait à l'époque de l'incendie de Tonneins, en 1622. J'ai rapporté plus haut les vers de notre compatriote sur ce grand désastre. Cos-tebadie mérite de figurer le premier dans cette galerie. J'ai eu quel-que peine à trouver l'ouvrage à la bibliothèque nationale, je ne crois pas qu'il existe dans d'autres bibliothèques publiques. Si jamais Ton-neins possédait une bibliothèque sérieuse, ne conviendrait-il pas de faire soigneusement copier ce petit opuscule, ce qui ne pourrait être fort coûteux et de le placer, l'un des premiers, dans les rayons de cette collection ?

L'infatigable et heureux chercheur, M. Tamizey de Larroque, à qui je dois tant d'intéressantes communications, a publié des lettres inédites de Jacques de Coras, poëte, qui a composé quelques ouvrages peu connus et diversement appréciés. Coras a été poëte à Tonneins, mais il n'appartient pas à notre ville. Il est né à Toulouse, en 1630. Je n'ai trouvé son nom dans aucun registre de consistoire, de synode ou de baptême. N'aurait-il pas été nommé *Conrad* ? On sait qu'à cette époque les noms propres subissaient souvent d'étranges transforma-tions. Dans ces registres, on trouve Rigoutier pour Riccotier, Masson pour Lemasson, Costa ou Dacosta pour Decosta.

Conrad figure sur les registres de l'église de Tonneins en 1661 jusqu'en 1665 ou 1666 (précisément à l'époque où l'on place Corras) en même temps que J. Decosta qui publia un sermon dédié au baron de Calonges.

M. Jean Castéra est né le 16 juillet 1749, et a fait ses premières études au collège de Cadillace, où il eut pour condisciples des élèves qui devinrent des hommes illustres, Romain De Seize, Garat, dont l'amitié lui fut toujours précieuse.

Parti jeune encore, à peine âgé de seize ans, pour l'Amérique, il y fut capitaine de dragons, ainsi que le prouve son brevet signé de

Bellecombe. Il eut, dans ce pays, les meilleures relations et y fut très estimé. Après avoir visité diverses contrées du Nouveau-Monde, il revint à Paris et se consacra tout entier aux études littéraires et scientifiques qui furent à la fois le charme de sa vie et la source des honorables distinctions qui vinrent, pour ainsi dire s'imposer à lui. Le gouvernement le chargea de diverses missions importantes en Suède et en Danemark. M. Castéra conçut en ce pays le plan de son remarquable ouvrage sur Catherine II.

Mis en relation avec Buffon, il devint son ami et fut désigné par le célèbre naturaliste à Bougainville comme le littérateur qui pouvait le mieux traduire son grand voyage. Mᵐᵉ Cottin que nous pouvons considérer comme de Tonneins, bien qu'elle n'y soit pas née, était en relation suivie avec M. Castéra.

Porté en tête d'une liste de trois candidats pour l'académie française, il fut éliminé parce que, menacé de cécité, il avait refusé de faire le voyage d'Egypte. Il avait déjà reçu d'hommes éminents des lettres de félicitations, tant sa nomination paraissait assurée.

Cet échec auquel il était loin de s'attendre le détermina à rentrer dans son pays où, dans le calme de la retraite, il se livra à ses études favorites. M. de Saint-Amans l'engagea à accepter le titre de membre non résident de la Société d'agriculture, sciences et arts d'Agen; il accepta avec reconnaissance cette distinction.

M. Castéra élevé à la dignité de membre de la légion d'honneur, mourut dans son château d'Artigues, près Tonneins, en 1838. Il est représenté dans la contrée par Mᵐᵉ de Laffore née Castéra, sa fille, veuve de M. de Bourousse de Laffore, ingénieur en chef des ponts et chaussées, par M. Jean Jacquelin Timoléon de Bourrousse de Laffore, ancien adjoint au maire à Agen, par Mᵐᵉ Elisabeth Ida de Bourrousse de Laffore, épouse de M. Alphonse de Lartigue, enfants issus du mariage de M. et Mᵐᵉ de Bourrousse de Laffore, d'Artigues.

L'histoire de Catherine II, impératrice de Russie, en 7 vol. in-8°; Précis de l'histoire de la Chine, 1 vol. in-8·; une notion de la vie de Golormithe et quelques essais de littérature, 1 vol. in-18 ; divers articles de critique philosophique et littéraire, publiés dans le Mercure; une ode à Louis XVI qui fut très remarquée; un volume de poésies; des odes sur divers sujets; un grand nombre de traductions d'ouvrages anglais, notamment de voyages des plus savants explorateurs : attestent les aptitudes, le goût littéraire et l'activité de M. J. Castéra.

M. Jules Patissié, poète distingué, a passé toute sa vie à **Tonneins**, où il est décédé le 2 août 1857. Ses odes, épitres et poésies diverses ont été publiées par les soins pieux de M⁻ᵉ Larrieu, née Patissié, sa fille. Ce recueil renferme des pièces couronnées par l'académie d'Agen et par l'académie des jeux floraux. On peut se procurer ce volume chez les libraires de Tonneins. L'auteur de la notice biographique qui précède les odes, raconte l'épreuve cruelle qu'eut à subir notre poète atteint, à soixante-quatre ans, de la cataracte. Rendu à la lumière par les soins habiles de deux médecins, ses amis, il chanta son retour à l'existence dans une ode qui est, aux yeux des connaisseurs, son plus beau titre littéraire.

M. E. G. Arbanère, membre de l'institut de France, de la Société d'agriculture, sciences et arts d'Agen, est né le 4 Juin 1782. Il fit ses études à Sorèze, collège qui jouissait alors d'une grande réputation.

M. Arbanère a publié plusieurs ouvrages fort estimés, le *Tableau des Pyrénées françaises*, en 2 volumes in-8°, travail remarquable, plein de renseignements sûrs et de descriptions intéressantes, un roman et quelques œuvres légères.

Les études de l'histoire universelle comprenant l'Asie et la Grèce, en 2 volumes in-8°. — Rome, en 4 volumes in-8°. — Le Moyen-Age, Temps modernes, en 2 volumes in-8, furent les principaux ouvrages de M Arbanère. Ces travaux de longue haleine et d'un incontestable mérite valurent à son auteur la décoration de la Légion d'honneur; ils ont été analysés avec soin et avec une consciencieuse exactitude, par M. J. B. Lespiaut, de Nérac.

M. E. G. Arbanère est décédé à Tonneins, le 8 mars 1858.

M. Louis-Florimond-Pierre Lagarde, né le 13 septembre 1784, à Tonneins, où il est décédé le 20 mars 1857, a été membre correspondant du ministère de l'instruction publique pour les travaux historiques. Il a écrit et publié plusieurs notices qui sont encore très demandées et ses recherches sur la ville et les Baronnies de Tonneins, dont cette monographie n'est, en réalité, qu'une nouvelle édition augmentée. Le 15 juin 1856, M. Lagarde reçut la décoration de la Légion d'honneur. Il avait été successivement avocat, puis juge au tribunal civil de Marmande, notaire et enfin juge de paix à Tonneins, siège où il désirait vivement me voir le remplacer. Ses vœux se réalisèrent : peu de jours après son décès, j'occupai ce poste où il avait fait tant de bien et où je me suis efforcé de marcher sur ses traces pendant 23 années.

On ne m'en voudra pas de rappeler ici les noms de deux poètes qui ont acquis une juste célébrité et dont quelques vers délicieux s'appliquent directement à Tonneins, je veux parler d'abord de notre illustre Jasmin qui a composé pour Tonneins et dit, pour la première fois, à Tonneins, l'une de ses plus belles poésies, *La Caritat* dont je conserve avec soin le manuscrit, tracé à la hâte, dans mon cabinet, par notre poète. *La Caritat* se trouve dans toutes les éditions des *Papillottos* je n'en reproduirai ici que quelques vers qui me semblent d'une grande beauté :

> L'hôme crido à-tengut : Bou-Diou ! que l'hôme ès gran !
> Bou-Diou ! qu'és pitchounet, al countrâri ! qu'aprengue
> Que s'a d'engin, l'engin n'es res sans la bountat ;
> Sans la bountat aci, pas de grandou que tengue !
> Soul, l'hôme piétadous, quan fay la caritat,
>> Que se sarre, que se rescounde,
>> Tout en nou fan que ço que diou,
>> Es gran ! aoutan gran que lou mounde
>> Presque gran coumo lou Boun-Diou !

> Et la grandou de Diou nou luzis empenâdo
> Qu'en fan la caritat, dambé soun soureillet
>> D'uno calourâdo
>> De soun halenâdo
>> A la terro aymâdo,
>> L'hiber, quan a fret ;
>> Ou d'une plejâdo
>> De sa foun sacrâdo,
>> L'estiou, quan a set
> Que l'hôme fasque atal ; y'a de penos cruèlos
> Que se sarron pertout, entremièy dios parets ;
> Qu'anguen las derrouca dins lous crambots estrets ;
> Et qu'aulot de counta lous astres, las estélos,
> Que counten aci bas lou noumbre des paourets !

Et puis du célèbre *Pradel* qui a chanté en vers pleins d'esprit le *Tabac de Tonneins*. Les œuvres de Pradel n'ayant pas été, que je sache, recueillies et éditées, je demande la permision de consigner ici cette jolie composition qu'il ne faut pas laisser perdre.

Le Tabac de Tonneins.

Sur ma lyre gastronomique
D'Agen j'ai chanté les pruneaux,
De Niort la sauce angélique
Et l'excellent vin de Bordeaux.
J'ai fêté les truffes exquises
Qu'on trouve aux champs Périgourdins,
Enfin voilà ma muse aux prises
Avec le tabac de Tonneins !

En manquant de nez comme on pêche !
De la fable les inventeurs
Ont orné l'Amour d'une flèche
Pour lui soumettre tous les cœurs.
Mais, dans le siècle des conquêtes,
Ils auraient placé dans ses mains,
Pour mieux tourner toutes les têtes,
Une carotte de Tonneins.

Du tabac faisant mon idole
Et lui consacrant tous mes soins,
Je n'aime pas le Monopole
Qui fait qu'on en fabrique moins.
Epuisant la plaine féconde
Dont l'heureux sol l'offre aux humains,
Je voudrais, moi, voir tout le monde
Raper du tabac de Tonneins.

Le sort, contraire à la nature,
Sans un généreux protecteur,
Vous ôtait la manufacture
Qui de ces murs soutient l'honneur.
Amis ! plus d'avenir sinistre,
Car le pays, grâce aux destins,
Doit tout attendre d'un ministre
Qui prend du tabac de Tonneins.

Il est aux bords de la Garonne
Un ombrage délicieux.
Savez-vous pourquoi l'on donne
Le nom de Plaisir à ces lieux !

La beauté parfois y soupire,
L'amour y sourit aux humains...
Non, messieurs, c'est qu'on y respire,
L'odeur du tabac de Tonneins !

On dit que l'eau de l'hippocrène
Allume un feu toujours nouveau,
D'un poète échauffe la veine...
Mais l'eau monta-t-elle au cerveau ?
Ah ! savez-vous pourquoi Voltaire
Fit tant de vers brillants, divins ?
Il puisait dans sa tabatière
L'esprit du tabac de Tonneins.

En se formant par les voyages
Chez quelque peuple hospitalier,
Si ma muse obtient pour hommage
Une couronne de laurier,
Je sais et ne cache à personne
Qu'on remplirait mieux mes dessins
En lui tressant une couronne
Avec du tabac de Tonneins.

Je ne parle pas des auteurs contemporains, il en est qui ont obtenu
d'honorables distinctions, mais il ne convient pas de citer, dans un
travail historique, les auteurs vivants. Ceux qui répandront plus tard
cette monographie, trouveront d'utiles matériaux qu'ils sauront bien
mettre à profit pour l'honneur de notre chère cité.

Introduction aux Coutumes de Tonneins.

L'étude de nos anciennes coutumes paraît, au premier abord, bien aride, mais à mesure qu'on avance dans ce travail, combien de préjugés, de fausses idées sur le droit coutumier tombent devant la réalité !

La science du droit ne s'est pas formée tout d'une pièce, mais peu à peu, à mesure que la civilisation a progressé. La France était régie, comme le dit Montesquieu, par des coutumes non écrites, et les usages particuliers de chaque seigneurie formaient le droit civil.

Il n'est pas contesté que notre Code civil, l'une des gloires de notre patrie, trouve son origine et ses titres non seulement dans le droit romain, mais aussi dans le droit coutumier. Nos pères tenaient à ces institutions basées sur un long usage, ils y tenaient tellement qu'il était souvent admis, en pays où étaient appliqués et le droit romain et les coutumes, que, si celles-ci étaient en opposition avec le droit romain, la coutume devait prévaloir.

Il faut voir avec quelle solennité, avec quelle respectueuse attention les coutumes étaient reconnues et consacrées par les populations ! Il ne s'agissait pas là du caprice d'un seigneur ou de sa mauvaise volonté. A Tonneins même, dans une seigneurie relativement peu importante, le seigneur ne pouvait pas prendre possession de sa seigneurie sans reconnaître la coutume comme le contrat constitutif de ses droits sans doute, mais aussi de ses obligations et de ses devoirs envers la population. Le seigneur jurait le premier d'observer le pacte social, la population ou ses représentants juraient aussi de s'y conformer exactement sous peine d'amendes déterminées d'avance et qui ne restaient jamais à l'arbitraire du seigneur ou de ses baillis.

Rien de plus solennel que la publication des coutumes de Bordeaux devant la noblesse, le clergé et le tiers-état. Sans doute, on n'était pas arrivé aux magnifiques travaux que nos Codes français ont fait sortir de l'ancienne jurisprudence et de l'ancien droit, mais toutes les grandes questions avaient été savamment étudiées par les jurisconsultes les plus autorisés.

Le Roi avait mandé de faire lire, publier et arrêter les coutumes de la ville et cité de Bordeaux et de la sénéchaussée de Guienne. Le premier président du Parlement fit appeler, dans ce but, les ecclésiastiques les plus distingués qui avaient fait du droit canon une étude approfondie.

Assistèrent aussi à cette assemblée, soit par eux-mêmes, soit par de savants mandataires, Maître Jean André, Jean de Turchon conseils de divers seigneurs et nobles.

Le tiers-état se trouvait largement représenté dans cette grande assemblée. Libourne, Saint-Emilion, Saint-Macaire, Blaye, Bourg, Rions, Cadillac, Fronsac, Lesparre, députèrent plusieurs célèbres jurisconsultes.

Les articles des coutumes furent corrigés, diminués, augmentés. Le texte en fut lu et publié le 23 juillet 1521 et jours suivants. Quelques articles sur lesquels les trois ordres n'avaient pas été parfaitement d'accord, furent du consentement de tous, confiés au Parlement qui termina ces différents.

Il fut dressé procès-verbal de ces solennelles assises, et les coutumes du pays Bordelais furent définitivement arrêtées. Elles ont été consultées et suivies en plusieurs articles de nos Codes.

Je ne veux certes pas comparer cet important travail à la rédaction de nos coutumes locales, mais les coutumes de Tonneins formaient déjà depuis longtemps le droit écrit de notre ville, lorsque en 1521, les coutumes de Bordeaux reçurent leur confirmation et leur souveraine autorité.

Cette étude m'a paru bien digne d'une sérieuse attention. Sans doute, nos mœurs modernes n'ont pas admis tout ce que ces monuments de notre vieille législation laissaient passer comme vieux abus, mais sur ce point même, si nous regardons autour de nous, si nous ouvrons nos annales judiciaires, combien de faits honteux n'aurons-nous pas à reprocher à notre époque ! Combien de seigneurs aux petits pieds ne renchérissent-ils pas sur les mœurs d'autres temps.

En revanche, quelle autorité respectable la coutume ne puisait-elle pas dans le for intérieur ! La décision du procès était fréquemment livrée à la bonne foi. Ainsi, le sort de la contestation dépendait très souvent du serment déféré par la coutume à l'adversaire du seigneur. Voilà une preuve de grande confiance en la publique bonne foi, que nos législateurs modernes n'ont pas cherché à faire revivre et qui permet de regretter, sur ce point, les mœurs à la fois simples et graves de nos ancêtres.

Les coutumes de Bordeaux publiées en 1768 attribuaient aussi une grande autorité au serment. Il se prêtait selon certaines formules dans les édifices consacrés au culte et souvent suivant le lieu où la contestation s'était produite. Ainsi, la contestation était-elle née en dehors de la ville, *fora la villa*, le serment se prêtait sur le fort Saint-Seurin.

Il y avait un moyen à la fois très expéditif et peu coûteux d'obtenir le paiement d'une dette. Après deux ou trois sommations faites par le créancier à son débiteur, si celui-ci reconnaissait la dette ou qu'elle fût manifestement prouvée, le créancier était mis en possession des biens ou le juge les prenait sous séquestre. Les biens étaient ensuite vendus et les créanciers s'en distribuaient le prix devant le juge. Croit-on que le créancier et le débiteur aient beaucoup gagné à l'établissement des longues et ruineuses formalités qui ont remplacé cette simple coutume?

A l'époque où les coutumes de Tonneins furent confiées à l'écriture, en 1301, les contestations pouvaient être résolues par le contrat judiciaire. Personne n'était forcé d'accepter ce mode de jugement et l'on voit déjà que le contrat judiciaire tendait à disparaître. On trouve dans la coutume la description des règles auxquelles la lutte était soumise.

Par une ordonnance de 1260, Saint-Louis abolit le contrat judiciaire, mais seulement dans les tribunaux de ses domaines, non dans les cours des Barons, car il fallait user de ménagements avec les seigneurs qui avaient le privilège de garder en leurs cours les affaires qui y étaient nées.

Il y avait, disent les anciens auteurs cités par Montesquieu, deux manières de juger, l'une suivant *l'établissement, le Roi* (le domaine du Roi) et l'autre suivant *l'ancienne coutume.* Les seigneurs pouvaient choisir entre l'une ou l'autre.

Cette innovation ne fut que très lentement adoptée dans les cours des seigneurs et il a fallu de terribles révolutions pour en arriver à notre droit moderne.

COUTUMES DE TONNEINS-DESSOUS.

Saichent tous présents et advenir que sur la comparition et présentation faite en sa personne pardevant nous Jehan Pomarède et feu Laurent de Fazas, notaires royaux, par haut et puissant seigneur Messire Loys de Caussade, chevalier vicomte de Calvignac seigneur et baron des villes et seigneuries de Thonneins, Grateloup, Villeton, Saint-Megrin, Montbrun, Puycornet, Larnagel et autres lieux pour faire et prêter serment requis de seigneur à la dite ville de Tonnenx comme nouvellement venu à la succession de ladite seigneurie par les décès de feurs messires François et Paul de Caussade ses père et frère, qui en étaient derniers possesseurs aussi et suivant ce qui aurait été accoutumé faire par ses prédécesseurs, seigneurs de la dite ville de Tonnenx de toute ancienneté lorsqu'ils seraient venus à ladite succession d'icelle seigneurie. Etant ledit seigneur assisté de certains gentilhommes de sa suite et par son conseil de Monsieur M⁰ Jehan de Dular son juge ordinaire és dites seigneuries de Thonnenx Grateloup et Villeton. En présence de honorables personnes Pierre Dupin, M⁰ Pierre Boix, Anthoine Germilhac et Jehan de Costebadie, consuls et de plusieurs des Jurats, bourgeois, manants et habitants, de la susdite ville et juridiction dudit Thonnenx, illec assemblées sur la place publique d'icelle ville aux fins du dit serment. Ce jourd'hui premier de septembre mil cinq cent quatre vingt un ; avant de procéder à l'acte d'iceluy serment ayant été remontré de la part desdits consuls audit seigneur la forme que toujours avait été tenue et observée par lesdits prédécesseurs sur ledit fait, laquelle ledit seigneur devait aussi suivre, être contenue et décrite aullong dans certain contrat de transaction fait anciennement entre les prédécesseurs dudit seigneur messire Loys de Caussade et les prédécesseurs aussi des dits consuls et des syndics, jurats, bourgeois, manants et habitants d'icelle dite ville et jurisdiction dudit Thonnenx et dans ledit même contrat était pareillement contenus les articles concernant les droits et devoirs, autorités, franchises, privilèges, libertés et immunités dudit seigneur et des bourgeois et habitants d'icelle dite ville, lesdits contrats et articles dits, tenus et appelés communément: *les coutumes de la ville de Thonnenx*. En faisant lequel serment ledit seigneur était tenu de promettre et jurer, comme auraient fait ses dits prédécesseurs de entretenir les dites coutumes et maintenir les dits consuls et jurats, bourgeois et habitants en leurs droits et autorités, franchises et libertés, privilèges et immunités. Laquelle dite forme du dit serment les dits consuls et habitants entendaient être semblablement observée par le dit seigneur et suivie de sa part, et, par ce, était requise illec la vision, ensemble la lecture publique et intelligence des dits articles de la dite coutume, même de ceux qui concernaient les dits droits et privilèges, de part et d'autre. Parquoy et d'autant que ledit contrat de la dite transaction et coutume qui était ci-devant ez mains et possession des dits consuls, aurait été, puys peu de temps, perdu et égaré, à cause de l'injure du temps et par le moyen des guerres civiles intervenues en ce pays, les dits consuls n'en pouvant à l'instant fournir pour le fait susdict, étant advertis que le dit seigneur avait recouvert et tenait devers soi le dit contrat l'auraient supplié et requis le vouloir, faire exhiber aux dites fins que dessus; ce que tout incontinent ayant été fait par le commandement du dit seigneur et ledit contrat ainsi exhibé illec, icelui lû publiquement et à voix intelligible, mêmement les articles principaux touchant et concernant la forme du dit serment, droits et privilèges susdits, tant du dit seigneur que de la dite ville du dit Thonnenx; et après aussi que par le dit seigneur de son côté et les dits consuls, jurats et autres habitants y assistants de leur part a été fait le serment requis et accoutumé de part et d'autre, suivant la forme de la dite transaction et coutume anciennement observée par lesdits prédécesseurs et ainsi que plus à plein est contenu et déclaré en l'acte de ce dit jour même sus écrit sur ce et à part fait et retenu par nous notaires sus dits. Ce dessus fait, les dits consuls ayant requis le dit seigneur leur permettre prendre et retirer à eux le susdit contrat de la dite transaction et coutume de la dite ville ci-dessus mentionnée écrit en douze peaux de parchemin et par ledit seigneur exhibé, ainsi que dit est, comme appartenant le susdit contrat à la susdite ville et habitants dudit Thonnenx et étant celui même qui d'entre leurs mains aurait été ci-devant égaré, le dit seigneur n'aurait ce voulu leur octroyer, aurait néanmoins, en après, finalement accordé et consenti que lesdits consuls puissent avoir et lever, à leurs dépends, si bon leur semblait, une copie dudit contrat des mains de nous susdits notaires et que à ces fins et jusques à ce, icelui contrat demeurât devers nous, que aurait été accepté et accordé par iceux consuls au dit nom, sans préjudice, de pouvoir demander et retirer icelui contrat en sa forme et de leurs actions et protestations quant à ce plus à plein mises et contenues au susdit acte du dit serment ; et sous icelles dites protestations, nous auraient les dits consuls requis leur faire et expédier, la dite copie en bonne forme ; ce que par nous leur avait été octroyé suivant ledit accord et consentement. Toutefois depuis étant ledit feu Mᵉ Laurent de Fazas décédé et prévenu de mort avant et sans la dite expédition avoir pu être faite par nous deux ensemblement, pour cette cause, moi Jehan Pomarède ai seul procédé à l'extraction d'icelui contrat comme ci après est contenu et écris de ma propre main. Etant le susdit contrat et articles de la dite coutume de la teneur qui s'ensuit :

« IN NOMINE DOMINI » AMEN.

Quia exploratæ fi dei decrevit antiquitas rerum gestarum seriem in publica munimenta conferre ne prœteritorum mémoriam edax con sumat oblivio, sed scripto discutta remaniat virtutis probatio idcirco sagux humanæ naturæ discretio memoriæ hominibus labilitati pensatâ ne diurnitate temporis ea quæ inter partes contrahentes agerentur oblivionis defectui subiarent, sallerti et attenti tabellionatus officium adjuvent per quod contrahentum vota conscribantur et scripturæ mysterio post tempora longi servitur in civitatem.

Quapropter hinc est quod cum quondam nobilis et potens domina Katterina Bracheta uxor quondam nobilis Johamis de Stuer militis, domini de la Barda ipsaque domina locorum de Thonnensis inferioris de Gratelupo, de Villetanino, et aliorum multorum locorum, ad mortem veniens, suum ultimam nuncupativam condidisse testamentum manu, ut ibidem dictum fuit discretorum virorium magistrorum Anthonii Textoris et Petri Ardentis notariorum publicorum sumptum et retentum, in quo inter altera hœredem suum instituisset et ordinasset nobilem virum Guillerinum de stuer ejus cognatum dominum loci de sacto Magrino, et hunc de locis et jurisdictionibus prædictorum locorum cumque idem de sancto magrino virtute dicti testamenti sic per dictam Brachetam conditi et Juris sui vellet ut moris est, de dictis locis et præsertim de loco de Thonnensis inferioris, realem actualum et corporalem adhipisci possessionem, super quâ possessione adhipiscenda, resisterent et contradicerent syndicus consules manentes et habitatores ejusdem loci de Thonnensis inferioris dicentes et asserentes quàd dudum ex antiquo per dominos qui hactenùs fuerunt dicti loci datæ et concessæ eisdem habitatoribus fuerunt nonnulæ consuetudines locales et jura municipalia quæ in archivis ejusdem loci reperiebantur et quas quidem consuetudines, ut ex tenore earum apparebat quiscumque domin.s ipsius loci, in suo primo et jucundo adventa possessionis adhipiscendæ ejusdem loci se dictis habitatoribus et subdictis tenturum et observaturum jurare tenebatur; ipsi que habitatores eidem domino, ex post, fidelitatis juramentum ut moris est præstare tenebantur, ut verbo et ore discreti viri magistri Johannis drulha in utroque jure Baccalarii, directoris consulum et habitatorum ejusdem loci de Thonnensis dictum et demonstratum fuit prælibato nobili Guilhermo de Stuer. Ipsæ que consuetudines et jura municipalia per quondam vitam functum nobilem et potentem virum dominum Johannem de Stuer militem et ad causam matrimonii inter ipsum et præfatam Brachelam contracti præfati loci de Thonnensis domini seu per alios ejus prædecessores officiarios et familiares ipsorum fuerant infantes et pro majori parte annihillatæ seu annihillata, indigebant quod aliqua reformatione et reparatione ut ad priorem statum et pristinum reducerentur et tam per ipsum dominum quam ejus successores post ipsum ac etiam per communitatum ipsius incolæ et habitatores ejusdem ab in antea tenerentur et observarentur. Quà quidem visitatione et reformatione fatentes ipsum de Stuer et ipsas incolas per viam transactionis aut alio debito modo prout meliùs fieri poterit et valebit pro utilitate ac juris utriusque partium consideratione, plenariè et perpetus habenda tenenda et observanda contentabantur; et se offerebant ipsi manentes et habitatores dicti loci et jurisdictionis ejusdem, prius tamen præstito per dictum nobilem Guilhermum de Stuer super observantia ipsarum consuetudinum et jurium municipalium corporali juramento prout et quemadmodum ejus prædecessores ab antiquo jurare et præstare consueverant, eidem de Stuer tanquam vero domino juridico et fundali fidelitatis juramentum ut moris est præstare eidem ut vero domino juridico et fundali obedire.

Hinc est quod amo et die infrà scriptis et apud profatum locum de Thonnensis existentes et personaliter constituti in Ecclesià parrochiali Beatæ Mariæ ejumdem loci, dictus nobilis Guilhermus de Stuer unà secum assistente honorabili viro domino Geraldo Martin in decretis licenciato judicoque ordinaris condomensis, ejus advocato et in hàc causà directore ex unà parte. Etiam prudenter viri Johannes de Pulchropodio, Johannes du Banquet, Guilhermus Thome et Bernardus

de Borel, consules ; Johannes de Bosco, alter Johannes de Bosco dit
Lostesse, Johannes de Commenge, Geraldus Castaing, Bernordus de
                 , Guilhermus d'Eycolet, Magister Joannes Thonnardi,
Johannes Silvestri, magister Petrus Ardentis, Georgius Limoges,
Guillardus de Mouville, magister Martialus Thesandi in utroque Jure
Bacalarius, Arnaldus Dariscon, Bartholomeus Bruguiere Naudonnetus
Lenneyroux, Bertrandus de Pugille, Anthonius Seur, Ramandus de
La Perche, Jordanus de la Thane, Philibertus Ducros, Petrus et Joha-
nem Guillermus Talon, Andreas de Las Ardonnes, Fortunus
        , Johannes Boitard, Guillermus Torney, Johannes Colin, Fran-
ciscus de Norrisson, Johannes Forcada, Bernardus Du Puys, Johannes
Farges, Humbertus Pichon, Johannes de La Mercere, Georgius Bri-
danti, Hugo Peyriel, Menaldus de La Fitau, Johannus Chapelle,
Petrus de Domibus, Alter Oliverius de Bosc, Gayssiolins de Badia,
Petrus Castaing, Gratianus de Venssal, Johannes de Broussac, Bernardus de Castelz, Johametus de La Grange, Guilhermus de Moncin-
not, Naudonnetus de Castelz, Petrus Le Blanc, Johannes de Villanova
Johannes Fargol, Vitalis Molye, Senhoratus de la Sala, Jacobus de Bézan-
ger ; Guilhermus de Grezet, Anthonius Biscarrou, Anthonius Locorde,
Johannes Costan, Anthonius Faux, Ysubran de Riviere, Petrus Mor-
dian, Johannes Maresqueres, Johannes de la Thane, Bernardus Le-
moing, Johannes de Villanova, Petrus Castaing, Petrus de Bosc,
Petrus Saumach, Petrus Danzac, Johannes de Las Ardonnes, Petrus
Bible, Johanetus de La Perche, Johannes de Lespinasse, Johannes
Borden, Geraldus Durandi, Gauthaunus Despiau, Guilhermus Bone,
Andreas Deffons, Ramundus Correge, Petroforus Ardentis, Petrus de
Berdore, Lanselotus de Veyglar, Georgius Tormey, Bernardus de
La Perche, Bernardus du Prat, Johannes de Prato, Henry Camnent,
Simon de Codepeyre, Johannes Miranda, Johannes du Filhoux, Johan-
nes de Lathane, Johannes de Sainctorens, Johannes Meynial, Jor-
danus de la Faya, Petrus de Peuch, Héliotus Colin, Johannes de
Losse, Bernardus Peylault, Ramundus Pomaredi, Gaillardetus Des-
piaux, Jordonnus de Peuch-Guyrault, Johannes de Bernardo, Este-
phanus Granier, Guillermus Natalis, Petrus de la Serra, Martialis
Coinard, Jehanotus de Carvera, Petrus de Pretz, Anthonius de Bernardo, Migotus de Laur, Francescus Baudry, Petrus Saninhac, Petrus
du Thil, Arnaldus de La Thaney, Johannes de La Rieu, Petrus Castel,
Arnaldus de La Fita, Anthonius Darcel, Guilhermus de la Marca, Gi-
raldus Peylault, Johannes Malivai, Johannes Farges, Arnaldus Garri,
Johannes de Calamans , Ramundus Degassan, Ramundus de la Villa,

Petrus de Codepeyre, Sarransotus Danglade, Johannes Miranda et Michaël Fornal, majorem et saniorem partem incolarum et habitato-rum ejusdem loci faciente unâ cum ipsis prædictis, prædicto magis-tro Johannes Drulha eorum directore in hâc causa parte ex alterâ. De quarum quibus portium communi consensu et voluntate fuerunt ibidem palam et publice perlati organo ipsius Drulha certi articuli consuetudines antiquas ipsius loci, continentes, un.â cum nonnullis additionibus et correctionibus inter et per ipsas partes factis, quorum quidem articulorum et additionum tenor inferiùs seriatim sunt in-serti. Quibus altâ et intelligibili voce perlatis et publicatis organo quo suprà dicti magistri Johannis Drulha partes ipsæ ad invicem, videlicet dictus nobilis Guilhermus de Stuer, dominus dicti loci pro se et ipsi consules, jurati et alii particulares hujusmodi articulos cum eorum additionibus, pro eorum consuetudinibus et juribus municipa-libus per modum transactionis accordii et amicalis conventionis inter ipsos factæ, laudarunt approbarunt, emo legarunt et confirmarunt et, quantum in eis fuit et erat esse potuit et debuit de jure, pro eorum legibus consuetudinibus et juribus municipalibus esse voluerunt et consentierunt, sub juramentis perdictum dominum eisdem habita-toribus et per ipsos habitatores domino præstare solitis et consuetis, videlicet, primo quod dictus dominus juxta tenorem ipsorum consue-tudinum jurabit et jurari tenebitur ipsos consuetudines et articulos noviter additos tenere et servare sub dictis suis modis et formis in eisdem contentes, per que officiarios et servitores teneri et observari facere; Et vice versâ et dicti domini consules jurati et habitatores dicti loci de Thonensis similiter tenebuntur eidem nobili domino dictis suis successoribus juxta juris formam fidelitatis juramentum præstare prout et quemadmodum similiter in dictis consuetu..nibus et articulis fuit dictum et conventum.

Qui quidem nobilis dominus ex parte sui hujus modi transactio-nem et conventiones ac observantium ipsarum consuetudinum et articulorum additionalium, juxtà ejus posse tenere et observare vo-luit ad et super sancta quatuor dei evangelio super altaro beatæ Mariæ Virginis ejusdem loci missalo tergitur et cruce antepositis et existentibus ambabus manibus suis comparaliter tactis juravit sic dicendo :

« Ego Guilhermus de Stuer virtute acquisitionis præsenti loci de
« Thonnensis, inferioris juro vobis dominis consulibus ejusdem loci
« et aliis præsentis loci et jurisdictionis in colis et habitatoribus præ-
« sentibus et alcis egos dem loci absentibus vestris que et dictorum

« absentium hœredibus et legitimis successoribus quod ero vobis
« et dictis absentibus et aluis infuturum vestris successoribus, bonus
« dominus et fidelis, bonam et veram justitiam faciam et adminis-
« trabo, seu per officiarios meos fieri et administrari faciam ; vos
« que tuar et defendam pro posse meo a quecumque vos molestare
« seu molestari volente, previlegia, consuetudines, franquesias, liber-
« tates et articulos consuetudinibus infrà scriptis additionales ibidem
« productos et in præsenti instrumento insertos ac contenta quodam
« magno rotulo consuetudinum ipsorum manentium et habitantium
« ejusdem loci continenta scriptum in septem pellibus pergameni
« incipienta in prima lineâ in magnâ scripturâ: *Ayssó sont las cos-*
« *tumas privileges et franchisas,* in tertiâ lineâ: *Ayssi par la cum*
« *lo senhor deu Jurat* et in fine ejusdem rotuli:*Al baille et cosseilhs*
« cujus tenor inferiùs insertur, et privilegia vestra in quibus estis
« et de quibus utimini et quæ predecessores mei vobis et quilibet
« vestrum temerunt et observaverum observabo pro posse meo de
« puncto ad punctum prout in eisdem consuetudinibus et articulis
« additionalibus infrà scriptis continetur et aliter et alias ergà vos
« et subditos meos quæ bonus dominus subdictis suis et vassalis
« facere debet, sic Deus me adjuret. »

Quo si quidem juramento ità per dictum de Stuer præstito, illicò
et incontinenti supradicti consules et juratique et habitatores et suprà nominati ibidem præsentis tam pro ipsis quam aliis absentibus
jurisdictionis dicti loci habitatoribus eorumque hœredibus et successoribus infuturum ipsum dominum Guillhermum de Stuer in eorum
et verum dominum juridicum et feudalem receperunt et recognove-
runt et recognoscendo fidelitatis juramentum super dictis misssale
tergitur et cruce translatis suprà dictum altare in manibus ipsius
domini præstiterunt unus post alium, sic dicendo :

« Nos consules et habitatores jures dictionis præsentis loci de
« Thonnensis inferioris Juramus et promittimus vobis nobili Guilher-
« mo de Stuer domino nostro juridico et feudoli quod à modo et in
« antea et per in perpetuum, erimus vobis hæredibusque vestris ac
« legitimis successoribus boni et fideles vassali et homines vestri,
« vos que et hæredes vestros ac successores legitimos juraque vestra
« presentia et futura ac honores vestros hæredumque et successorum
« vestrorum pro posse et fideliter observabimus et nullatenus ali
« quid quod in detrimentum periculum vel, damnum impedimentum vel
« contumellam personarum vestrarum rerum, jurium honorum que
« vestrorum aut hæredum seu successoram vestrorum verti possit,

« per nos vel per aliquem alium nomine aut loco nostri contractabi-
« mus nec ali quo modo machinabimus. Imò et si aliquid contrà vos
« honores vestros seu bona vestra hæredumque vestrorum aut succes-
« sorum contractori,'procurari aut etiam machinari per aliquem alium
« noverimus aut sensarimus, [quam citius ad nostram notitiam per-
« veniret, vobis aut alicui alteri per quem ad vestri notitiam perve
« nire possit notificabimus et manifestabimus. Et quidquid secre-
« tum melius fuerit per vos hæredesque aut successores vestros·
« intimabunt dictum aut notificatum nemini dicemus seu ostendimus;
« personas que vestros hæredum que aut successorum vestrorum
« juraqueres honores adversas et contra quoscumque qui vos ve
« hæredes venire volentes pro posse tenebimus et defendemus; in
« omnibus tamen præmissis domino nostro Rege et ejus jure ut et
« tanquam superiore et majore excepto. Si Deus adjuret nos et ejus
« sancta quatuor evangelia. »

Quo quidem juramento ità præstito voluerunt partes ipsœ quod
hujusmodi consuetudines et articuli ibidem seriatim inserantur et
ponerentur et de ipsis furet et conficeretur publicum instrumentum
quas voluerunt per ipsos teneri et observari pro eorum legibus municipalibus, sub y pothecis et obligationibus ac renunciationibus infra
scriptis quarumquidem consuetudinum et articulorum de quibus
superius facta menti existat, tenor sequitur et talis dignoscitur et
prout et quemadmodum in eis dum continetur:

Asso son las costumas, privilegis, franquesas, stablimens et
libertatz que lo noble senhor moss en Guilhem Ferriiol, senhor de
Thonnenx, tant elh e sous anciens, an usat, autregat et confermat als
conseilhs, Juratz et habitans delh dict loc de Thonnenx aysi coma
dejus se ensec. E aysso fo feyt l'an de Nostre Senhor mil CCCI.

I. — Assi parla cum lo Senhor d'en Jurar quant intra novelamment
en la Senhoria del loc de Thonnenx.

Et tout premièrement acoustumet et stablit sobro se médis et sober totz sos successors que el etotz sos successors que tota persona que Senhor de Thonnenx sia o a qui la Senhoria de Thonnenx en
avenia, Jure en comensament sobre los sans Evangelis à la premieyra
venguda que en la villa de Thonnenx sera et tantost cum la senhoria de la villa en sa main vendra que el bon Senhor et adreyt a leal
sera a tota la universitat dels habitants de la villa de Thonnenx et
que totz lox homes et totas las femnas de la villa de Thonnenx
presents et absentemps devend ars gardera, deffendra de tot tort et

de tota forsa de se medire et d'autres à son léal poder a bona fe
e que lors fors et lors franquessas e lors costumas lor tendra et
lorgardera fermament e sens tot corrumpament e lor fera tenir e
gardar fermament e sens corrumpament e a sos Bailes que per luy
seran Bailes de la villa de Thonnenx.

Cun la comune deu jurar al Senhor.

II.— Et per a qui medir acoustumet et establit que tantost cum lo
Senhor aura feyt lo avandit sagrament en la sobredita Manuyra que
tot le comunal de lavandita vila so ex assaber totz los homes que
seran de la état de douze ans avant juraran sobre los sans Evangelis
al Senhor que elx bonx Bourgues et adreyt e a leials luy seran per
tant de temps quant en la villa de Thonnenx estaran et que sa vila
e sos membres e sa maynada gardaran e deffendran de tot domatge
mortal et de tot tort et de tota forsa a lor leial poder e a bona fe e
las suas dreytaras mantendran a las ajudaran a mantenir a bona fe,
salvas lors franquessas et lors fors et costumas et totas caussas.

Cum lo seneschal deu jurar quant intra seneschal.

III. — Et per aqui mesihs es establit e acoustumet que quant lo
Senhor de la terra establira son seneschal en Agennes que aqel
seneschal a la premeyra venguda que sia en la villa de Thonnenx
depueys que sia seneschal establit, jure sobre los sans Evangelis als
conseilhs et als homes de la villa de Thonnenx que per tant de
temps quant el seneschal d'Agennes sera, sera à la universitat de
l'avant dita vila bon seneschal e adreyta leials e bongouvernador el loc
del Senhor et que lors franquessas et lors fors e lors costumas los
tendra e que los gardera e los deffendra de tort e de forsa dedins
et deffora à son loyal poder a bonalfe de si medio et dautruy a tant
cum seneschal de la terra sera ny lor gouvernador sera el loc del
senhor.

Cum hom jura al seneschal.

IV. — Aquofeyt quelz conseilhs dela vila juren al seneschal per la
sobredita maniera per tant de temps que los seneschal sera

Cum lo Baile deu jurar quant intra Baile.

V. — Et quant le senhor de Thonnenx metra e establira lor Baile
en la villa de Thonnenx , que aquel Baile en comensament, tantost
cum lo feyt de la baylla recevra en sa man, jurera sobre los sans

Evangilis als conseilhs et alz prohomes de lavant dita vila que bone
loyal et dreyt sera per tant de temps quant Bayle de la medissa
vila sera; et tant quant de l'avant dita vila Bayle; sera et gardera e
mantendra et deffendra la universitat de la vila de tot tort es de forsa
de si medir e dautruy a son bail poder e bona fe; et que lors fors et
lors costumas e lors franquessas tendra et lor gardera et lor servara
fermament tant quant de la dita vila Baile sera.

Cum jurar al Baile.

VI. — Et tantost cum lo Baile aura feit lo dit sagrament quelz
conseilhs de la medissa vila per lor et per tota la universitat de la
vila, jurar an, sober los sans Evangelis al dit Bayle tant quant Baile
de la dita vila sera, lo garderan de tot tort et de forsa a lor leial
poder e bona fe e que las dreyturas del senhor lajudaran a mantenir
e a gardar el garderan sa vila e sos membres et l'obediran a sos
loyals mandaments salvas lors costumas e los franquessas en totas
causas et per so car lo loc era estat opremit per mals governadors et
avia mestier a multiplicar et accreyssir.

VII. — Establit lavant dit Senhor e acoustumet et donet en franquessa que de quelque loc et de quelque part homes o femnas sen
vangossan estar en la vila de Thonnenx, feissan de las suas meissas
proprietat o d'autres locs que sian recebutz et aculhitz benignament
per las suas gens de la vila. Et si vol estar en la villa aucuns homes
o femnas que y venga de fora et vol estre recebut Dorgues de la vila
et que sia saups et segur et totz sos avers sens tota mala legh. Et si
era que y vengos et demourar no y volguos et que nos fos e estre
no volguos Bourgues, que sia saups et segur sens tota mala legh,
dreyt fasen es dreyt prendent a tout home que demandar aucuna
causa lo volguos.

Cum den estre Bourgues recebut de la vila de Thonenx quant se vol far
Bourgues e de la franquessa del Bourgues.

VIII. — Et quant aucuns homes en la vila de Thonenx es recebut
per Bourgues, que y sia lo Baile de la vila o son loctement et que y
aya dels pro homes de la vila quatre ou daqui en avant et que jure
aquel que sera recebut per Bourgues corporalement sobre lo Major
autar de la vila que bon Bourgues e adreyt e leial sera senhor e a la
vila et que los dreyts del senhor els bens els profeitz de la vila per-
rassara es mantendra e gardera a son leial poder, et los mals e los

damnages del senhor e de la vila de savansara es destardara e que
los fors et las costumas et las franquessas de la vila mentendra e ad-
jurada a mantenir e a gardar a son leial poder sens tot mal engen e
a bona fe. Et quant aquel sagrament fara den donar aquel que es
recebut per Bourgues un dener arnaudenc a l'autar en que aura jurat
et douze deners arnaudens al Baile del senhor et ab autant den estre
tengut per Bourgues et deu estre saup et segur en la vila cum les
austres Bourgues de la vila, e deu estar ung an e ung mes franc e
solt e quiety de guezta et de questa et de totas missions de la vila;
et del cap delan e del mes avant que fassa segon son poder segon las
causas que aura en la vila, et en la honor sa part et las missions de
la vila; Et que sia tengut de crompar causas dins l'an en la dita la
vila e en la honor. Et quant aucun Bourgues es recebut ayssy cum
de sober es dit, empero que aya habitation en la vila de Thonenx que
lo senhor garde luy et sas causas e que las deffenda de tort et de
forsa a son poder et que dreyt prendra a son Bourgues e lor dreyt
grevar nol soffrira.

Empero si lo Bourgues no ausava o no volia o no podia dreyt far
ayssi cum deuria lo senhor no se deu trametre daquel affar delqual
Bourgues seria defailhit de far dreyt. Empero si dreyt vol far e lo
presente, lo senhor lo deu prendre si las causas son en son poder ny
de sa juridiction. Et si no eran de son poder eran dautre deu far e
procurar cum dreyt ly sia pres a son leial poder. E si per lo prendre
no ly vol deu len ajudar lo senhor ab si medir et ab los habitants de
la vila de Thonenx quant en autruy dreys lo sia pres.

Cum los Bourgues poden far clapeys e viveys e deffes.

IX. — Et volgo e donet et autrages en franquessa le dit senhor que
los habitants en la dita vila e als appartements que ara son e per
avant, puscan aver viveys e deffes clapeys et colomeys franquement
cuscum en sa propria terra e als flos que tendran d'autruy. Et tot
home et tota femna que pescara al bibey d'autruy, cassara al clapey o
al deffes d'autruy de dias sia punit en soixante cinq sols d'arnaudens
de gatge al senhor e esmenda en aquel a qui sera lo bibey o clapey o
deffes en double del pretz que sera presat per los conseilhs del
medis loc lo dampmage que aura donat, la causa proada abondosament. Et de nuit sy es trobat ny a temps se pot proar abondosament,
sia punit per lo senhor en six livres et mege d'arn de gatge et esmendat lo dampmage en quatre doubles en aquet que la malefeyta

aura pressa. Et si lo consellhs era ateint et convencut en lo dit cas que sia punit en la sobredita maniera.

Cum lo senhor no deu aver questa ni tailha, ny auberguada, ny prest
dels habitants de Thonnenx.

X. — Et vol et autrey et e donet en franquessa lo dit senhor als habitants de la vila de Thonenx et en la honor et destreit que negum des habitants que aras son ne per avan seran no sian tengutz donar questa ny tailha, ni aubergada, ny don, ny far promessa, ny ust, ny perst, sy no de lor volontat agradable al dit senhor, ny aucun de sos autres officieys.

Cum lo senhor no deu prendre las causas els Bourgues de Thonnenx.

XI. — Et establit acostumet lavandit senhor et donet en franquessa que el ny aucun des officiers del sons, ny aucuns de lors maynadas no prendran ny faran prendre blat, ny vin, ny palha, ny feu, ny bes·tial, ny aucas, ny gallinas, ny cappon, ny ortalisse, ni autra causa del Bourgues, ny de la Bourguesa de Thonnenx, ny de la dita honor sens agradable volontat et sens licencia spécial daquel que sera.

Cum hom pot far molis terrenx e de vent en sa aygua et en sa terra et als
fins que tendra Dautruy.

XII. — Et establit et acostumet e del en franquessa lo dit senhor que tot home et tota femna de Thonenx et de la honor que parelhat aia, pusca far molins terrenx o dabent en sa aygua o en sa terra et al siur que tendra dautruy daquella maneyra que se vulha sens pe·rilh e sens pena e que pusca mole so que mole voldra, sens que lo senhor ni aucun de sos officiers ven demandar ny prenne no deu per raison des molins.

Dels bancs mazereys.

XIII. — Et establit e acostumet lo dit senhor los bancs mazereys en que sian vendutz los peys e sian vendudas las carns vendedoiras emigadoiras que siran vendudas a Thonnenx. Losquals bancs deven estre ayssi ordenatz que lo senhor deu aver de las carns que als bancs seran vendudas e de cada porc e de cada truega ung dener arn.

De las carns de las Truegas.

XIV. — Et establit et acoustumet que nulh home entro las carns dels porcs nos vendra de las carns de las Truegas ny nulhs home no

vendra truegas en maneyra de porc e si o fasia que poscos estre
proat aquo fasen, deu y aver lo senhor vingt sols d'arn de gatge à
la causa proada sens tota autra clamor puisque ateint y sera aquo
fasent. Et si aucun mazerey vendia las trueguas entre los porcs o
carn de truega par porc e clamant ny sia la donc que si era proat y
deu aver lo senhor vingt sols d'arn de gatge et damnage deu estre
es mendat al clamant a esgard de la cort del senhor dels conseilhs
e la court deu estre dels prohomes de Thonenx edelz cosseilhs. Et que
las carns dels boez de las crabas de las aholhaz sian vendudas per
aquet qui las vendra fora dels bancs mazereys et fors la granda
carrera ont lo senhor e los prohomes denent la cort.

De las carns gafereras.

XV. — Et establit e acoustumet et donet en franquessa e en mandament que carns gaffereras no sian vendudas als bancz de Thonnenx
maior ny usat et acoustumet ont home ven las carns sanas es frescas
ny saladas en aucuna maniera. Es si cas era e podia estre trobat ab
clamor o sens clamor, deu y aver lo senhor soixante cinq sols de
gatge; et si rencurans y avia deuria estre esmendat als rencurans
so que de luy auria agut aquel que la carn gafera auria vendut.
Empero si la carn era obada gafera et establit que pusca estre venduda fora la porta de Thonnenx sens perilh et sens gaige per que
aquel qui la vendra digua en aquel qui la comprara que milhargassa
es, Es si no ac disia en vende en autra maniera si claman no yssia
deu estre lo gaige avandit. Et si aucuna persona navia crompat et
disc quel mazerey no lagos dit que milhargassa era el mazerey disia
que dit lagos deuria estre cresut lo mazerey per son sagrament.

Qui crompa causa migadoria de gaferaria.

XVI. — Et si savenia que aucuna persona crompes per revendre
d'aucuna gaferaria, ausetz o bestialz mingadors e quel vendos e y
fos trobat aquo fasent al testimonis abondos, deu estre a la merci
del senhor et del cosseilh.

Cum hom pot ausise son bestial per son mingar als bancz o ailhors.

XVII. — Et establit et donet en franquessa que tota persona de
Thonnenx pusca ausise o far ausise son bestial per mingar fresc o
mettre salat o per dar sens que lo senhor re no y deu aver en qualque loc que sia lo bestiar ndobat ou pessegat alz bancz o ailhors. E

que creslos o analhs e crabolz el libres e conilhs el auselz el lola
allra sanalgia el pueys pusca vendre als bancs o en allre loc sens
perilho sens lenda e sens lola allra causa que hom no y deu dar al
senhor. Empero si salmoz el creat enlier era vendut en los bancz'
deu aver lo senhor la coha del solmon el berin del creat si aucuns
bourgues no labe dat el ablenhn fora de la vila.

Dels cosseilhs.

XVIII. — E establit e acostumet et donet en franquessa en la vila
que en la médissa vila aya cadan quatre prohomes de cosseilhs ou
plus segon la creysensa de la vila, per laqual cosseilh tol lo puble de
la vila se gouverna el conslrengua, salvalz los dreyts del senhor el
que sian per lor procuralz los negociz de la vila losquals cosseilhs
deven estre mudalz e renovelalz cadan, el quant intraran novela-
ment de Cosseilhs deven juraz corporalament sobre los sans Evangelis que elz bons e adreyt e lelal seran en lor office entro al cap del
terme, al senhor el a la universilat de la vila e que per amic ny per
enamic, ny per don, ny per promessa, ny per néguna autra maniéra
nos depuraran en las dreyluras del senhor, ny en aqueras dels prohomes de la vila, an se mantendran bonament e bialament als praubes
el als veiex amicz e no amicz segon los fors el las costumas e las
franquessas de la vila e que no prendran ny prendre faran dons ny
promessas per negur fait que venga ny venir deuga perdevant lor,
ab guilh ny sens guilh ny en neguna maniéra el aquet sagrament que
fassan en presencia del Baylé el de son comandament si estre y vol
el en presencia del communal dels prohomes de la vila.

Cum los cosseilhs poden far jurar.

XIX. — Et establit e donet e acostumet en franquessa que quant lo
cosseilh aura jurat en la vila en la sobredita maniéra que puscan far
jurar de prohomes de la vila a lor bona conoguda tant quant a lor
semblara que meslier ny ay a al cosseilh des qualz elz deven seguir
e procurar ben e leialement lot aquel en lor négocis el los délivrar
de la vila.

Cum los cosseilhs poden e deven esligir cosseilh.

XX. — Et aquelz avandit dins lo temps que yssirant de cosseilh
devez elégir cosseilh no el a lor bona conogueda bons e sufficiens,
laquale election deven far entre lor secretement. El quant auran
secretement elegit entre lor al cap del temps que el deuran yssir de

cosseilh, deven mentane al communal generalement aquel cosseilh noveramenh elegit e quant los auran mantagutz lo comunal los deu recebre benignament e deven juraz los elegitz tot premeyrament en la sobredita manièra. Et après lo comunal deu juraz a lor tres causas hobediensa e secrèt e abjutori Saubz totz los dreytz del senhor.

Cum hom pot creyssir o amermar al cosseilh.

XXI. — E yssi en aucun temps era mestier que hom cresces amermos a les quantitat des homes de cosseilhs den estre à qui fait ab cosseilh et ab volantat dels juratz. E yssi quant lo cosseilh es noveramenh jurat, lo comunal de la vilo no lor volia juraz, lo senhor ne deu constreigne lo comunal entruy los al an jurat.

Cum los cosseilhs poden far totz establimens.

XXII. — E quant los cosseilhs ayssi cum sobredit es e establit e jurat, et recebut poden far totz establiments sobre les homes e femnas en las causas de la vila, mobles e no moblas et y pauden pausar et establis e als de la vila gaiges ab cosseilh et a voluntat delz juratz e espécialement en malmenament, en bocament, en malateytas, de terras, de vignas, et doboscz o de pratz e do vivieys o de pesqueys et de libeys e de fonteys o do molins o de peysseras et de llas e en instelralcs, en lauradas, en maradeix, en merceys, en mersereys, en pesquereys, en arrecardeys, en razonadors, en faitz de filhols, e de filholas, despos, o desposas e de Jasens e generalement en totz los faitz de la vila per que fait do comunaltat puscan estre entendutz Los qualz establiments poden far saubs totz los dreytz del senhor.

Cum hom pos deffar los establiments et del temps des establiments.

XXIII. — Et quant los cosseilhs farzai los establiments poden los far per tant de temps cum els estaran de cosseilhs o per meins, segon que las sasons de las causas per que l'establiment sera fait e ao réquera. Losqualz temps y deu estre pausat certeynement quant l'establiment se fara. Et tot aquo deura far ab los juratz e ab la cosseilh e ab lor consentement. Et quant los establiments seran faits deu o mostrar lo cosseilh e far o mostrar al comunal de la vila. Et sil cosseilh ab voluntat delz juratz avian fait ung establiment o plusors e que lagnessan autregat per un cort temps e apres que fos lor voluntat que dins aquet termo lo volguossan deffar no ho deven

far los cosseilhs ny poden sino ne fasen ab cosseilh et ab consentement de totz los juratz. E cosseilh ni los juratz nol poden nil deven
deffar dins lo terme quel sera autregat, sino ac fasen per ncera
aventura que fos venduga generalement a tota la terra e a tota la
vila. De la quel aventura a requeregos trop largement daquet establiment et quo appertement puscos hom cognoisso quel establiment
poyra tornar a grand dampnago. Si coure trop tot son temps e grand
profit seria si era alarguat. En aquesta maniera lo cosseilh poyra
élarguar lestabliment dins lo temps que dat laurian.

Cum lo cosseilh poden far misericordia a del gaiges que hom deuria
segou lestabliment.

TT. IIII. — Eyssi per rason des establiments aucum hom o femna
era en corregut en pagar aucun gaige lo cosseilh pot far penhorar
per aquels gaiges a lor messatgier et po den preno et levar tot gaige
que a lor avenguan per rason dels establiments. E si aucuna per-
soná no per orgulh mai per simplessa de sens era gatgada en gaige
pagar per rason dels establiments et que no pusco paga lo gaige lo
cosseilh per lor medis sens los jurats poden a qui far gracia et misericordia e alarguement a lor bona conoguda.

Cum los cosseilhs deven anar a las cortz mandadas.

TT. V. — E quant lo Prince de la terra o sos senecals mandera sa
cort generale los cosseilhs tot o la una partida segon la comandament
del senhor deven anar en a quera cort per la vila de Thonenx a
meission de la vila. E si aucuq mal pas entor la vila aya ops adobar,
los cosseilhs den aquo far adobar a la meyssion de la vila. Essi penhoras et marcas son faictas en aucun loc fors la vila a aucun home de
la vila per aucuna encaison los cosseilhs deven enquerir daqueras
penhoras e y deven anar si mestier es e deven seguir aquet negoci a
la meission de la vila entre quo ayan delivrada quera penhora.

Cum los cosseilhs deven far obras en las affars comunals de la vila.

XXVI. — Essi en la vila en fossat o en lissas o en portas avia ops
adobar deven ac co eisso los conseilhs e deven aquo adobara la
meission de la vila. Empero lo senhor den far adobar las portas à
sa meission.

Cum los cosseilhs deven farquesta.

XXVII. — Essi en las meissions quels cosseilhs auran a far no lor poden abondar los gatges que els trainan des homes de la vila per rason dels establimens, poden far questa per lo remanent ab conseilhs dels Jurats. Laqual questa poden traire de la vila e deven no pagar las meyssions que faitas auran. E sin comme pignora o traire poden lo far traire los cosseilhs en lor messatge.

Oum los cosseilhs deven tenir las causas comunals.

XXVIII. — E los cosseilhs de la vila deven tenir e gardar la seget de la vila e las causas e las costumas els privilegis de la vila o deven segerer bien et leialment las causas que seran a segerer am lo seget de la vila.

Cum los notaris deven estre elegit

XXIX. — Els cosseilhs de la vila deven elegir los notaris comunals de la vila, losquals deven elegir bien e leialment segor los bonas costumas, alqua offici deven elegir bonas personas et leials o honestas e convenablas. Et quant los auran elegits deven montra aquera election als Jurats. Et si la election es justa e veraya et ben faita los Jurats se deven pausas en aquera election, si donequas non poden dise causa rasonabla en contra per que aquera election degos revocar. Et après lo cosseilh deven presentar aquelz que auran elegit al seneschal. Et seneschal den recebre aquera persona o aqueras personas que seran estadas elegidas e deu recebre lo sagrament daquelz elegits que elz bonament e leialment se portaran et aurar en lor office e lor dar autoritat d'acquerir e de far cartas si dong no trobaba o no sabia en no vesia en los causas per que los puscos rasonablement refusar.

Cum deven estre en cort los cosseilhs.

XXX. — Els cosseilhs de la vila els Juratz deven estre en cort al Baile del senhor e deven jugar e determinar los pleytz de la vila. Et Baile deu jugar e determinar ab lo cosseilhs et ab los Jurats totz los pleytz de la dita vila.

Cum los cosseilhs poden far inquisition,

XXXI. — Els cosseilhs poden far inquisition per los médis en tota re que appartengua als feyt dels establimens si inquisition y a mestier. Empero de re que appartengua inquisition segon la coustuma fora dels establimens ne deven enquerir lo Bayle ny far inquisition sens lo Bayle.

Cum los cosseilhs poden elegir la crida.

XXXII. Els cosseilhs poden elegir la crida comunal en la vila, loqual deven elegir a lor bona conoguda atal cum se fant en aquest offici. Et quant auran eligida la crida deven la presentar al senhor al senhor den prendre de luy sagrament de fizeltat de son offici. E apres den lo donar autoritat et licence de crida. D'aqui avant pot cridar aquera crida e den aver de cada taberna que cridara unez dener arn de cada causa que cridara per un homo estranh ung denet e a nadau den aver una dener de cada hostau de dins la vila e deffora en que hom estoungua habitant e ab autant den estre qui etis e franc de totas las meissions de la vila. saulp que totz los bancs comunalz quel senhor els cosseils voldran far cridar den far cridar franquament et sens tot lo guey. Et per rason del dener que la crida prent a nadal e de cada hostal den estre mandat dels cosseilhs. E deu mandar e sonnar los prohomes de la vila segon lo mandament den cosseilhs. Crida une tonet de bin plus no deu aver mas ung dener ny de nulla re que crida no deu aver re, mas de bin de Bourgues et de Bourguesa de la vila.

De Gueytas.

XXXIII. — E los cosseilhs deven metre et establir gueylas per gardar las blatz e las vinhas dels bestials e aquelas Gueytas deven respone al cosseilh dels gaiges que prenaran e poden penhoran per los gaiges las gueytas et cosseilh deu aver aquels gaiges abs a far las missions de la vila E lors cosseilhs deven far mandas la gueyta e la estingueyta de la vila a los messatge. E si nuls homs sen ren remania despuse que mandat fos deven dar douze deners arn de gaige, desqualz deven estre los houeit deners de la vila per los pons et per los camyns adobar e los quatre deners deven estre de la managoyta.

De las mesuras.

XXXIIII. — E los cosseilhs deven tenir los pairos de las mesuras de la vila del blat et del bin e de las autras causas que a mesuras seran vendudas.

Cum los cosseilhs deven tenir los affars comunals.

Et deven tenir los cosseilhs totz los affars comunals en lor man e deven estre garde en totas las comunals causas de la vila et deven ces calges et des affars de la vila comunals pagar las messions qu'en convendran a far.

Cum lo cosseilhs belh se deven acoutar ab lo cosseilhs no es.

XXXV. — E quant lo cossellh aura estat ung an complet en lor office o aura elegit autres cosseilhs et aquel cosseilh poverament eslegit es recebut e jurat deven se acointar lo cosseilh que auran estat aquet an avant ab lo cosseilh noverament establit e diven lo rendre bon compte e leial de so que auran pres ni mes del afar de la vila. E si diners los sobren deven los rendre als cosseilhs qui intra noverament. E si tant era quels cosseilhs degos diners lautre cosseilh que intra noverament deven pagar aquetz deutes dels galges premiers que los avendran o de questas premieras qui los aveignan ; e deven redre o baillar al cosseilh noverament establit lo cosseilh que avant aura estat lo seget o las lectras e las cartas els privileges et tot so que auran que al la comunal appartengua.

Cum hom quels sia estat de cosseilh no den estre de tres ans.

XXXVI. — Et nulh hom quels sia estat de cosseilh unz an no deu estre puscat de tres ans apres, ni hom nol deu mettre de cosseilh de tres ans qui esta no sia. E qui lo religua aquera election no deu aver valor. E tot hom que sia de cosseilh deu trabaillar leialment a procurar leialment a son poder los negocis de la vila al cost e mession de la vila ayssi e en tal maniera que totas vetz que anguian deforas la vila procurar los negocis de la vila deu aver a la mession de la vila e sa malgadura de mingar e de beure e de logues e de sa cavalgadura ; mas empero per son corps ny per lo destar de sa persona que prenha per los negocis de la vila dins la vila ni defora no deu prene nul loguay nulha persona de cosseilh en degun temps ny non deu estre quite de nulha mession ny de nulh feyt comunals e que a la comunaltat se appartengua, mas en justas a vingt sols d'arn.

Cum hom no sia encors mas per mort d'home.

XXXVII. — E establit e acostumet lavant dit senhor e donet en franques sa que nulh hom ny nulha femna de la vila ny las lors causas no sian encorssas al senhor per nulha causa ny per negun forfait, mas per mort d'home proada e manifestada o per layronessis aissi cum es contengut el cas de layronessis. Empero si avenia que ancuns homes o femna fos proat o atenh de mort d'home proada e manifestada, totz los bens daquel o daquera son encors al senhor e la cors del coupable si es atenh den justiciar segon la maniera de la mort segon la general costuma d'Agenes.

De causas encorsas.

XXXVIII. — E si tant era que per aytal rasonalcunas causas vengossan en corrament al senhor, lo senhor deu far paguar ades quant lencorrament tendra a sa man la molher daquel encorragat de tant quant era y aura portat per son maridatge ny monstrar poyria ab carta o ab cartas o ab testimonis ; et apres deu far paguar aqueras gens de la vila a cuy l'encorregut devria e deutes tant quant proar ny poyran ab carta o ab testimonis. E si redevia fora de la vila, pagada la molher els homes de la vila a qui re deveria lo senhor deu aquo far pagar dels bens delz encorregutz quant los deutes sera proatz ab cartas o abs testimonis o al penhs o sens penhs que sian degutz a lencors quant sera proat.

Item de causas encorssas.

XXXIX. — E si al senhor evan en corregudas per aucun moffalt aucunas causas dalcun home o dalcuna femna de la vila de Thonenx o de la honor o que en aquel encorrament y agos aucuns fleuz que mogues dalcun home o femna de ladita vila. Lorsqualz lencorragut tengos a fleuz dalcun home o dalcuna femna de ladita vila o de la honor e que los fleuz serian encorregutz al senhors desquals los fleuz serian tengutz sens meyan e sens que lodit senhor ne aucun de sos afficials no y deven ny poden metre embarguament al senhor del fleuz. Empero lo senhor del fius a qui vendra aquel encorrameut daura pagar al dot de la molher e als deutes de l'encorragut, si los bens mobles del encorregut no y abondan livra per livra, aguda estimation comunal dels autres bens encorregutz al senhor.

Franquessa de fleuz.

XL. — El dit senhor ne aucuns autres senhors de fleuz no deu aver encorrament en fius que siu tengut de luy per mor naturel de fleusatey aya heret lo fleusatey de luy descendent e no tant cum del mage del fleusatey y aga.

Cum dreys deu estre pres.

XLI. — E de totas altras occasions quel senhor es sos Bailes metran sobre alcun bourgues o bourguesa de la vila mas quant de mort

d'home proada o manifestada deu prendre dreyt lo senhor sens son
corps prendre ni embarguar à tot home o o tota femna qui fermar
lo pusca a esgars de prohomes de la vila.

Cum hom deu dar fermansas al senhor.

XLII. — E per qualque causa o per qualque maniera lo senhor
demanda fermansas a alcum home o femna de la vila sia per alcasion
quel senhor pausia subre luy, ó per clamor que aya de luy ausida
deu fermar l'acusat o lacusada si fermar pos, o si femnas no pot deu
juraz sobre sans perque segue lesgart o la couvenanse de la cort o
deu mostrar sas causas al comandament del senhor. Essy entre asso
defailha que far no ae volgos et que for ung dia de failhit o deffal-
lhada, deu aver lo senhor cinq sols d'arn de gatge. Empero quant lo
senhor demandara fermansas a alcum home o femna de la vila per
qualque occasion que o fissa, deu fermar aquet o aquera a cuy las
fermansas seran demandadas ades presentament per sa man o per
sas causas e empres pot demandar sil platz per quala lo demanda lo
senhor fermansas et si no acdemandaba lo senhor deu lo dire la occasion perque demanda fermansas. Et segond la occasion que aquet
ausiria o aquera deu sercar de sos amicz sil volorian per aquera
causas intrar fermansas. Et si pos trobar amic qui intrar y vulha deu
fermar. Et si tant era que la clamor o aquela occazio fos tales que
si vraye era que laccusat no poscos passar per gatge de diners
sens perdament de vila o de membre deu aver leser de amar sercar
de sos amicz quel intrent fermansas et aquet mezis die de dias deu
tormar devant lo senhor o devant son comandament en la vila e deu
fermar si pot et deven jurar sobre sans que perseguyra lo dreyt de la
cort et deu mostrar sas causas al commandament del senhor. E si
defailhia, que dedins do medis dia de dias no tornes deven lo senhor
en la vila o devant son comandament ayssi cum de sobre dit es;
Essy deu y aver lo senhor cinq sols d'arn de gatge per aquet deffallhiment. Empero si aquet o aquera que deuria donar las fermansas
sescava lo senhor en la vila o son comandament e trobar no lo podia,
deu estre desencusat daquet dia Elendeman dins meyjourn deu tornar devant lo senhor per far son dever. Et sil senhor no o vol crey-
zen que aquet autre die laccusat nolagos sercat en la vila a bona fe e
sens mal guilh pot ne aver ung sagrament de l'accusat, et ab aylant
se quiti l'accusat de tant quant apparient daquet dia. Empero s'il
sagrament ne volia far o no ausaba deu aver lo senhor cinq sols
d'arn de gatge. E si aquela accasion per que lo senhor demanda fer-

mansas en alcun home o en alcun a femna de Thonenx era cas per
que aquera si veraya era poscos home perdre membre vita deu fermar
laccusat o laccusada avant que parte de la cort del senhor et que
persigue lo dreyt de la cort. E a que de fermar per persona de que lo
senhor sia ben segur e deu fermar per son corps vendre mort o vieu
en la cort ou es mallevat et sas causas et de estre auzit de son dreyt.
Et si empero no o volia o no podia mallevar deu remaner en la cort.
El senhor deu lo far auzit lo deman als demans de que sera en cay-
sional. Es si tant era que lo encaysionat villa ades respondre deu
estre auzit e sobre asso quel sera demandat. E sobre asso que es res-
ponera deu lo senhor far julgar sens altre alongament ab sa cort,
laqual deu estre de cosseilhs e dels prohomes de Thonnenx. Et si
julgament lo delivra deu estre delivrat. E si julgament en larga deuria no aver proat el julgament deu estre mandat a exeqution de
complir ayssi cum sera jugat. Empero lo senhor nol deu retenir en sa
preson si no o faxia per jugament que daquera causa que seria encaysionat fos donat contra lo encaysionat, o no y fasia per so que lo
encaysionat demandes dio de conseilh o de remembransa o autre die
rasonable. Car si tant era que lencaysionat demanda dia que aver degos e no poscos fermar deu ne remaner lo compliment de tot aquet
emps en la preson del senhor si en la sobredita maniera no pode far
mallevar.

S'il pleyt es entre lo senhor e la persona accusada.

XLIII. — Et s'il pleyt es entre lo senhor et la persona accusada.
E neg y avia sil senhor ab cort bastida no podia proar aquera causa
deuria sen escuzar laccusat ab sagrament ab sa man souta, et ab
esley de sagrament deuria estre quiteti si lo senhor ab cort bastida
e ab testimonis dignes de fe que no sian de sa mainada lo fait proar
no podia. E la cort deu estre aytal cum dessus es dit. Empero totz
sermentz del senhor deu estre cresut de citation que digna aver
faita, si lo gatge es de cinq sols.

Si pleyt es entre do as personas.

XLIIII. — E si pleyt es entre laccusat et uno altra persona que
nos fos senhor e neg y avia sil laccusat volia proar deuria estre auzit.
Empero si maliciosament laccusador vole aver alongnament de dias
per proar per tal qui fo estar o accusat en la preson, lo senhor lo
deu far jurar sobre los santz a accusador que et no ac fasia maliciosament per gauda ny per defuita. E ab aytant deu aver laccusaire

tols sos dias rasonables. Et quant laccusat en la preson se fermar no pot cusicum sobre dit es.

Cum laccusat estant en la preson del senhor pot estre mallevat.

XLV. — Et si tant era que laccusat o laccusada en la preson del senhor aucuns amics sos se tragos avant per luy mallevar, deu dar lo senhor a mallevar qualque hora que sera requiregut, lo pleyt durant, per son corps rendre mors o vieu, syno que fas encaysionat de tal crim que portes pena de corps o de membre perdre, ayssi cum sobre dit es. E de to demans que sia feytz en la cort del senhor deu hom aver sos dias comunals mas quant de deman ab carta e de deman de murtre o de raubaria o de layronessi o de dessasiment o de colca. Lorsquals dias costumals que hom deu aver de las autras causas mas daquestas que expressadas son dejus (dessous) son atals e que cada ung dia deu estre assignat per nau dias : Lo premiere die de conseilh, lo segon es de rasonador, lo ters die de garda, si lo deman es de heretat, lo quart es de reygarda. E si lo deman es de heretat aquest de reygarda deu estre de tres dies, lo sieys deu estre per garent a qui deu respone al deman sia de heretat o no si donc no podia proposar causa perque no fos tengut de respone al deman. E de tot deman ab carta deu aver die aquet a cuy on demanda per contra carta. E sil deman es de deute lo principal deutor pot aver dia per contra carta. E si y a fermansas pot aver dia per garent si hom demanda a luy e non demanda al dentor. Empero si hom demanda a Estranges e sont presents en la cort la fermansa no pot dia aver per garent. Et si al die que seria assignat per contra carta no pode aver contra carta deu estre assignat dias al demandador per esleyar la carta. Et aquest dias deven estre cada ung de nau dias. E quant li demandayre aura esleyat sa deute lo senhor ac len far payar lo deute sens tot alongament si donc lo deutor nos reclamava per no poder car si ac fasia devria estre ausi ayssi cum après es contengut.

Cum hom pot aver dia de cosseilh de deman de murtre o de layronessi
o de raubaria o de tolta o dessasiment.

XLVI. — Et de tot deman de murtre et de layronessi e de raubaria e de tolta e dessasiment e que hom digua que sia estat fait novellament que no aya plus de quarante jours que aquo sera esta feyt deu hom aver dia de cosseilh loqual dia pot estre assignat per tres

dias. E a aquel dia deu hom al deman sens tot alongament si donc
no podia prepausar causa que no fos tengut de respono. E si tant
era que deman fos de dessaisiment de heretat o de tolta o de forsa o
de raubaria e l'accusat requeria veser lo loc on lacusaire diria que
aquo era esta fait deu lo mostrar lacusaire lo loc e deu lo aver mostrat dins aquetz tres dias en maniera que per fauta de lo mostrar no
pusca perlongar la resposta del fait. Empero si lo pleyt ol demanda
era de murtre o de laylonessi o de raubaria o de tolta o dessasiment era faictz en maniera que aquela occasion fos vieilhe et que
agos plus de quarante dias lo menhs faict que auria estat fait, deu
aver lacusat totz los dias costumals daquera occasion o d'aqueras
occasions ayssi cum sobredit es per la costuma de la vila de Thonnenx.

Cal gatge deu qui tray cotet o arma esmolta contra altre.

XLVII. — Es tot home qui maliciosament traya arma esmolta
contre altre deu estre punit en dex sols de gatge si no fler. E si fler
e no fay plaga a y lo senhor LXV sols quant sera proat.

Cum hom deu estre punit de layronessi e de tolta.

XLVIII. — E tot home et tota femna qui sia ateynt per sa confession o proat per testimonis del layronessi o de tolta o de raubaria
que sia fait de dins e que monta la valor de la causa menhs de douze
diners deu y aver lo senhor V. S. de gatge. Empero si lo layronessi
es d'ortalissi o de herba o de causes mingadoiras deu estre lo gatge
del senhor e de la vila ayssi cum en l'article que dasso parla es contengut. E si monta entrui a douze diners valent, deu aver lo senhor
x sols de gatge quand sera proat per sa confession o per testimonis
e deu corro la vila ab lo layronessi pendut al col. Exceptat los layronessis en que la vila a part losquals deven estre ayssi cum e a lo
present article es contengut. E si monta douze diners valent deu y
aver lo senhor LXV sols d'arn. de gatge quant sera proat per confession de l'accusat o per testimonis. Empero si es dortalici o de
causa mingadoira o de fen, o de palha o de causas de cort o
destabliments de la villa el loc de Thonnenx y deu aver sa
part ayssi cum es contengut en l'article del col. E si pagar no pot los
LXV sols que sia metut en lespillori. Empero si en alcun dels cas
en que la vila aya sa part als gatges era fayta clamor al senhor, lo
senhor deu aver son gatge per rason del clamor.

De persona acteinta de layronissi fait de dias.

XLIX. — E si alcuna persona es atenta en layronissi fait de dias e proada o venguda per acusation o per testimonis suficiens montant la valor de v sols de la moneda corrable o daqui en sus lo layro deu perdre laurelha la premieyra vegada o daqui avant si lo layro senhat es trobat en autre layronissi deu estre la persona al mercy del senhor.

Si hom o femna es atenh o convencut de nuyt en layronissi fait de nuyt.

L. — E si alcun hom o alcuna femna es atenh o convencut de nuyt en layronissi valent v sols o daqui avant, o fasen traissions à son senhor ab cuy estaria deu estre punit en cors et en membres cum layron et trayte.

Si hom era atteint per sa confession o par testimonis que aya gitat lautre de possession.

LI. — E tot hom et tota femna que sia atcint per sa confession o per testimonis que aya gitat personalament un autre de una herelat luy o sous fazendeir et son bestiar e que sen sia entrat en possession, apres que si a proada aquera forsa e la saisina jutgada al clamant, deu aver lo senhor en lacusat lxv sols d'arn de gatge et a lautra part las messions rasonables E que dasso sia conogut somairament e sens menament de pleyt.

De Turbation de possession.

LII. — E si alcuns homes o femna avia trobat ung autre en sa possession, ayssi que luy no sabens s'en fos entrat en la herelat dun autre E que si en apres per possession sans que no len agos gitat luy ny homes dels souns ny son bestial fortanament quant aquet torbament sera proat per testimonis o ateint per sa confession de lacusat deu aver lo senhor en lacusat lxv sols d'arn, de gatge.

Si hom sen era intrat no saben en la herelat dung autre.

LIII.—E si alcuns homes o femna sen intraria no saben en la here-lat dung autre e que cudes intrar en la sua o en uza cum siz et e si clam es et laccuzat auzida la demanda e vista la causa respon que ed o a fait no saven cudan usar de son dreyt o en sas causas e que autra emparansa nol fos en la causa, deu y aver lo senhor de Thon-nenx a laccusat v sols d'arn, de gatge.

Cum lo senhor deu aver son gatge.

LIV. — En tota clamor de las ditas causas si lo claman no pot proar son deman deu aver lo senhor sobre lo clamant v sols d'arn, de gatge.

Gatge de cinq sols.

LV. — En tota clamor de cartas e sens cartas o de convens o de comendas o de penhs o de heretatges sens dessasiment ab forsa o de malmenament o de batament en que no y avia arma ny sang traici o de loguer de maison o dautras causas deu aver lo senhor v sols de gatge sobre la persona que sera vencuda del pleyt.

De defailhement de Dia.

LVI. — En tot defailhiment de dia que sia assignat devant lo senhor de Thonnenx en cort deu aver lo senhor de Thonnenx v sols d'arn de gatge de la persona defailhida E si lo sirment jurat lo senhor dise que ed ave mandat et aquel accusat vol jurar que no ave ausy ny no assabe son mande daquel die, deu ne estre cresut per son sagrament Borgues de Thonnenx.

Cum laccusat se pot eslayar del deffailhiment si lo senhor accusuba hom per deffailbit.

LVII. — Et si tant era quel senhor accuses alcuna persona de défailhiment e la persona negaya lo defailhiment deu se eslayar ab sagrament laccusat. E si daquel defailhiment nos pot eslayar ab sagrament nil sagrament far no vol que no fos deffailhit daquel dia, deu aver lo senhor v sols d'arn de gatge.

Del ban del senhor.

LVIII. — E si tant era quel senhor per jutgament de cort agos mes ban en alcuna heretat o en alcunas causas non deu ostar aquet ban sens lo baile del senhor si no ac fasia que agos complida o livrada la causa per que lo ban y sere estat mis e que lo baile ne lo volos desbandir mas que en aura maniera len ostaria deu aver lo senhor v sols d'arn de gatge. Empero si aquet de cui sere la causa bandida sere abcordat ab aquet a la justicia delqual la causa seria bandida quant lo ban fos ostat, no deu estre tengut dalcun gatge aquet qui lo ban aura ostat.

Sil senhor avia metut ban en alcuna heretat.

LIX. — E si tant era quel senhor per se medis sens julgament de cort per la costumacia dalcun o per altra maniera agos metut son ban en alcuna maniera aquel de cui la causa seria deu venir al senhor e deu presentar dreyt e fermar si pot segon la maniera avant contenguda. E apres que auria fermat lo senhor deu ostar son ban de las causas, E qui en autra maniera sens presentar dreyt al senhor et sens fermar, si lo senhor vole prena la fermansa, ostava lo ban del senhor a qui ont ed lauria fait metre et nostava lo ban lo senhor de la vila de Thonnenx deu aver v sols de gatge. E si lo senhor no vol prene fermansas aquel qui ostara lo ban no deu estre tengut del gatge.

Si lo senhor a ne metut ban e no vole prene dreyt.

LX. — E si lo senhor per ban que aya mes per contumacia dalcun e sans julgament de cort no vole prene dreyt quant la presentara e en aquo son ostava aquel de cui la causa seria e i ostava lo ban lo senhor en aquo no deu aver gatges.

Si hom era remasut en la preson del senhor.

LXI. — Et si tant era que alcun hom per son meffaitz o per encaision que hom metos sobre luy fos rasonablement segon la costuma remasut en la preson del senhor, lo senhor sil luy platz pot bandir las causas de laccusat e las deu enbandidas, far gardar al cosseilh entro que laccusation pausada sobre laccusat sia finalment per julgament o per accord deffinida saubs los dreyts del senhor des qualz tendran aucunas causas a fieuz sens quel senhor daquel no deu far portar en son poder ny mudar ny no deu prene ny far prene en alcuna maniera dels bens d'aquel estant laccusat en la preson del senhor. E quant mestra o fara metre son ban en totas las causas daquel que sira en preson o en dautras causas dalcun autre home de cui fassa bandir sas causas, deu aver lo senhor o sos commandaments en aquel loc ont las causas fara bandir o deu menar ab sy dus prohomes de cosseilh o quatre dels jurats, e, lor vesen, deu far escriure las causas moblas e no moblas que bandira e deu far dus escripts partits per A. B. C. o carta de notari partida per A. B. C. o deu tenir la una partida deu escriptz o de la carta e lautra partida deu balhar en aquetz prohomes que aqui seran ab luy vengutz. E puis deu comandar aquelas causas bandidas ab lo cosseilh cum en man communal en jus-

9

las que lo julgament diffinitieu sia donat o patz sia feita de la occasion perque lo bandiment era esta feyt.

**Cum causas encorregudas al senhor o enbandidas per escriut deven estre
delivradas per escriut.**

LXII. — Et quant savendra que alcunas causas seran encorregudas
al senhor de la vila de Thonnenx per julgament o y seran delivradas
de sa man per julgament o per patz del senhor de la vila de Thonnenx
o sos commandaments deu anar en las causas ab los medis ob que y
aura estat a lenbandir o ab autant d'autres si aquetz no eran pre-
sentz o deu aver aqui los escriutz o las cartas que seran estadas
faictas del bandiment E si las causas son encorregudas den las recebre
per escriut ayssi cum foren estadas bandidas. E si las causas per
partz o per julgament son foras de sa man ny delivradas deu las far
desbandir per escriut ayssi cum per escriut foren bandidas. E si re
nera a dire que hom no y trobes so que seria esta bandit deu ho far lo
senhor tornar en loc a aquel o aquels qui auran tengut la garda de
las causas, si empero aquetz qui auran tengudas las causas en garda
lelal excusation no y avia per que no fos tengut daquel a perda ayssi
cum es contengut en cas de commandas. Car si avia lelal excusation
en aquet affar ayssi cum en cas de comanda es contengut no deuria
estre tengut daquo esmendar, so es assaber si avia excusation de fuo
manifestat que fo pres en la maison out las causas serian ayssi cum
sero de layrons que agossan aquo panat ab autras causas o aquo fos
ayssi manifestat que nulhs prohomes no y poscos aver mala suspicion
quar en aquels cas ny autre semblant en aquests quant lo gardayre
aura faict fe daquela causa ayssi cum la cort es garderia no son tengutz lo senhor nil gardador de far esmenda en aquet a cui las causas
deurian estre rendudas daquo que en ayssi sero pergut en aquesta
garda. Empero si era pergut per la colpa del gardador deu o esmendar lo gardayre quant sera proat que per sa colpa sera pergut. E si
era pergut sens sa colpa o que no fos causa aperta ny manifesta, sil
gardayre no ausava far fe que sens sa colpa fos pergut deuria estre
tengut de esmendar. E si avenia que per lo perilh del gardayre alcun
home vesin daquel loc o autres gens scanessan la cura o la garda va-
queras causas bandidas lo senhor no deu demandar ni aver en aquel
scanament gatge ny pena. Ny nulha persona de la vila de Thonnenx
no deu estre constreint de prene en garda aucunas causas bandidas
si per voluntat prene no la volia. E si hom no trobara qui volgas prene

en sa garda alcunas causas bandidas lo senhor las deu bailhar per garde als consellhs de la vila de Thonneux. E lo cosseilh deven gardar ben e leialment entruy aquel fait per que lo bandiment es faict sia deffinitz per patz o per julgament. Empero si avenia alcuna aventura de perdement de las causas estant en la garda del cosseilh deven daquo estre auzits aquelz gardadors de cosseilh o aquel gardador ayssi cum devant es contengut que deu estre auzit lo gardador de las causas bandidas si aventura de perda y avia.

Si avia fruit oblat en causas bandidas per lo senhor.

LXIII.— E si avenia que dins lo temps en que aqueras causas dalcuna persona per alcun meffalet estaran bandidas fruitz de blat ny de bin, ni de notz o de oblias o dautre venda o defen, o de modura e dautres affars avenia en aqueras causas lo gardayre de las medissas causas o deu recebre bonament e leialment e daquo meshis deu far las messions rasonables que al reculhement d'aqueras causas convendra e aqueras messions pagadas deu rendre bonament et leialement lo remanent de tot aquo en aquet a cui lo julgament de la cort o patz o dona, al senhor si a luy o dona julgament o patz, a laccusador si julgament patz o dona, o a laccusat si per jugament o per patz fos a luy coneguda la restitution de las causas.

Si alcunas de las causas bandidas deven oblias.

LXIIII. — E si per aventura estant las causas dautruy bandidas per la autoritat del senhor en alcuna maniera avenia aucuns termes en que aucuna de las causas degos oblias a autruy lo gardador daquelas causas deu pagar aquelas oblias al dia en que sian degadas si sab lo dia o los dias. Empero si los dias no sabia no deu estre tengut de gatge ed ny las causas si al dia no pagava per que ausia far esley ab sagrament que no savia lo dia o los dias en que la oblias deven estre pagadas. E si no sab lo dia tantost cum lo senhor dalcun fieux li fara saber lo deute de las oblias nil demandara nil fara demandar los oblias deu las pagar lo gardaire de las causas sens tot contrast si sap o crey que ayssi sia cum lo senhor del fieus dira. Empero si doblava deu ac mostrar al senhor de cui las causas tendra el senhor deu far aprendre la vertat daquera causa ab aquel de cuy las causas seran si present es. E si present no y es deu ac far sercar o aprendre un autra leial maniera e apreza la vertat lo gardayre de las causas deu pagar las oblias al senhor del fieux si lo terme es passat. Empero si lo dia que lo senhor del fleux las y demandara lo gardador de las causas nol pagavia las oblias si sab ni crey que degudas lo sian deu y estre lo gatge. E si tant era que lo dia que lo senhor del fleux demandera las oblias al gardador de las causas no pagava las oblias o si y doblava no fasia son poder de aprendre la vertat daquela causa deu y estre lo gatge e aquel gatge deu pagar lo gardayre de las causas. E si apreza o saubuda la vertat lo gardayre de las causas no pagayer las oblias al terme en que serian degudas las oblias, si gatge se convenia a pagar deu caser suble la gardayre de las causas. E si aquel de cui cui las causas bandidas seran era present e no volia far assaber la vertat del contrat de las oblias si y era lo gatge qui ly convendra per aquo pagar deu cazer sobre luy e sobre sas causas si a nulh temps recobrar pode sas causas.

Si contrast era doblias de causas bandidas.

LXV. — E si tant era quel senhor de las causas bandidas no fos preant en la vila de Thonneux e que fos contract de las oblias entre lo senhor del fleux o lo gardador de las causas lo senhor del fleux deu proar sa dreytura davant lo cossellh ab carta o ab testimonis. E proada sas dreyturas daven estre a luy pagadas. Bssy depuse que ac fos proat tardava lo gardayre a quo pagar si lo gatge se avenia deu caser sobre lo gardador.

De deman fait en causas daucun bandidas.

LXVI. — E si escay alcunas causas bandidas daucuna persona venia aucun demandaire en las causas quo demandes deutes o penhs o convens o commandas o logazos o heretaiges o autres affars deu estre benignament lo demandayre o los demandadors accullit e auzit segon. E segon quo cada ung poyria mostrar sa dreyture ab cartas o ab testimonis o ab confession del laccusat o en altra lelal maniera deu lo senhor de las causas bandidas a cada ung demandador rendre son dreyt o sa rayso segon quo las causas bandidas abonderan.

De deman que fos a alcun home accusat arrestat en la preson del senhor.

LXVII. — E si avenia que alcun home que fos arrestat en la preson del senhor surdis alcun deman de deute o de comanda o carta o de couvens o dautre affar lo senhor den benignament ausir lo demandador els demandadors. E auzitz los demans deu anar o trametre ab

lo cossellhs de la vila de Thonenx enquérir lelalment lo arrestat. E ses
recarda que deya re en aquel home quel demanda nil aya re delivrat
ni que aya de luy so quel demandador aura prepausat en sa demanda sens auzir lo demandador en la maniera del deman crey que
el lo deu a tant et ab altant delivrar a talas causas a luy affar si
hom troba accordance del tout o de la maior partida lo demandador
e lo defendador deu estre daquo entendutz per proar, ab altant
quel demanday et lo pres no aya parlat a consell depuse que aura
estat arrestat o si no avia parlat ayssi en audiensa daquera causa
en lo arrestat auzent dalcunas personas en aquesta maniera. O ab
carta o ab testimonis pot hom proar son dreyt contra home arrestat.

Si alcun accusat arrestat en la preson del senhor volia dar fermansas
destre adreyt.

LXVIII. — E si tant era que alcun home arrestat en la preson del
senhor e las suas causas bandidas dones o donar volgos et poscos
laccusat fermansas de estar adreyt bonas e suffciens a esgart de la
cort del senhor deu lo senhor recebre aquestas fermansas sens contrast. E las fermansas presas deu lo desbandir lo senhor las causas
sens tot contrast e deu far rendre totz fruyts que yssitz ne sian, pagadas las messions rasonablas de las mesissas causas. Car las messions que per las causas seran estadas feytas quel que aya las causas
el senhor el accusat deven estre pagadas de las mesissas causas.

Si no y aura parent viu estre al quart gran.

LXIX. — E si tant era que daquel linatge per cui hom agos heretatz no agos parent ny parenta vieu entro al quart gran e que no ny
agos pot laissar aquel o aquera tota la heretat el fons e la proprietat
a cui lo plaira e deu valer aquera donation en aquera maniera que
sera faeta, saub altant que so y avia alcun fieux que agossan del
senhor o dalcun Borgues de la vila de Thonnenx nol deu nil pot laissar en perdurablelat à Cleysa ny a maison d'ordre ny a malauzia
ny als hopitaulx senhor del fieux. E si alcun daquelz fieux leyssaba
a negun dels avandits locs, no val aquera donation. Empero diners
y pot layssar a cuy lo plaira tunt quant valha lo tiers diners plus lo
fieux.

Si hom hereta sos filhs en son testament o que las filhas agossan diners.

LXX. — E si tant era que alcun hom o femna do la vila de Thonnenx agos filhs o filhas de matrimoni quant facia son testament cra essa voluntat que los filhs fossan e remangos sanheretiers en tota o que las filhas agossan diners per lor maridatge et que en diners yssissan daquera heretat poden aquo ordenar lo paire e la maire cada ung de sa heretat à lor bona conoguda o quelque vulha mus o menhs o so que la filhas trayran de la heretat o lor parti da que eras dagossan aver de la heretat. Los mascles, filhs o filhas daquet qui fey lo testament no poden anar contra aqueras testamento deu pay ny de may, car justa rason e honesta es que lo pay o la may poscan secoure a l'ajutori dels heretors femenils a lor bona conoguda et que puscan ayssi acorre als heretes mascles de donar avantage dels femnes a lor bona conoguda. E asso es dit e deu estre entendut dels filhs molheratz o delas filhas que sian a maridar quant lo pay e la may faran lor testament.

Si hom ordona en son testament son filh en alcun ordre.

LXXI. — E si alcuns hom o femna fasia son testament e layssava alcun de sos filhs o de sas filhas de matrimoni nat en alcun ordre o quel laiches o no laiches de son affar, deu valer aquet ordonament los dreyts dels autres heretz losquals son devant contengutz saubz o saubs los dreytz del senhor del fieux losquals son devant contengutz e salvar la voluntat daquet heret que sera estat ordenat en aquera maison d'ordre. E si tant era que aquet quant sera de perfeyta e connoyssament no vulha estar en aquet ordre o seu exsili si non es aitals o quant a ordonat que sens escumenge no pogues estre laics, deu heretar del pay et de la may ayssi cum sil pay no agos fait testament ny la may, si donc lo pay e la may no avian fait mencio que si yssia daquet ordre que no agot mas aital partida que adonc no poiria demandar mas soque ly seria estat ordenat.

Si hom avia heret de doas molheyrs o de tres o de plus.

LXXII. — E si alcus homes de la vila de Thonenx a heret mascles o femels de doas molheyrs esposas o de tres o de menhs pot los totz acumenalar si luy plats en son testament quant que naya de cada una salvat e retengut a cada ung dels heretz los heretages e la donacion

que el aura agut per la may de cada ung. E si acumenalar no los volia pot donar avantage en sa heretat a la ung o a lautre o als dos o
als mascles o a las femelas aylant cum dreyt sestendra e que pusca
maridar sas filhas si na en deners monedatz sens darheretatz si dar
no les en val excepta home liges del senhor de la vila de Thonenx
si ui ave.

De filha maridada ab moble o al heretat.

LXXIII. — E si tant era que alcus hom o femna de la vila de Thonenx agossan maridada ab de lor moble o ab de lor heretat alcuna
lors filhas , si apres del maridatge lo volian donar en lot
testament de lor moble o de lor heretat deu valer aquera donation.

Cum testament no deu aver valor.

LXXIIII. — E testament no deu aver valor si aquet que lo fe no era
delat de quatorze ans o daqui en sus si mascle es. E si feme es aquet
qui fay lo testament no deu aver valor lo testament si no es de douze
ans delat o daqui en sus. E no deu aver valor lo testament si aquet o
aquera qui fey lo testament no era en son bon sens e en sa bona
mémoria e en sa bona remenbransa quant fara lo testament. E no
deu aver valer lo testament per que sia fait en maniera que los
heretz sian grabatz la una partida en meys que drey vol no deu aver
valor lo testament si es filh o filha familias si nol fasia ab volontat
del pay. E no deu aver valor sil testaire no a filh ny filha quant lo
fey e apres en sa fin layssa filh o filha de matrimoni.

Cum los enfants de doas molhies o de tres o de plus deven
partir sil pay more sens testament.

LXXV. — E si tant era que alcus hom qui agos heretz de doas
molhiers o de tres o de plus mor sens testament o alcuna molher que
agos heret de dos marit o de tres o de plus muris sens testament
deven partir los heretes de la premieyra e de la seconda o de la tersa molher o de cada ung marit deven aver la heretat del pay o de la
may a tretant ly heretz de la una cum los heretz de lautra jasia so
que nia mas heret de la una molher que de lautra et del moble aissy
o de la terra. E del moble de la may deven avera partir los frays
entre lor en aquesta mesissa maniera que ayan ly herets del ung
marit cum ly heretz de lautre Jasia asso que aya mes heret del ung
marit que de lautre. E aquetz heretz que seran frays per pay e per

may deven partir per comunals partidas entre lor totas las causas que per aquesta raison lor escairan.

Si hom mor sens testament que agos una filha o plus e no filb,

LXXVI. — Et si tant era que alcus hom o alcuna femna moris sens testament et que agos de matrimoni una filha o plusors filhas maridadas et que no agos plus heretz mascle ny feme deven heretar aqueras filhas maridadas per cumenals o per engals partidas entre lor totas las causas que per aquesta en lors heretatz e als bens mobles e no mobles del pay que sera mort sens testament acumunaltat los maridalges que auran agut.

Si hom avia filha maridada e no ave filh.

LXXVII. — Et si tant era que alcus hom moris sens testament e que agos de matrimoni una filha e plus maridadas e que nagos aissi a maridar una o plus e que nagos heret mascle apres la mort del pay devan aqueras que seran maridadas heretar entierement. Et tot los bens o las causas del pay et de la may que seran mors sens testament per cumunals e per engals partidas. E si aquetz o aquelas que serian maridadas en la vita del pay e de la may mort sens testament volian après la mort del pay e de la may mort sens testament heretar ab los o ab las causas daquel mort o daquera morta sens testament poden far planeyrament o entierement ab que tornian en acumenaltat partidas de lor e de las autras sors tant quant aurian agut per maridalge de la far del pay e de la may en cui heretar volran en altra maniera sens aquo cum dit es tornar en partida non deven ni poden re demandar ny aver partida en neguna maniera en arre que las filhas maridadas e o que aurian agut en maridalge no volguossan tornar en partidas a las autras filhas no maridadas ny per aquera rason no volgossan heretar en la heretat del mort o de la morta sens testament. Las filhas no maridadas no poden pas contrenhe las maridadas ny lor deven re demandar en so que las maridados auran agut en maridalge de que seran en possession ho hom per lor, mas deven partir entre lor las filhas non maridadas las causas del pay mort sens testament o de la may morta sens testament per comunals o per engalheras partidas. E si las filhas maridadas volian demandar a las filhas no maridadas en la heretat del pay mort sens testament aucuna promessa de donacion que dissossan quel pay e la may mort sens testament lor aguossan fait per aver e per crobar apres la mort daquet pay o daquera may, no poden ni deven las maridadas a quo demandar. Si tot quant que auran agut de maridatge aissi cum sobredit es no tornaban en comunal partida ny las no maridadas no lor seran tengudas en altra maniera lor reddre aquera causa promessa.

De mort dhome sens testament que agos filha maridada e que
agos filhs mascles.

LXXVIII. — Et si tant era que alcus com o femna muris sens fe testament e que agos filha o filhas maridadas e que agos filh o filhs mascles si eran dung pay o duna may deven estre totas las heretatz e totas las causas moblas e no moblas daquet pay o daquera may que sera mort o morta sens testament al heret o als heretz mascles sens que la filha o las filhas maridadas en aquera heretat o en aqueras causas re demandar no deven per succession ny par heretage ny ab que volgoussan tornar en partidas so que auran agut en maridatge non deven daquo estre auzidas.

Dome mort sens testament e sens filh e sens filha.

LXXIX. — E si tant era que alcun hom o femna de la vila de Thonenx muris sens testament e sens filh e sens filha que no aya de matrimoni si en la vila de Thonenx o de fora a nully parent o nulla parenta nat de matrimoni entruy al segon gran deven estre daquet parent o daquera parenta nat de matrimoni totz sos bens mobles e totas las causas. En aquesta maniera que al plus premier parent qui aura en la vila de Thonenx o defora. E deven estre totas sas conquestas e totz sos bens mobles. E las heretatz que aura per son linage deuran tornar a cada una als linages dont seran vengudas. Si en la vila de Thonenx o deforas negun parent tornar lavia de par alcun daquels linage per que aura los hereditatz entre al seten gran. E si no avia en la vila de Thonenx o defora jassi asso que nol tengua per aquet linage per que il aura aquela heretat.

Dome sens testament que no agos filh ny filha de matrimoni
ny parent prusman.

LXXX. — Et si tant era que alcus hom o femna que fos mort sens testament que no agos filh ny filha ny parent prusman en la vila de Thonenx o defora entre al seten gran e aquet home agos molher o la molher agos marit deven estre totas las causas moblas e no moblas

del marit mort en la garda de la molher ung an e ung mes aprés que
lo marit sera mort. E si tant vole estar sens marit. E de la molhier a
tretal en la garda del marit lasquals causas deu tenir de la garda
del cossellh ab escriut partit. E ab carta partida e deu pagar ab saubuda de cossellh del moble del marit los deuter que ed deura. E si
moble no y avia deu pagar dels autres bens del marit. E si dins aquet
an e aquet mes ses treyt aucun parent o parenta del mort qual que sia
son parent o parenta din los sept gran lo deu far lo senhor reddre
a la molher quant aura proat la parentat totas las causas del marit
mort deuter pagats e son maridatge. E si tant era que si dins lan no
fos avant treyt parent prus man que fos parent dins lo *seten* gran del
cap de lan o del mes avant deu la molher reddre e baillar al senhor
de la vila de Thonenx la quarte part de tout laver moble e lautra quarte
part de tout laver moble deu estre donat per amor de Diu et de lar-
ma del mort a esgarda e conoguda del cossellh de Thonenx. E la meytat de laver deu estre de la molher. E totas las heretatz deven estre
quites als senhors de cui lo marit e la molher ac avian tengut sans
mejan. E si y avia alor demra estre al senhor de la vila de Thonenx
amtrament. Empero aprés la mort daquet deu anar la crida publie-
quement per la vila de Thonenx e deu cridar que tot home que sia
paren del mort se traga devant lo cossellh. E si negun parent es absent que sia son amic que las fassa assaber car del dit fermo en la
non sere ausit: E si era hom que no agos molher ny filh ni filha ny
parent en la vila e que moris sens testament. E si era la molher que
no agos marit ny filh ny filha ny parent en la vila et que muris sens
testament lo cossellh de la vila de Thonenx deu tenir en la garda ung
an e un mes totas las causas del mort o de la morta proad devant lo
senhor. E si dins lan e dins lo mes era vengut parent prusman que
fos parent o parenta del mort o de la morta dins lo seten gran quant
aura proat la parentat lo cossellh lo deven reddre totas las causas del
mort o de la morta quitament saup tant quant nauran pagat als deutes.
E aquel deu las daqui avan servir al senhor de cui mauran. E si tant
era que dins lan e dins lo mes no y vengos parent demandaires daqueras causas daqui avant no deu estre ausit si no que fos pres e fora
de la terra o que no agos saubut la mort daquet son parent daqueras
causas quant sere proat que aisi fore vertat o del cap de lan o del
mes avant lo cossellh deven reddre las heretatz al senhor de cui lo
mort o la morta las tendra sens mejan. E si y avia alo o aquet deven
reddre al senhor de la vila. E del moble deuran reddre la meytat al
senhor de la vila quitament saub so que nauran pagat als deutes del

mort o de la morta. E lautra meylat de laver moble deven estre donat per amor de Dieu o de la sua arma del mort o de la morta a esgard e conoguda de la vila de Thonenx. E si aquet parent qui seria pres en aquet temps o seria oltra mar venia demandar aquet heretadge del cap de lan e del mes en avant quant lo parentat sera lelalment proat deuran lo estre reddudas las heretalz e lo moble deura estre reddut al senhor e a la almona en que seria estat pagat la moble.

Si era contrast entre dos parents de causas tornadas per linage.

LXXXI. — E si tant era que apres la mort daucun home o femna que fos mort o morta sens ordre o sens testament o sens filh o sens filha de matrimoni fos contrast entre altre parent del mort o de la morta quals deuran heretar en las causas proat la parentat de totas parts aissi cum proar la polria, las causas que serian de matrimoni deurian tornar e sens contrast al parent que sera de linage dont aquera heretat sera venguda al mort. E totas las conquestas e moble deven estre daquet o daquera qui plus prusman parent aura proat que aya ab lomort o ab la morta de qualque loc aquel parent o aquela parenta sia dins la vila o defore per que la parentat sia proat dins lo temps que deuria aissi cum devant es dit si autra donation o obligation non avia fait en sa vila.

De donation de matrimoni.

LXXXII. — E establit e acostumet que donation que sia feyta de deners o de heretatz o dautras causas en matrimoni aya valor aissi cum en après es contengut en tota promission que sia feyta en matrimoni e per rason de matrimoni que aya valor E aquet que la promission aura feyta sia tengut de complir. E tous osciesque sia autraiat en matrimoni o per rason de matrimoni que sia fermament pagat sens tot contrast en son loc segor que la promission aura estada faita.

Doscle de maridage.

LXXXIII. — E si alcun hom pren molher am heretalges lo don en dotalici e los parents de la molher sens leys certain oscle deu estre establit entre la partida E si la molher es plusella deu estre metut loscle aissi cum las partidas se trobaran entre lor E si alcun hom pren molher espousa ab deners que on lo don laqual sia plusella deu estre feyt oscle entre las partidas aitant cum de la una part coma de lautra Empero si las partidas sacordant entre lor loscle pot estre aitant grande cum et lo deu do lesposalisse. E si las partidas platz pot estre loscle de meihs que lesposalissi aissi cum las partidas se acordaran entre lor.

Si lo mari mort avant que la molher.

LXXXIV. — E si tant era que alcus hom agos pres molher et que fos la voluntat de Dieu que lome muris avant que sa molher deu cobrar la molher son maridage o son oscle segon que sera estat en lesposar autregat E per aquet maridoge e per loscle si y era doven estre a ela totas las causas del marit obligadas entruy era sia pagada si donc lo marit no lavia mes sobre especials causas ab comensament en que lo obligament seria estat feit car si aissi era estat deuria aquo tenir sens plus la molher per son maridage quel sera estat obligat.

De obligation feyta molher per son dot.

LXXXV. — E si alcuna molher per lo maridatge que aura donat a son marit après la mort de son marit tenia alcuna causa o alcunas causas obligadas en premia fruyt ny explcit aquo no deu estre a leys contat en nom de so ta. E si alcuns home apres la mort de sa molher e tenia obligadrs la hereditalz de sa molher per oscle que agos en las medissas causas nulhs fruyts ny nuhls explcitz quen prengua estant las causas en sa man per aqueras causas entruy que estires los fruitz paga ou a luy aquet oscle no deu estre a luy re contat deu nom do solta.

De donation faita entre lo marit durant lo matrimoni.

LXXXVI. — E si avenia que depuse que aura alcus hom esposat molher o alcuna molher marit fasa la molher al marit e lo marit a la molher alcunas autras donations estiers aqueras que serian faitas entra lor sobre lesposament no deu aver valor aquera donation si no era faita ó autrejada en maniera de darrey testament si non era revocada car en aquel cas deuria valer aquera donation.

Cum la molher no pot far oblias ny donation sur volontat del marit.

LXXXVII. — E nulha molher depuse que aya marit espos sens autrayement del marit no deu ny pot far donation ny obligation a nulh homc ny a nulha femna filh ny parent ny autre. E aquera donation ny aquet autregh no deu valer ny aver valor si ab autrayement ab vo- lontat de son mari, aquet autrayement et aquet obligament no era estat fait saub son darrey testament que pot far saubs los dreyts del marit.

De escasensa que en avengos a molher que agos marit.

LXXXVIII. — E si tant era que depuse que lo marit aura esposada la molher alcuna escasensa o alcun acreissement vengos a la molher per son linage o per ordre o per donation o per alcuna autre maniera lo marit qui esposada laura deu estre senhor daquera creissensa o daquera escasensa per usar o per tenir o per espleytar autant quant estaran ensemps aissi cum las autras causas que aura donadas en maridage. E si oscle era al marit estat autreyat sobre las causas al comensament del maridage deu aver lo marit aquel oscle sobre las causas avant luy avengudas o escasudas del melhurament que lo marit fes en las causas de sa molher.

LXXXIX. — E si aulcus hom que aura molher esposada en las causas de sa molher solver en melhorament prent de las causas e en deutes apartmens a la molher pagava aucuna re deu aver tot so que pagara en sas causas solver e amelhorar o pagar sobre las meys- sas causas.

LXXXX. — E si avenia que el muris avant que la molher poiria aquo que aura mes en las causas de la molher solver e amelhorar o pagar o ordonar o sous herets si los avia a cuy lo playro. E si vivia plus que la molher deuria tenir las causas que soltas aura o en aquo que melhorat o pagat aura entruy que el era pagit so que mes y avia o en aquo que melhorat o pagat aura ab solver sens que nulh expleyt quen tragua de las causas nol deu estre pagat per nom de solta.

Que lo senhor ny sa meynada no fassa mal ny tort.

LXXXXI. — E establit e a costumet lavant dit senhor e donet en franquessa que los sons homes ny las suns maynadas no fassan mal ny tor a nulh home ny a nulha femna de la vila. E si o fasslan que o esmenda aquel o aqueras a cui tort aurian fait a esgard e conoguda del senhor o del cosselh en aissi cum farian alam borgues de la vila si la ung avia fait tort als autres. E per aqui medis si avenia que al-

cuns home o femna de la vila fes mal ny tort ny forsa a la maynada
del senhor que o esmende a esgard e conoguda del senhor o del cosselh e dels autres prohomes de la vila sens tot pleyt aissi cum dea-
vrian esmendar borgues de la vila si meffait ly avia.

Que lo senhor ny son bayle no prengua bestia ny autra causa dome ny de
femna de la vila de Thonenx sens volontat daquet de cui es.

LXXXXII. — E establit e acostumet e donet en franquessa que j a
el ny sous bayles ny hom ny femna de luy nulha bestia ny autra
causa que homme o femna de la vila de Thonenx agos ny de la henor
no prengos ny forses a nulh home ny a nulha femna de la vila de
Thonenx ny de la honor sens la volontat daquel o daquera de
cui sera.

Cum hom pot aver mesuras de blat o de bin o doly.

LXXXXIII.— E le acostumet e donet en fraquessa que tot home e
tota femna de la vila de Thonenx pusca aver e tenir francament e
quietament mesuras vendablas de blat de vin e doly abs de sos propres res o obs de logar o de prestar a cuy lo plaire en tot temps
lasquals deven estre bonas e leials a pagera e a mesura e agarda
daqueras mesuras de que es dit E deu tenir lo patron de las mesuras
lasquals mesuras deven estre marcadas am una comunal merca que
lo cosselh del loc de la vila de Thonenx deven tenir et gardar e ab
nulha autra mesura que no fos mercada de la merca comunal nó deu
mesurar nulh autre home ny femna de la vila de Thonenx en vendre en crompar E si nulh home ny nulha femna en venden ny en
crompan mesurava a autra mesura que no fos mercada de la merca
de la vila de Thonenx ab que en aquera fos leial e bona lo senhor y
deu aver v sols d'arn. de galge.

Si nulhs hom ny nulha femna mesurava en vendent o en crompan
an mesura falsa.

LXXXXIV.— E si nulhs hom ny nulha femna mesurava en venden
o en crompan an mesura falsa si no era marcada deu aver lo senhor
v sols d'arn. e galge en aquera personna en cui poder la mesura falsa
seria trobada, so es assaber en aquera persona de part cuy aquera
mesura sera a qui pertreyta. Empero aquel de cui la mesura sera se
ne pode estre ateint e proat deure pagar lo galge.

Cum hom pot tenir tot pes de marc o de livra o de quintal.

LXXXXV. — E establit e acostumet que tot home o tota femna de la vila de Thonenx a cui parelhat sia posca tenir tot pes de marc e de livra e de quintal loqual pes de la livra deu estre de xvi onsas el pes del quintal deu estre de cent ℈ el pes del marc deu estre de la maniera del marc dargen. E aquel pes que pusca tenir tot home a cui parelhat sia per vendre o per crompar a sos propris usages o per prestar o per logar a cui lor plaira. Empero si en alcun daquetz per del maior entruy al minor aya neguna falsetat que no pos aissi cum dit es deu aver lo senhor LXV sols d'arn. de gatge en aquel de cui es lo per fals del quintal del marc o de la livra seria trobat so es assaber que deu aver lo gatge aquel cui la mesura si usava que fasia usar.

Que lo vin depuis que sia atabernat no sia asagat ni puyat.

LXXXXVI. — E establit e acostumet que lo bin del loc de la vila de Thonenx que sera vendut a taberna e depuse que sia cridat que no sia asagat lo bin ny puyat ny la mesura falsa. E si ac era e pode estre trobat per vertat lo senhor y deu aver x sols d'arn. de gatge e lo vin encors.

Del marcat.

LXXXXVII. — E establit e acostumet lo dit senhor que lo marcat sia cada sepmana a Thonenx lo die del dimercles e que tot hom e tota femna que vengua per vendre o per crompar o per rason o per entention del marcat que sia saubs e segur e sos aver anat e tornat entro a son hostal si hom de Thonenx mort no avia pres nol ten o deute o fisansa no es o personal colpa no'a al senhor o alcun borgues o borguesa de Thonenx. E en aquel marcat avandit lo senhor a acoustumet e establit sa lenda e son peage deytare exceptatz los dreytz del borgues de la dita vila so es assaber e establit lo dit senhor en cada cargua de blat a rossial que sera portada defora per home estranh a venduda a home estranh i dener d'arn. per venda e i dener arn. per yssida al senhor. E en cargua azial mealha en lo sobredit cas. E si home estranh venc a home de Thonenx o de la honor deu aver lo senhor sobre lestranh i dener arn. de venda per rason de la cargua arrossial e de la cargua azcal mesalha per rason de la cargua azcal e re no deu aver al borgues de Thonenx per rason de la crompa. E si alcun hom de Thonenx ven a alcun home de Thonenx blat, lo senhor no deu aver arre en la ung ny en l'autre. E si borgues de

Thonenx ven blat a home entranh deu aver lo senhor ung dener arn. dissida sobre lestranh si no trey blat en rossin o en egua e mealha sen trey en aze o an sauma. E al borgues de Thonenx no deu res aver per rason de la venda. E tot home estranh o femna que sen yra sens pagar lo peage o la venda aissi cum sobredit es que pagua al senhor v sols d'arn. de gatge en la lenda o lo peage acostumat si es trobat fora dels dexs de Thonenx.

De bestiar que sera vendut al mercat.

LXXXXVIII. — E establit et acostumet sobre lo bestiar que sera vendut e crompat a Thonenx per home estrant al dia del marcat ny en la feyra ny en altre temps en cada ung cabat que sia vendut à Thonenx o dedins los dexs xvi deners arn. al senhor en aquel que la vente XVI deners arn. en aquel qui crompa si ambidos son es tranhs, deu borgues de Thonenx no re. E en al rossin que sera vendut viii d. arn. E en mul o en mulha viii d. arn. E en egua viii d. arn. E en aze e en sauma iiii d. arn. E en beu e en vaca i dener arn. E en porc e en truga i dener arn. En dos crestos e en dos motos en dos boexs en doas noulhas a en doas crabas en cas cun parelh una mealha arn. E tot asso deu aver en cascun qui crompan e qui vendan si estranhs son e de borgues o de borguesa de Thonenx no re.

De onhos o de alhs.

LXXXXIX. — E acoustumet e establit lo dit senhor sa lenda e peage en onhons e en ailhs so es assa aber en cascuna cargua que sera portada per lo peagil de Thonenx e no sera a qui venduda ung forc. E si es a qui venduda en lo dit loc de Thonenx no re exceptat, lo temps de la feyra en loqual deu aver lo senhor ung forc dailhs o donhos de cascuna saumada que sera portada en lo dit loc de Thonenx per vendre o en alcuns dels sobredit. E borgues et borguesa no deu re dar.

Lenda de vayssera de terra.

C. — En tota vayssera de terra que sia portada a Thonenx per vendra ung vaysser de terra deu ung dener de peage en cascuna carga de bestia. Empero si la carga des dits vayssselhs es portada per lo peagil de Thonenx e no es aqui venduda deven aver alcus borgues de Thonenx oltra la dita lenda en peage i vayssel de terra o la valor de i dener.

De vayssera de veyre.

CI. — En la carga dels vayssels de veyre o en tant quant o portera ung hom en maniera de feys deu aver lo senhor ung vayssel
de ung dener de la lenda do home estranh venda en la vila o no. E
si ven en la dita vila der aver alcun borgues de la dita vila i vayssel de ung denier de lenda.

De Coyrame.

CII. — E establit e acostumet lo dit senhor en coyrame que sia
portal per vendre à Thonenx so es assaber en cuir de buon o de
vaca o de cavat o de rossin o dega o de mul o de mulha o daze o de
sauma o de serin o de serina se es vendut de XII deners en sus ung
dener arn. en aquet qui venera e autra en aquet qui crompara si entrambes son estranhs. E si son borgues de Thonenx no y a lo senhor
re. E si la ung es borgues e lautre no deu aver lo senhor ung dener
a l'estranhs e al borgues de Thonenx no a re. Et si lo cuir es vendut
de XII deners en jus o XII deners sens plus lo senhor no deu res
aver. Totz autres coyrames e las pelz dels vedetz deven se acostumar per cargua. E deu dar per cargua de rossin XVI deners d'arn. e
la cargua de laze VIII deners d'arn. e la cargua de lome i dener
arn. E en alcun des dits borgues el borguesa de la vila no deu re
donar

Daver de pes.

CIII. — E tot aver de pes et de draps de lin e de lana deven se
acostumar per cargua en la sobredita maniera. La cargua de rossin
XVI deners e la cargua de laze VIII deners e la cargua de lome i
dener si a Thonenx es vendut o trespassa per Thonenx o per los
dexs si no es borgues de Thonnenx. Empero si alcun home cavalgua
sobre alcuna de las ditas carguas no der pagar mas per mega
cargua.

De coyre e destamg e de fer e dassier.

CIIII. — En que coyre e estamg e fer e assier ni obrat co es si
es vendut a Thonenx o trespassa per Thonenx e dins los dexs se
pealge per cargua si hom estranh es en la sobredita maniera e las
anguillas saladas aissi.

De coyre e destamg e de fer obrat.

CV. — E que coyre obrat ny estamg obrat ny fer obrat ny ploms
ny gema ny sera ny malgranas ny setonica ny pergame ny lebres ny

fromages de aolhas ny nulh peys salat mas anguillas ny solpres ny sembo ny savon ny ensens ny arodols no deven re dar de peatge ny delenda ny de venda ny de yssida.

De la cargua de la sal.

CVI. — E la cargua de la sal de ung rossin deu dar ii deners darn de peatge. E la cargua de laze ung dener arn. E si passa los dexs de Thonenx. E la cargua arosial o azeal de sal si descargua a Thonnenx per vendre doas plenas palmas de sal lo die del marcat si ven o cambia la una palma al senhor o laltre alcus borgues de la vila. E per medissa maniera la cargua dels enaps e dels saleys deu dar ung dener al senhor si passa los dexs de Thonenx e si no reman a Thonenx per vendre e si reman e descargua per vendre si ven o cambia deven y aver alcus borgues de lenda ung dener o ung baysset o ung enaps o la valor de ung dener.

Franquessas de totas aquestas causas avanditas.

CVII. — E totas las avant ditas causas afranquit e quitat lo dit senhor e absolhs los les homes o femnas habitans et habitadoss de Thonenx o en la honor de tout peatge e de lendas e de yssidas e de intradas que non deugan en negun temps dins los dexs de Thonenx de re que porten.

Dels dreyts dels peatges.

CVIII. — E establit e acostumet lo dit senhor que si la causas avant ditas eren portadas de Thonenx per alcuna persona estranh e on las entornava que aqui no las vendes o altra no las passes no deu dar lenda ny peatge per que sen tornia vers aquera part dont sere vengut. Empero si anava en altra part que anes oltra la vila e no tornes la dont sere vengut deu pagar. Empero si nulha persona que portes causa o causas que peage degos passa ab sa mercadaria los dexs de Thonenx sens pagar lo peage la dono que la mercadaria aura passada los dexs de la vila sens peatgar deuria gatgiar aissi cum es contengut als cas dels gatges dels peatges.

Frarquessa dissida de vin.

CIX. — E establit e acostumet e donet en franquessa que tot borgues e bourguesa e cascus de Thonenx en que estongan sian quietes e francz dyssida de vin que aya crompat a tonel o a saumadas que en qualque temps los aya crompat nils en tragan.

De la feira.

CX. — E establit e acoustumet la feyra que sia cadan a Thonenx e que comensa a lascension e que dure entro a la festa de Penthecosta. E tot ho e tota femna que y venra que sia saubs e segur e tout son aver anat e tornat entro a son hostal si home mort no avia a Thonenx après nol temps. E establit en la dita feyra nostra lenda o nostre peage cum aissi avant es contengut als cas del mercat en aqueras causas que y seran portadas per vendre per homes estranhs. E part aquo establit en ung parelh de sabatos que sera estats crompats per home estranhs en la feyra una mealha arn. dyssida si hom o femna las an tray calsadas no y a dissida.

Yssidas de sabatous.

CXI. — E tot hom estranhs que sabatous portes a vendre ny taula y tengua. E establit xii deners arn. taulage que deu aver lo senhor. E lo mercadey estranh que taula tengua de draps den aver lo senhor iiii deners de peatge.

Item Yssida de draps.

CXII. — E tota pessa draps que hom tengua de la feira e que aya ung colde en avant establit un dener dyssida e si no y a ung colde mealha dyssida. E ai ny a menhs de ung colde no deu aver re lo senhor dyssida E en rauba tailhada que no sia cosuda no deu re aver lo senhor. E en caussas que non sian tailhadas mealha dyssida. En ligassa de lin que portes en la feyra per vendre deu aver lo senhor ung paladey de lin dintrada. En tot lin et en cambe que on porte à vendre en quintal deu prene per rason de carga E en rauba cosuda no deu home prene yssida ny peatge.

Franquesa de Bourgues de la vila de Thonenx.

CXIII. — E establit e acostumet e donet en franquessa que en deguna re de tot aysso nulhs hom ny nulha femna borgues ny bourguesa de la vila de Thonenx ny de la honor no deu lenda ny yssida ny peatge ny intradas ny bancatge en que seston.

Assi parla de las gueytas de la feyra que deven prene las tendas
o las intradas e las vendas el loc del senhor

CXIV. — E establit e acostumet que al temps de la feyra sian metadas gueytas per lo senhor en las intradas de la vila de Thonenx

que prenguan el loc del senhor las intradas et las yssidas et las lendas
et las vendas. E si tant era que al temps de la feyra nulh home à la
yssida passes am sa mercadaria alcun dels locs e alcunas de las
gueytas que estarian preno pealge e que yssis sens pagar lo pealge
e la yssida o la lenda e la venda e la intrada sil la devia e pagada no
lavia deu se galgar so es assaber del dener v S et de la mealha tota
sola si la devia tola sola lxv ℣ d'arn. E lo pealge doblat. E si alcana
persona disia que pagat agos lo pealge el peagier lac desconeyssa
aquera persona que dira que lo pealge agos pagat no deu estre cresut
per son sagrament.

Assi parla dels Jusious En tot Jusiou trespassant per Thonenx.

CXV. — E establit e acostumet lo dit senhor xvi deners darn. de
pealge. E la Jusiana viii deners darn. de pealge. E si es prenhs xvi
deners.

Del embaziment de la feyra.

CXVI. — E establit e acostumet si alcun home o femna embasia
la feyra o lo marcat e clamor ni sia que la dono que lembaziment
renia proat sia punit lembasaire en lxv S darn. de galge e que es-
mande al claman son domage en iv doubles. Empero si lo senhor no
avia clam no sen deu entremetre. En lembaziment del marcat o de la
feyra deu estre entendut en aquesta maniera si nulhs hom estranhs
tort ny forsa a neguda persona estranhs a alcuna causa que sia estada
portada o venduda o crompada e presentada o comandada prestuda
o en garda al mercat o en la feyra so es assaber sy es tolit dins la
feyra o dins lo marcat o el camin de Thonenx el ostal dont seria
venguda aquera persona per aquera causa quel seria forsada mena-
ria o aportaria. E si alcuna persona estranhs feria ny batia dins lo
mercat o nins la feyra alcuna persona de la vila o alcuna persona estranhs tolria ny forsavia alcuna causa dins lo marcat o dins la feyra
a alcuna persona de Thonenx tolria o fasia alcuna causa dins lo
marcat o dins la feyra a alcuna persona estranhs. E si alcuna persona
de Thonenx feria ny batia alcuna persona estranhs dins lo marcat o
feyra. E en tots aquetz cas deu estre entendut lembaziment del marcat et de la feyra. E si lo senhor navia clam deu am lo cosseilh de
Thonenx en sercar ben e leialment la verlat del fait. E si pot estre
trobat deu punir lembazidor en la sobredita maniera.

Franquessa de lenda e dyssida e de tot peatge.

CXVII. — E establit e acostumet e donet en franquessa que totz aquelz homes e aqueras femna bourgues o borguessas de Thonenx que sian francz e quietis al temps del mercat e de la feyra de tota lenda e de tot peatge e de yssida e que tot blat e vin quelz aurian sian francz e soltz e quietis en tot temps en la vila de Thonenx e dins los dexs de tota lenda e de tot peatge e de tota re que per rason et per encaison e per entendement de peatge et de yssida e de lenda el dit loc de la vila de Thonenx e dins los dexs se prengua en alcun temps.

Cum Balle pot aver sagrament deb Borgues.

CXVIII. — E en tota aquestz cas en que parla de franquessa de blat o de vin et de las autras causas pot aver sagrament lo Balle del senhor del borgues o de la borguesa de Thonenx que aissi sia vertat cum lauria donat a entene. E si lo sagrament far no vole deu pagar son peatge deyturie daquera causa.

Cum las draps sian vendutz a la cana leial e a la vergua leial e al cobde leial.

CXIX. — E establit et acostumet que los mercadeys crompessam e vendessan a la cana leial los draps e ab la vergua leial e ab lo cobde leial. E qui en so fasia nulha fausetat deu aver lo senhor sobre aquel que la fausetat faria LXV $\cancel{}$ darn. de gatge.

Cum nulhs bom no pusca aver guida en la vila de Thonenx qui tort aya sens licencia daquel a cuy tort aura.

CXX. — E establit e acostumet e donet en franquessa que nulhs home ny nulha femna ung ny autre guidon aya ny aver no pusca en la vila de Thonenx de maniera que nulh home ny nulha femna y pusca guidar nulh autre que tort aya a nulh home ny a nulha femna de la vila de Thonenx si no ac fasia ab vole e a lassentiment e ab volontat daquel a cuy lo tort sera estat feit. La querelha daquel de cuy lo guidon seria demandat qui tort aya de crim de gussa injuria.

Que vianda mingadoira no sia crompada per revendre lo dia del marcat ny dia de la feyra entro que sia conduit dins las portas de la villa de Thonenx.

CXXI. — E establit e acostumet que ja nulh hom recardéy ny

recardeyra al dia del mercat ny al temps de la feyra ny crompe neguda causa mingadoira que sia portada en la vila de Thonenx per vendre dins los dexs de la vila de Thonenx entro que sia dins las portas de la vila de Thonenx conduit. E qui asso passara deu aver lo senhor v S darn. de ley al senhor.

Tot borgues de la vila de Thonenx se pot mudar alhora.

CXXII. — E establit e acostumet e donet en franquessa que si alcun bourgues o bourguesa de la vila de Thonenx se volia mudar o sen vole anar estar en autre loc que pusca mudar se e sus causas salvament o seguramant. E si aquet o aquera que se voldra mudar volia vendre sas herelats que ac pusca far salvament e seguramant. E si es home o femna que sas herelatz y vulha laissar deven remaner salvar e seguras ayssi cum las herelatz dels bourgues estadials de la vila de Thonenx.

Dome qui aporte vendre en la vila de Thonenx o pertreyt.

CXXIII. — E establit e acostumel e donet en franquessa que tot home e tota femna que pertreyt ni vendre portia en la vila de Thonenx que sia saups et segur en patz e en guerra e en sos avers sos peatges patgatz. E que lo senhor lo garda de tort et de forsa anat et tornat luy e sas causas a son leial poder. Si home o femna mort no avia en la vila de Thonenx après nol temps o en altra maniera rasonablament no era bandit de la vila de Thonenx.

Dome pres o femna en adulteri.

CXXIV. — E establit e acostumet que nulh home ny nulha femna de la vila de Thonenx no sia pres en adulteri so es assaber home mollerat am molher souta ny maridada ny molher maridada al home soul si non ac era ab testimonis que y agos dels prohoms de la vila de Thonenx. E que y agos dels prohoms de cosselhs. A tot lo menhs en adulteri no deu estre entendut per proat en autra maniera si no que hom trober home sobre la femna bragas treytas e que lo trobes jasent nut e nut au la femna e que entramps fossan nut o que aissi fossan pres e retengutz. E si tome o la femna senfugia o escapava no deu estre tengut.

Cum adulteris deven corre la vila.

CXXV. — E quant en la maniera que sobre dit es alcns hom o alcuna molher seren trobatz o pres en adulteri deven corre ambidos la vila nut e nuit do dias ligat al for de Montpesles sens que lo senhor autre gatge ny autre encorrament no y deu aver en lome ny en la femna. E si tant era que lome o la femna fossan vist per alcunas gens en aquet pecat si avant que sian pres aissi cum sobre dit es lome o la femna sen es fugit en maniera que aissi cum devant es dit nol pusca hom preno amassar non son tengut lome ny la femna per aquet fait soffrir pena de cort ny autra ny no deven dar gatge entro aitam que hom lo pot preno amassa aissi cum sobre dit deven soffrir aital pena cum devant es contengut.

De molher forsada o barregada.

CXXVI — E establit e acostumet que si nulhs home molherat bar regava ni forsava alcuna molher maridada o alcun home molherat barrejava ny forsava molher piusella o alcus molher esterla. E si alcus hom esterle barregava o forsava alcuna molher maridada o alcuna piusella o alcuna molher esterla de nuit o de dias dedins la vila de Thonenx o defora que quant aquo sera proad ben e leialment ayssi cum deuria que sia punit segond generals fors e second las generals costumas de la ciutat d'Agen et de lautre terra dagenes concordans de costumas ab la ciutat d'Agen.

Cum lo senhor deu preno jutgament a tot borgues de la vila de Thonenx.

CXXVII. — E establit acostumet e donet en franquessa que de tolas clamors que lo senhor aya en degun temps dalcun borgues o dalcuna borguesa de la vila de Thonenx lo prengo o lo fassa preno jutgament per la cort dels cossellis e dels prohomes de Thonenx. E de tolas occasions quel senhor a sas gens crescossan dalcun borgues o dalcuna borguesa de Thonenx la prenga ol fassa preno jutgament a Thonenx. E dreyt a esgarda coneguda del senhor e del cosselh o dels prohomes de Thonenx sens que per encaison que lo senhor ny los sons traignan dalcun home ny dalcuna femna de Thonenx ni per clamor que nauran ausit ny per autra querelha non deven mandar ny sonnar d'anar fora en altre loc preno jutgament ny esgard de neguna causa.

Cum lo garniment e las armaduras dels borgues de Thonenx deven estre francs e quietis de tota penhora.

CXXVIII. — E establit e acoustumet que totz los homes de Thonenx qui seran senhor dostal ny cap dalcun hostal ny maynada puscan aver garnimens e armaduras segon son poder los garnimens e armaduras sian francz e gardatz e quietis en tot temps de tota penhora e de tota merca de deutes e de gatges e de totz autres affars.

Cum draps de leytz e alcunas autras causas deven estre francz de penhora.

CXXIX. — E donet aussi en franquessa que draps de leytz ni despulha dome ny de femna ny menuda vayssera en que hom adoba a mingar ny li auc ny lo ferrament en que menestrals gasanban sa vita ny fer ny ordilha de molin ni instruments daray no sia penhorat per deute ny per gatge ny pers altres affars ny farina moulta a obs dostal ny vin adozilhat de que en beva costumialment ny blat qui hom porte al moly per mole.

De vilanias e malmenaments.

CXXX. — E establit e acostumet que si en la dita vila de Thonenx avia corrosa corrosas o pelhegas e nagos dit de vilanias malmenament que si clamor ni sia que quant aquet malmenament seria proat bonament e leialment per aquet que lautre auria malmenat fes honor dusminda al malmenat a esgard del senhor del cosselh de la cort e que dones del clam e que seria ateint v. S. arn. de gatge al senhor e que deffes e esmendes al clam sas rasonablas messios a esgard de la cart. E si clam no podia proar la demanda lacusat se deuria esdire ab sagrament sobre los evangelis. E quant aura fait aquet sagrament lo clamant deu gatgar v. S al senhor deuria deffar a lacusat sas rasonablas messios a esgard del senhor e del cosselh e de sa cort.

De pelegas on agos donat cops o treyt sanc.

CXXXI. — E si avia pelejas entre alcus homes e que y agos donat cops o treyta sanc armas esmoutas o membre gavanhat e clam es nera si lo claman podia proar son deman deuria gatgar lacusat al senhor, aissi cum es contengut en aquet ont parla dels gatges del senhor E deuria esmendar al claman tant quant lo clamant ausara jurar sobre sans que per autant no ho volgora aver recebut aquet dampnage.Empero si metto trop lo senhor ab cosselh a lor bona conoguda cossideradas las personas umbidoas e cossiderat lo dampnage delbatut ac deuria aquo amesurar ben et leialment.E so que lo senhor e lo cosselh amesurarian daquet affar deurian creyre e tenir de las per-

sonas e apres aquo lo vencut deu deffar sas messios adaquel qui
aura vencut a la bona conoguda del Ballo e del cossellh e de la cort.
Empero sil claman no podia proar son deman lacuzat se deuria esleyar ab sagrament sobre los Evangelis el claman deuria se galgar al
senhor e deuria deffar sas rasonablas messios a esgard del senhor
e del cossellh e de la cort.

De deutes.

CXXXII. — E si alcus hom o femna se clamava dautre de deute
quant la deute seria conoguda e proada lo vencut deu pagar lo galge
al senhor aissi cum es contengut en aquest loc on parla dels gatges
del senhor. Empero si aquet que deuria lo deute se reclamava per
no poder e avia heretatz e no avia mobles de que poscos pagar si
demandava dia per de sas causas vendre duira lo estre donatz dias
per les passa de XL^{ta} dias per vendre de sas causas si renunciat no
y abe en tal maniera que aquet que lo dia demandara deu jurar sobre
los sans Evangelis quo no a blat ne vin ne bestiar ny aber moble
de que poscos pagar tot lo deute ny partida entro a VI S. E empres
deu mostrar alcuna de sas heretatz sin avia que poscossan ben valer
aquets deutes. E deu prometre e autrejar que dins aquetz XL^{ta} dias
aya venduda aquera heretat o autra de que pague aquest deutes sens
tot alonguement. E si venduda no avia aquera heretat dins aquet
terme o autra de que pagues aquet deute lo senhor lo deu constrenhe
e empenhorar totz sos bens per vendre aqueras heretat o autra entro
aquet deute sia pagat e redut enteirament. E si tant era que en aquet
deute agos fermansa aquela fermansa no den estre constrainta de
pagar aquet deute quant hom trobes al deutor heretatz o causas
de que pagar se poscos aquet deute si no avia renunciat als dreytz
qui son en deffendement de las fiansas especialment si no era obligat. Empero si hom o femna trobava al deutor de que poscos pagar
on no deuria estrenhe la dita fiansa si ni avia. E si fiansa no y avia
deuria hom prene al deutor tot quant hom lo trobaria. Mas la causas
que avant son contengudas que no deven estre penhoradas per
deutes. E cada mes deure lo senhor far jurar sobre los sans Evangelis que tot so que sobrara dessy ny de sa maynada simplament. E
del gasanh dessy ny de sa maynada que tot aquo pagara e tirara de
mes en mes en aquet a cui lo deute deuria tan entro que pagat laya
de tot lo deute e que part aquo nos cessaria hom de far vendre sas
heretatz e de constrenhe en tot sos bens. E aquesta medissa rason e

aquel medis poder deu aver yssia darezenal per autruy per fiansa contra aquel per cuy ses rezenut.

De clamor faita dome que ben poscos pagar de son moblo.

CXXXIII. — E si dalcun home qui ben poscos pagar de son moble si era alcun hom clamat o alcuna femna de deute ab carta o sens carta tantost cum lo deute sia proat e conegut deu lo senhor constrenhe de pagar o de complir aquet deute lo deutor qui aquet deute deura. Si y a fiansa tant quant on pusca trobar del deutor no deu estre constranht a la fiansa de pagar aquet deute si especialment cum a principal pagador obligat no si era.

Cum hom no deu estra constrent de prendre causas si prendre no vol.

CXXXIV. — E si tant era que lo deutor que dearia aquet deute no agos diners e que agos asses blat et vin e bestiar o aver moble de que poscos pagar si aquet a cui lo deute seria degut volia prene daquet moble en paga per son deute a esgard dels prohomes comunals deu len bailhar lo senhor entro al compliment de son deute vulha o no vulha aquet qui deu lo deute si donc lo deute en altra maniera no lo paga. E si tant era que lo deutor volos bailhar de son aver moble a aquet cui deuria lo deute e aquet no len volia prene a esgard dels prohomes no deu estre destrent de prene mas que lo senhor fassa vendre daqueras causas en aquet deutor entro que aya pagat.

De restitution o de saisina jutgada.

CXXXV. — E si alcuna restitution o alcuna saisina o alcuna possession de alcuna heretat era jutgada a alcuna home o a alcuna femna per la cort del senhor tantost cum aquet jutgament sera estat jutgat per la cort ny recebut per las partidas lo senhor deu bailhar e livrar la causa jutgada an aquel o aquela a cui la cort aura jutgada la possession o la saisina o la restitution.

De peatge panat.

CXXXVI. — E establit e acostumet que si alcun hom o alcuna femna a de la vila de Thonenx panava lo peatge o la lenda e la venda o la intrada e la yssida del senhor que dongua v sols d'arn. de gatge. E asso es dit e deu estre entendut sil avia pres dautruy e sil e avia retengut car en dreyt los messihs los prohomes de la vila de Thonenx no deven lenda ny yssida ny intrada ny peatge ny venda.

De mala feytas aparents.

CXXXVII. — E establit e acostumet que totas las malafeytas aparents sian esmendadas en aquetz a cui sera feytas en vinhas o en blatz o en bordilhs o en bergeis o en baconas o en autres affars semblantz aquet dampnaige sia esmendat en iv tans al claman e v sols plus arn. de gatge al senhor.

De malas feytas ont aya clamor feyta.

CXXXVIII. — E establit en home o en femna qui malafeyta fassa si clam nyssia v sols de gatge en ung parellh de beux e en rossin xii deners e en egua xii deners e al polis qui slee sa may no re si es dung an en bat. E en mul e en mula viii deners de gatge. E en aze o en sauma iv deners de gatge. E en cada cap de porc o de treuga ung dener morlan de gatge. E si los tessos popen e seguin la may no deu re aver. E en quatre aolhas ung dener. En crabas i dener. E los crabotz e los anhets que popan no y a re. E en nulha bestia que popia e seguia la may no y a lo senhor nulh gatge. E atals malafaietas poden estre proadas ab ung home que ho aya vist que sia de sagrament del loc de la vila de Thonenx. E totas malafeitas escostas que hom aya feitas quant lo senhor naura querelha deven ne enquerir lo senhor el cossellh bonament e leialment e dignament. E si trobar poden qui ac aura feit deven ho esmendar als reucurans en quatre tans. E segon la maniera de la malafeyta deu se gatgar lacusat. E si es de x sols en sus valent xx sols de gatge. E si no pot estre trobat qui ac aura fait no y a esmenda ny gatge.

De las malfeitas de pratz e dilas.

CXXXIX. — E de las malafeitas de boses e dilas, e de pratz deu aver lo senhor del bosc o sos comandament v sols darn. de gatge en tot home que y tailhe am destran e am besoch o am besoga o ab fauset o ab guisarma busca o fusta si ateins y es deu aver v sols darn. de gatge en tot home qui tailha ab ferra o ab cotel o ab coltera o ab fals busca o fusta o carrasson o lale.

En totas las malafeisas do bestiar deu aver lo senhor de Thonenx lo ters e la vila las doas partz.

CXXXX. — En totz los gatges de bestiar e de malafeitas lo senhor de Thonenx a lo ters e la vila las doas partz. E aquera malafeita de bosc pot estre proada en aquesta maniera que aquet qui es garda del

bosc tot sol nosia cresut per son sagrament que ac aya vist e ausit
e lo aya trobat tailhan o laya trobat cargan dins lo bosc. E que troba
lo tailh fresquament en que aura tailhat o que lo trobe cargan en lo
bosc fera lo camy o que trobe lo tailh fresquament ont aura tailhat.
Empero si lo trobava aissi cum es dit pot lo pignorar sil platz. E si lo
trobe sur lo camy comunal dins lo bosc o defora carcat o a carcar
no la deu pignorar ny arrestar.

De pratz deffendutz.

CXXXXI. — E de las malafeytas de pratz deffendutz deu aver lo
senhor del prat v sols darn de gatge de tot home que y troba ny fos
trobat segon o carcan o carcat derba o de fen. En tot bestiar que y
trobe deura aver atal gatge cum devant es contengut en las autras
malafeytas. E la malafeyta en quatre tans esmendada. Essy negava
deuria estre proat aissi la malafeyta del bosc.

De malafeyta de nuytz.

CXXXXVII. — E si tant era que alcum hom o molher nuytalment
am bestia o sens bestia cargues se o sa bestia en lautruy vinha o en
autruy camp dautruy blat o en lautruy feney de lautruy fen si clam
nera feyt o la causa pot estre proada per home lelal de sagrament
de la vila de Thonenx deu estre esmendada la malafeyta en IV tans al
claman. E lo senhor deu aver LXV sols d'arn, de gatge en aquel que
sera proat de la malafeita si la malafeyta val de XII deners en sus.

De layronissi de nuytz.

CXXXXIII. — E si tant era que alcun hom o femna entres nuytalment per panar en lautruy hostal. E nuytalment panes alcuna causa de
la valor de XII heners en sus de lautruy hostal quant aqui sera proat
deu estre jutgat e punit per la general costuma d'Agenes.

De crim de layronissi que no podia pagar lo gatge.

CXXXXIV. — E si tant era que alcuna persona qui fos atcint de
crim de layronissi si no pot pagar lo gatge aissi cum establit es deu
perdre laurelha si lo gatge es de LXV sols. E si lo gatge era de X sols
en jus deu estre mis a lospillori si ny a. E si non y a deu corre la
vila en lo Layronissi al col.

Cum de estre pagat lo Claman avan que lo senhor no aya lo gatge.

CXXXXV. — E establit e acostumet que no sia recebut nulh gatge
de nulha persona per atal cas ny per negun altre entro que la demanda sia complida al clamant de las causas de lacusat. E si lot no
ac valen de tant quant valrian. E si devia altre donte en la vila de
Thonenx aquelz deuriar estre pagatz avant que lo gatge del senhor
E si eran estatz malevatz avant que aquet meffait fos saubut ny
proat.

Dome proat de layronissi.

CXXXXVI. — E si alcuna persona era proada dalcun layronissi e
que hom lo trobes senhat per alcun layronissi autre deu estre pendut.

De murtre proat.

CXXXXVII. — E si tant era que alcuna persona fos proada e
convenguda dalcun homicidi que agos fait de hom a o de femna que
agos mort deu estre sosterrat e nes tot vui tot lo mort.

De foc metut.

E si tant era que alcuna persona fos proada o coneguda qui agos
fait nuytalment sos effort per mala volontat o per loquey metut foc
en alcuna maison de la vila de Thonenx o de la honor o agos taillat
vinhas en grande quantitat o ars blat o bestiar mort dedins maison
sarrada dins los dexs de la vila de Thonenx o dins la honor. E si pla-
gua home o femna affranses alcuns nouas que no agos an luy deu
estre jutgat e punit a esgard del senhor segon la maniera del forfait.

**De las ayguas dels fossatz e de las portas sosmessas al comunal
service de la vila de Thonenx.**

CXXXXVIII. — E someto e establit al comunal servia de tota la
universitat de la vila de Thonenx totas las ayguas del loc de la vila
de Thonenx als maiors fossats els menors els portals e las portas
els camys e las carreras els intratz als yssitz als pons e las fons e
totas las ayguas vivas qui sont e seran dins los dextz de la vila de
Thonenx aissi cum an acostumat sa en reyr.

Cum deutes se poden proar am dos testimonis.

CXXXXIX. — E establit e acostumet que de tota causa demandada
cum es deute e prest e convent e loquey e penhs e fiuf e forsa e

saisina o dissaisina e pagar e totas res mas testament e darreyra volontat se pusca proar abondosament ab dos testimonis leials e acor-
dant e ab tals que no sian ny expeiriam a estre personeis de la causa
per que favan lo testimoni.

Cum hom deu aver sos testimonis a proar.

CL. — E quant dia sera assignat a alcuna persona per proar deu
aver aquet dia sos testimonis si pot. E si aver no los pot o no volen
venir per luy o no son en la terra deu ho mostrar al senhor e lo senhor presa ab sagrament daquet qui vol proar que ed no las
pusca aver aquet den. E que entend e crey fermament que aquetz
son e deven estre certain daquera causa que el los entend atraire
deu dispensar lo senhor en aquo e deu los far venir devant se si
sont de son poder e los deu constrenho de portar testimoni de verlat.
E si sont dautre juridiction e no de la sua deu escriure al senhor del
loc cum ed lo pregun que ed trametant aquet testimoni o testimonis
de verlat daquera causa. E deurant jurar en presencia de las pars.
E las pars qui seran treytz deu aver dia per disc abs testimonis loqual dia deu estre de ix dias e deu lo estre donat lo trelat dels ditz
testimonis. E sobre asso que los testimonis aura dit e sobre asso
que la partida dira encontra deu estre donat bon jutgament e leial.
E de totz autres testimonis que sian ausitz en la vila de Thonenx
deu se seguir en aquera medissa maniera.

Qui fals testimonis porta en la cort del senhor.

CLI. — E si alcus hom en la cort del senhor portava fals testimo-
niage. E pode estre a tot convenzut quant sere proat deu aver la
lengua treucada en ung graffy o deu estar ung dia en lescala. E al
ser deu hom lo ostar lo graffy de la lengua e deu pagar LXV sols
darn. de gatge al senhor. E en aquet qui fals testimoni aura portat
ny en aquet qui trayt laura lo senhor per rason daquo no deu plus
demandar mas daqui en avant aquet fals testimoni no deu estar
recebut per testimoni.

Cum Borgues de Thonenx no es tengut de combatre.

CLII. — E establit e acostumet e donet en franquessa que sa nul
borgues ny borguesa de la vila de Thonenx ny de la honor no sia
tengut ny constreint de combatre an alcun de negun cas si no era la

volontat dambidoas las partidas so es assaber daquel qui laperara e daquel si sera aperat.

Si batalha estacada per volontat de doas partidas.

CLIII. — E si per aventura per volontat o per autregh de doas personas era bataillha estacada entre dos corps per corps o en altra maniera que fos estat lo grat de las partz si tant era que patz se fes depusc que estacada sera estada. E que fos cert que y agos batalha. E que prendre no pogos sens patz deu aver lo senhor en aquet que lautra gitara de la cort LXV sols d'arn. de gatge. E si tant era que samassessain intressam armatz en camp. E puis fas en patz deu aver lo senhor en aquel que lautro deura gitar de la cort LXV sols d'arn. de gatge e las armaduras que portera armadas. E lo cavat si la batalha era e deuria estre a cavat.

Cum hom pot far platz de batalha estacada.

CLIV. — E establit e acostumet o donet en franquessa que tota persona de la vila de Thonenx e de la honor qui batalha aura assignada pusca far patz avant que intrar al camp e depusc que el camp sera intrat e en qualque loc que a lor plaira pagan lo gatge del senhor aissi cum sobre dit es. E las armaduras e lo cabat si dins lo camp se fes la patz ont la batalha se deu far a cabat.

Si la ung dels batalhiers era vencut.

CLV. — E si tant era que entre dos homes que agossan fermada la batalha si fasia batalha que la ung fos vencut que aquet qui aperaria era vencut de qualque falt quo aperat agos deu y aver lo senhor LXV dols darn. de gatge e las armaduras el cavat si la batailha era estacada e fermada a cavat.

Si laperat era vencut.

CLVI. — E si tant era que aquet qui sera aperat fos vencut si lapels era estat de causas per lasquals si sent batalha era proada no pocos caser lacusat en encorrament de sas causas deu aver lo senhor LXV sols darn de gatge e la armaduras e lo cavat si navia. E si tant era que lapelaria fos de causa que si fos proada sens batalha quel cors e las causas forsan encorregudas second laccusaria deu estre encorregut aissi cum si altra maniera fos proat daquet ny sens batalha.

Cum hom no deu estre constrenh de combatre.

CLVII. — E si alcun borgues de Thonenx o de la honor apera ung autre o alcus estranhs apera ung home de la vila de Thonenx e lo manda combatre corps per corps al demanda donar per autre combatador si hom aperat no vol combatre en aquera maniera en que era aperat no deu estre destreinh ny lo senhor no y a gage ny laperat esmenda ny la batalha no y deu estre esgardada. E si alcuns home apera ung autre per batalha. E si manda a luy combatre corps per corps e lacusat refusava la batalha de tot en tot ny la recep en la maniera en que lautre lapera mas que ditz que el no prendra son par o ditz altraz paraulas que no sencontran de dreyt an aqueras que los pleyts es so es assaber que no desmentos sens meyan no y deu aver batalha ny hom conoisser no li deu.

Cum lo senhor deu far gardar lo camp.

CLVIII. — E si tant era que batalha al camp y agos lo senhor deu far gardar lo camp ben e gentassi als prohomes de la vila de Thonénx. E si tant era que despuse e lo batalhers se seran lessatz de combatre que nulhs home embasis lo camp en que sen intra al camp. E enseigues a alcun dels batalhers dins lo camp estant aquel al camp deu y aver lo senhor sobre aquel qui ensenha y a pene a esgard del senhor e del cosselh. E si tant era que estant lo batalhers al camp e laissia per combattre nulhs hom intre dedins la camp e que y ajudes a negun dels batalhers encontra lautre que luy bailhes armas o en alcuna autra maniera deu estre aquel en la merci del senhor e totas sas causas Empero si alcun dels combatadors avia agut dampnage en aquera ajuda deuria lo senhor de las causas de len corregut esmendar aquel dampnage.

De deman de heretat de trente ans o plus.

CLIX. — E establit e acostumet que si tant era que en alcuna heretat que hom agos e tengos e agos aguda o tenguda trente ans o daqui en sus sens alcun hom demanda a autre per rason de herelage o de succession o de convent alcun o de saysiment e aquel o aquera qui tendra la possession respondra a la fin del pleyt que aquera heretat avia aguda e tenguda a possedida trente ans o daqui avant sens falliment de dreyt deuria aquo estre ausit e si podia proar sa teneson de tant de temps no deuria estre tengut de far autra resposta. Empero si tant era que dus frays e dus sores o fray o sos agossa no divisament una heretat avenguda de lor patrimoni o dus companhons agossan conquesta alcuna heretat o no divisament lagossan enguda e que la una no fos en possession de Trente ans o plus aquar possession no deu noser a lautre per que lo demandayre poscos mostrar que aissi ac aven ambidos communalment e no divisament entre lor. Empero si tant era que aquel qui sera en possession ausida la demanda agut sos dias rasonables respond que aquesta era estada partida o lautre navia preu autra partida o escambi de heretat o diners estre nusit deu lo deffendayre e si aquo podia proar vabria en apres la possession avandita de trente ans. En autra maniera no.

De partida que frays agossan faita dalcuna heretat.

E si tant era que parens agossan partit entre lor alcuna heretat o heretatz deu valer aquera partida o aqueras partidas en aquera maniere en que faytas las aviant perque sian de etat de vingt cinq ans los mascles e las femelas de quatorze. E si no eran de etat per que o fassan ab volontat de lors ordeneys sin avian deure aver valor e no devria mais tornar en partida. En autra maniera no deure aver valor.

De vende de heretat.

CLX.—E si tant era que alcuns hom o femna vendes alcuna heretat que fos sua depart son patrimoni deura lo aver lo plus prusman de sos parents si retenir la volia per aquet pres avant tolas autras personas E avant lo senhor del fieux E devant autruy. Empero aquet parent deu estre lo plus prusman parent del linage en aquera heretat sera a luy venguda so es h lont fray de pay et de may o cosin german o filh o nebot filh de fray o de sor germana o altre parent entro al quart gran.

Cum los fiusateis que tiran fieux del senhor sens meyan no sian tenguts aquet fieux de presentar al dit senhor quant lo voldria vendre.

CLXI.—E establit o acostumet e donet en franquesa lo dit senhor que alcus fieusateis qui tiran de lui a fieux a Thoneux ny en la honor no sia tengut presentar aquet fieux a luy ny a sos successors quant lo volia vendre. E que lo messis senhor ny sui successors no puscan artir aquet fieux si de volontat del vendador no venia. E que apres que lo fieusateis aura vendut aquet fieux que lo dit senhor al crompador sia tengut vestir daquel fieux que sera vendut aissi cum dit es lo crompador a la requesta del vendaire sens tota finta.

De don de fieux.

CLXII. — E si alcun home que tengua alcun fieux dalcun senhor donava aquel fieux a filh a frayre o lo donava a filha en maridatge en pretz de diners o lo donava a altra persona estrenha en donation sens altra condition deu valer aquera donation per que no sia fayta encontra asso que avant es contengut en las costumas. Empero lo senhor del fieus no deu aver ny demandar a la persona que recep lo don per rason daquera donation mas quant de son acaptes. Empero si donava en la donation que no fos feyta verayement en donation e doptava que y agos don de diners o autra causa pot aver lo senhor del fieux ung sagrament daquel qui recep lo don. E altro daquel qui lo fey que re no y aya feyt en fraude de luy perque e y pusca perdre sos dreyts. E ab aytant deu autreyar e lauzar la donation sens tot contrast e en deu vestir aquel a cui la donation sera feyta.

Descambi de fieux.

CLXIII.—E si alcun home volia escambiar alcun fieux que tengos del senhor pot lo escambiar am cuy luy plaira Exceptadas las personas e los loexs deffendutz. E totz escambis quel fieusatey no fes ab heretat e ab moble deu aver valor. E si tant era que pretz de diners y agos nommat en la valor daquelas causas lo senhor del fieux o pot retenir per aquet pretz si a luy platz. E si a luy platz que dins ix dias que demonstrat lo sia. Empero si dins aquet terme retenir no o volia lausar e autreyar aquel escambi e dura aver sos acaptes.Empero si aquet escambi es feyt duna heretat per autre sens tota torna que fey no y aya de diners e sens pretz que no y sia mes ny donat a neguna de las causas lo senhor no deu aquo retenir car no y a pretz saubut ny pretz establit mas una causa per una autra ny non deu aver res mas quant de sos acaptes. E ab los acaptes que y aya deu envestir aquel qui recep l'escambi Empero si doptava que aissi no fos vertat pot ne aver ung sagrament del fieusatey que aissi fos lescambi sens tota cuberta e sens que no fan en fraude de sa dreytura. E si tant era que lo fieusatey prengos e dones escambi de heretat o de diners sens que en la heretat no agos nulh pretz mas deurian dar acaptes. E si es lo fieux de dos parsoneys poden lo partir quant a lo plaira. E lo senhor deu o lauzar pagan a luy sos acaptes.

Dassensa de fieux.

CLXIIII.—E si alcus hom volia alcun fieux que tengos del senhor assensar a autruy a ung temps o pot far sens tot perilh. E si lassensatre y vol autreyament del senhor del fieux lo senhor del fieux o deu autreyar lotz sos dreytz saubz sens que per rason daquet assensament no y deu demandar re. Empero si y doblava pot ne aver sagrament del fieusatey que no sia feyt a fraude de luy ny de sa dreytura.

De camanda de fieux.

CLXV.—E si alcus hom vol commandar a ung autre ung fieux que tengua del senhor pos lo comandar sens tot contrat que lo senhor metre no ly deu. E daqui avant quant laura presentat aquet cui lo comanda lo senhor del fieux deura prene las oblias daquet fieux daqueta cui lo comandara. E per rason daquera comanda no deu demandar accaptes. Empero si hom doblava pot aver ung sagrament del fieusatey que sens frauda de luy e de sa dreytura sia feyt.

De prest de fieux.

CLXVI.—E si alcun home prestava a autruy aucun fieux que tengos dalcun senhor pot o far sens tot perilh. E despuis que lo fieusatey aya presentat al senhor aquet a cuy avia prestat lo fieux lo senhor del fieux si al fieusatey platz deu prene las oblias de lautre a cuy lo fieusatey o avia prestat. E per rason daquet prest lo senhor daquel no deu demandar accaptes ny vendas. Empero si doblava que y agos frauda pot ne aver ung sagrament del fieusatey que re no aya fait en frauda ny en mermament de sa dreytura.

Cum lo senhor del fieux deu causar e autregar los obligamens de sos fienx.

CLXVII. — E si alcus hom alcun fieux que tengos del senhor obligava a alcun autre hom per alcuna maniera si requiert al senhor que antreya deu o autregar sens que no deu aver accaptes laqual causa deu autrejar sos dreytz saubs e saubs altant que si era penhs y pot pausar lo terme aissi cum sobre dit es. E si doblava que y agos fran pot ne aver ung sagrament del fieusatey aissi cum devant es contengut als autres cas.

Qui affusa fieux que tengua d'autruy.

CLXVIII. — E si alcun home affusava a autruy alcun fieux que

tengos del senhor pot o far sens los perilh per que ac fassa per
meys oblias que el no deuria donar al senhor de cuy tendra lo fieux
sens que lo senhor del fieux per rason daquet affiusement no deu
demandar accaptes. E si era feyt per meys oblias deuria estre cassat
e deffet aquet affiusament.

Cum hom pot ordenar fieux que tengua dautruy.

CLXIX. — E si alcun home ordenava en son testament alcun fieux
que tengos del senhor deu valer aquet ordenament e aquet don sens
que lo senhor per aquo demandar re no y deu, mas quant sos accaptes si en pretz de diners donat e ordenat no era. E si era donat en
pretz de diners sens tota condition deu aver sos accaptes. E si condition y era mesa deu aver sos accaptes quant aquera condition sera
complida e no avant.

Cum no deu dar fieux a maison dordre.

CLXX. — E nulh don ny nulha venda ny nulh penhs ny nulh
escambis ny nulh assensa, ny nulha comanda ny nulh prest ny nulhs
obligamens, ny nulh affiusament que nulh fiu de fieux que tengos
en fieux dautruy a Gleysa ny a maison dordre ny malausia ny al
sobiran senhor del fieux no deu aver valor si no era feyt en especial
autreyt del senhor de cuy lo fieux maura sens meyan.

Ayssi parla daccaptes.

CLXXI. — E per qualque cas o per qualque maniera alcuns feus
cambies senhor o de la part del senhor del fieux e de la part del
fieusatey lo fieusatey deu accaptar del senhor del fieux e deu lo
portar sos accaptes dins ix jours que aquet mudament sia estat. E si
dins aquetz ix jours no portava lo fieusatey los accaptes al senhor
deu y aver lo senhor del fieux V s de gatge. E si convenia que lo
senhor del fieux penhores per sos accaptes dels ix jours avant o y
fasia deu y aver lo senhor V s de gatge entro que sia pagat de sos
accaptes. Empero si lo fieusatey avia presentat laccapte al senhor
del fieux dins ix jours. E lo senhor del fieux no lavia volut prene no
deu estre tengut de gatge lo fieusatey. Empero si penhorat navia per
cada dia que aura penhorat del cap dels ix jours que no deura aver
V s de gatge si las penhoras no valen. E si dins lo ix jours y penho-
rava o fasia penhorar per aquo no deuria aver gatge. E si era contrast
entre lo senhor del fieux ny lo fieusatey sobre lo feyt dels accaptes

cum de la part del fleusatey y agos neg deuria estre cresut lo fleusatey per son sagrament si donc lo senhor del fieux no ac podia proar
ab sa cort bastida deuria aver valor laqual cort deuria estre dels prohomes e lelals de la vila. E deuria ny aver quatre o daqui en sus e
que negun daquets que fos parent no fos parent ny tornaley del
senhor ny del fleusatey. (E sil pleyt era del fleusatey ny daucona
persona autra) aquilh que seran cort no deurian estre parent ny
tornal del fleusatey ny daquera persona quil pleyt aurian ny no
deurian estre loguats per negunas de las partz. E si aquera cort
deuria re proar per lo senhor o per lo fleusatey deurian estre
accordans sobre aquo que dirian. E si solz no podian estre
accordant au menhs ny auria mestiers tres accordans. E aquet que
metossan sobre lo sagrament que auro fayt al senhor ny a la vila
que aissi ac avian vist e ausit cum accord... serian que metossan
sobre aquet mesihs sagrament que no eran loguat ny esperavan
estre de neguna de las partz. E si lo fleusatey disia que pagat avia
laccapte a temps e hora dins los ix jours deuria estre cresut per
son sagrament.

Qui falh de pagar oblias.

CLXXII — E si alcus fleusatey tardava o perlongava de pagar
sas oblias al senhor del fieux e defailhia que no las pagues al dia
assignat aissi cum deuria sens justa encaison que no agos deu se
galgar al senhor del fieux aqueras e autras en v s de galge per
lasquals oblias o per lo galge lo senhor del fieux pot penhorar o far
penhorar en son fieux o en son hostal del fleusatey quant a luy
plaira del termo en avant en qui las oblias serien estadas al dia. E
per tant de vetz cum penhoraria per lo deutes de las oblias no y deu
aver mas ung galge. E per un as oblias no y penhorar mas una vetz
perque en aquera vetz no ha tal penhora que valha ben sos oblias e
sos galges e lo ters diners plus. Empero si la premiera vetz no podia
aver e non avia bona penhora deu e pot tot dia quil plaira efforsar sa
penhora entro que valha tant quant sobre dit es. E si lo fleusatey
vedeba penhora al senhor del fieux lo senhor del fieux deu aver v s
dara de galge per cada dia que ny vedara la penhora. Empero si en
uing dia per una causa vedava penhora mas una vetz no y deu aver
mas un galge. E si per plusors causas lo senhor del fieux dega
penhorar en son fieux plusors penhoras pot o far. E lo fleusatey nol
deu vedar per que cada causa nol fassa una penhora o per accaptes
o per defailhement de dia o per oblias si no eran pagadas al dia.

Empero si la lleusatey lo volia per tot ballhar una bona penhora que
ac volgos tot aissi cum sobre dit es deu la recebre lo senhor del
fieux. E si recebre no ly volia. E lo fieusatey sobre aquo lo vedava
la penhora no deu estre tengut de galge. E si lo senhor del fieux en
ung dia per plusors causas volia penhorar en son fieux quant penhora deuria far assaber al fieusatey si lo trobava present al fieux per
tal causa fasia aqueras penhoras. E quant ac auria fait saber aquo
nol deuria lo fieusatey vedar penhoras. E si ac flasia cada penhora
quel vedara deuria aver lo senhor v s de galge mas si per una causa
assajava en ung dia o daqui en sus a penhorar en son fieux et duua
vetz en sus lo vedava lo fieusatey la penhora no y deu aver mas una
penhora. E si lo senhor del fieux per plusors causas volia penhorar
en ung dia en son fieux. E lo fieusatey demandava per que volia
far aqueras penhoras si lo senhor del fieux no lac vole disc. E lo
fieusatey sobre aquo lo vedaba la penhora no deu estre tengut de
galge.

Cum hom pot metre ban en son fieux.

CLXXIII. — E tot senhor de fieux pot metre ban al fieux que de
luy sera tengut per lo deute de sas oblias o de sos accaptes o de las
deffautas o de diffinitiva sentencia. E depuse que lo senhor aya mes
o fait metre son ban en alcus sos fieux per alcunas de las ditas encaisons no leu deura movre lo fieusatey ny pessatgar lo ban sens la
volontat e sens lo lezer del fieux si per lo jutgament de la cort del
senhor no o fasia e que agos fermat dreyt en la man del senhor del
fieux o presentat de fermar si lo senhor no hy agos volut prendre
car si e avia presentat al senhor del ban que seria estas mes al
fieux. E lo senhor no ly avia volgut prendre si lo fieusatey en apres
lostava lo ban del fieux no seria tengut de galge. E si en neguna
autra mantera ostava lo ban de las causas si no ac fasia am volontat
del senhor del fieux o per jutgament de sa cort o per que y agos
dreyt fermat o presentat e quel senhor no lo agos volgut prene deu
y aver lo senhor del fieux V s. de galge per cada vetz que en autra
mantera aura trencat lo ban del senhor. E deu estre entendut per
trencament de ban si depuse que lo senhor del fieux aya sarrada la
porta de son fieux e es ubert per lo fieusatey o per sa maynada sens
calcunas de las ditas rasons o si dalcun fieux que senhor y agos
bandit trasia hom negun fruict sens qualquuna de las ditas rasons.
O si en alcun fieux que lo senhor agos bandit laurava hom o obrava
ny bestia sens qualcuna de las ditas rasons. O si alcun senhor de

fleux avia gitat o fait gitar una porta de ung hostal que mogos de luy e ly tornaba hom sens qualcuna de la ditas rasons.

Cum lo fleusatey deu mallevar del senhor del fleux.

CLXXIIII. — E si tant era que alcus senhor de fleux agos penhorat en alcun fleux que fos de luy tengut per oblias o per accaptes o per deffautas. E y agos mes son ban per alcunas de las ditas causas deu sen venir lo fleusatey en tal senbor e deu de luy mallevar las penhoras els bans e deu fermar en la man del senhor del fleux destar adreyt daquera encaison o daqueras encaisons a esgard de coneguda de la cort del senhor del fleux. E aquo deu fermar par sa man o per lo fleux sens que no es tengut de plus donar fermansas. E tantots cum en aquesta maniera aura fermat deven estre mallevadas sas penhoras. E deven estre mallevatz los bans. E aquo feyt deu auzir las occasions perque seria estat penhorat o perque lo ban se: o estat mes. E segond las manieras des demans deu respone a loc e a temps. Empero penhorat ny bandit no deu respone a negun deman que lo senhor del fleux ny altra persona hy fes salp en aquestas que si tant era que alcus fleusatey fos penhorat per causa coneguda e jutgada. E puse estant aquera penhora al poder del senhor a lo surdia autra encaison per que lo convengos venir devant lo senhor per clamor que agos de luy agut o per autra occasion que lo senhor metes per aquo excusation de respone lo fleusatey si la demanda o la occasion es dautra causa o dautra rason. E no daquera mesissa proprament de que la penhora es estada feyta.

Si lo senhor del fleux demanda tot lo fleux o en partida.

CLXXV. — E si tant era que lo senhor del fleux demandes a son fleusatey tot lo fleux per entiers o partida del fleux o per alcuna maniera demandes al fleusatey tont lo fleux o partida o convent, deu aver lo fleusatey daquel deman totz sos dias acostumats nyssi cum es avant contengut que hom deu aver de deman de heretat. E si tant era que lo senhor del fleux demandes a son fleusatey oblias o accaptes o galges o deffautas o vendas deu aver daque lo fleusatey ung dia de cosselh sens plus loqual dia deu estre de ix dias alqual dia deu respone al deman.

Qui demanda oblias.

CLXXVI. — E si lo senhor del fleux demanda a son fleusatey oblias

que dissos que al deuria acceptes. E lo fleusatey disia en sa resposta
que pagat ac avia deuria no estre cresut per son sagrament lo fleusatey. E si tant era que lo senhor del fleux demandes deffautas e lo
fleusatey disc que no era deffallhit deuria estre cresut lo fleusatey
per son sagrament si donc lo senhor del fleux no ac podia proar ab cort
bastida. E si lo senhor del fleux demandava a son fleusatey alcun
convent que dissos que lavia per rason del fleux. E si lo fleusatey
disc en sa reponsa que res no li avia agut deure no estre cresut per
son sagrament si lo senhor fleux no lac pode proar am carta de
notari o ab cort bastida. Empero si lo fleusatey cresia lo convent e
disia que complit o avia e lo senhor o negava deuria proar lo fleusatey en carta o am dos testimonis. E si tant era que lo senhor del
fleux demandes a son fleusatey alcuna convents lo fleusateys cresès
ben e que dissos que ly avia quitat si lo senhor negava aquela quie-
tansa deuria proar lo fleusatey am carta de notari o ab dos Testimonis lelals. E si lo senhor del fleux demandava alcun convent a son
fleusatey que dissos que agos agut per rason del fleux alqual convent
agos agut e establit e pausat cert dia loqual fos passat si lo fleusatey
disia en sa resposta que ben lavia agut aquet convent mas que tota
hora sen era souffert ab volontat del senhor del fleux e si lo senhor
negava aquela causa lo fleusatey o deuria proar ab carta de notari o
am dus Testimonis lelals.

Dome qui no es senhor del fleux e demanda al fleusatey.

CLXXVII. — E si tant era que alcus autres hom o femna que no
fos senhor del fleux demandes alcuna causa al fleux e per rason del
fleux a alcun fleusatey o dalcun home de la vila deu far dreyt
lo fleusatey daquera demanda en la man e en la cort del senhor del
fleux e no es tengat de respono en autra cort mas en aquera del
senhor del fleux. E si nulhs hom en autra cort fasia ausir lo demanda
al fleusatey pot o escotar lo fleusatey en autra man non pas en la
cort del senhor del fleux entro que la causa demandada o per rason
de laqual es la demanda estada gardejada o regardejada. Empero
quant la causa sera estada feyta gardada e regardada si avant fait
no avia deu presentar dreyt en la man del senhor del fleux e de luy
estro pres. E si al comensament del pleyt o qualcun des autres dias
dins lo dia de reyregarda presentava dreyt lo fleusatey en la man del
senhor del fleux deu no estre ausit e deu lo estro pres lo dreyt en la
man del senhor del fleux. E tot sos dias acostumals e lo fleusatey no

deu perdre son dreyt ni sos dias devant lo senhor del fieux. E si tot
lo demandayre na seguit dias en autra man. Entre a resposta aquo
no deu nozer al fieusatey que totz sos dreyts no aya en la man del
senhor del fieux ny lo demandayre no deure aver en assat per aquels
dias que en autre non en aquela del senhor del fieux aura seguit car
el messis ses decebut o destardat quant en autra man la faytz
playdoiar mas en la man daquet de cui lo fieusatey ten los fieux
sens tot meyan. Empero quant hom a visita la causa que les demandada e la part de la demanda la mostraba la donc sap lhom melhs en
cui man deu hom far dreyt daquera causa. E da donc aloc de presentar dreyt daquera causa en la man del senhor del fieux. E no deu
noser al fieusatey si lost a escondit lo deman ny seguit sos dias en
autra man mas en la man del senhor del fieux per que no aya fait
deffinitiva resposta a la principal demanda. E quant avendra lo pleyt
en la man del senhor del fieux quant que aya corrut lo pleyt en autra
man sens que no aya agut deffinitiva resposta deu aver lo fieusatey en
la man del senhor del fieux totz sos dias costumals. E quant per atal
un cas avendra que lo fieusatey issira duna autra man e vendra en la
man del senhor del fieux lo demanday es a luy tengut de reddre o de
esmandar las messions que aura faytas en la cort daquet en cui man
lo demanday laura feyt pleydejar lasquals messions deu reddre e
deffar lo demandaire a esgart e conoguda de la cort en que laura
pleydejat. E lo deffendayre no es tengut de respondre en la cort del
senhor del fieux ny de recebre la demanda entro que lo demandayr
aissi cum devant es dit aya a luy reddudas e esmendadas las messions
que laura feytas far en autra man. E si tant era que alcun demandayre melos alcun fieusatey en pleyt en autra man non pas en la
man del senhor del fieux o lo fieusatey suffra en aquera man estranha
lo pleyt. Entro y aitant que en aquera cort agos feyta resposta al
deman deuvria se en aquera cort en que aura respost perseguir tota
la causa. Entro a diffinitiva sentencia o per diffinitiva sentencia
deuria deffinir aquet pleyt de tot en tot en la man daquet en cui cort
la resposta al deman sera estada feyta. E si après resposta aquet a
cui lo deman sera feyt presentava dreyt en la man del senhor del
fieux no deuria estre ausit mas per lo dessaisiment qui aura fait al
senhor del fieux cui aura dessaisit de la senhoria del fieux ques
deuria gatgar daitant de gatges cum auregatgat entrambes en la man
daquet senhor en cui auria pleydejat del deffallhiment o dals. E per
aquo que deure portar de pena que si avia lo fieusatey vencut
lo demandador en aquera man estranha. E que auria pleydejat daquet

deman que feyt auria que polria demandar autre vetz aquera medissa
causa en la man del senhor del fieux aytant be cum si nul temps
non era estada fayta nulha demanda en nulha man. E part aquo que
deure donar lo fieusatey al senhor del fieux v s de galge per cada
dia que aura pleydejat en la man daquel senhor de dia reyregarda
avant. E si lo demanday avia gasanhada per julgament la causa
demandada en autra man del senhor del fieux no y poyria demandar
la possession o la saisina de la causa entro attant que agos pagat o
feyt pagar al senhor del fieux totz los avant ditz galges. E si lo fieusatey vencutz no volia pogar aquetz galges en la delivransa del
demandador lo demandayre lo pot aquo demandar en la man del
senhor a tretan be cum poyria una deuta o comanda o una autra
justa demanda. E lo senhor lo deu attant be tenir dreytura.

Del demandador qui no es fieusatey.

CLXXVIII.— E si alcuna persona que no sia fieusatey ny aya possession se clamava dalcuna causa de fieusatey al senhor del fieux lo
senhor del fieux deu mandar son fieusatey. E si lo fieusatey no venia
al man del senhor quant lauria ausit dins lo dia quel siria sobre lo
man assignat fos mandat per justa causa que lo senhor lo volgues
far o fos mandat per alcuna clamor que lo senhor agos de luy ausida
deu galgar v S al senhor. E si autra clamor la ysses lo senhor per la
clamor delqual o delsqualz sia estat mandat deu perfar et esmandar
sas rasonablas messions al clamant a esgard de la cort del senhor. E
quant lo senhor aura clamant dalcun fieusatey lo fieusatey deu fermar
per sa man o per lo fieux o lo demandayre deu fermar per ferman
sas aver ne pot. E si aver non pot deu jurar sobre sans Evangelis
que perseguira dreyt a esgard de la cort salb son dreyt e lappel si
convene far. E si pleyt era dung fieux entre doas personas que dissossam que eram ambidos fieusateys deven entrambs fermar per flansas
se poden e si no poden aver deven jurar sobre sans que lo dreyt
perseguiram a esgard de la cort salbs los dreyts dappel si evenia.
E lo vencut deu pagar lo galge e deu deffar las messions a lautra partida a esgard e conoguda de la cort o del senhor. E si tant era que lo
pleyt fos entre lo fieusatey et una persona que no fos fieusatey si
aquel que no seria fieusatey era deffaillit dung dia o de plus depus
que serian obligatz en la man del senhor deuria galgar aquet qui no
seria fieusatey attant attant ben cum si era fieusatey e deuria deffar
las messio.is a lautra partida. E si no a vencut del pleyt a esgard e

conoguda de la cort daquet senhor en cui man lo pleyt sera vengut.
E si aquet estranh qui no seria fleusatey era contrast a pagar so que
seria julgat pot sen clamar lo senhor del fleux al fleusatey qualques
vulha o entrambes al senhor de la terra e de cada ung per sa dreytura. Empero lo senhor del fleux poyria demandar la sua dreytura o
la dreytura del fleusatey en la man del senhor de la terra. E si alcun
fleusatey era contrast ny rebelle a pagar o delivran la causa julgada
lo senhor del fleux sen deu tornar al fleux si a luy platz. E si no sen
volla tornar al fleux pot sen clamar al senhor de la terra e lo senhor
deu len tenir o deu ne constrenher lo vencut de pagar la causa
julgada. E si tant era que en aucuna cort dalcun senhor agos alcun
homo fleusatey o autre atent alcun fleux o alcuna autre causo per
jutgament e lo senhor del fleux no volla destrenher ny far compellir
aissi cum deure pot sen clamar aquet a cui la causa seria julgada
del senhor del fleux al senhor de la terra. E lo senhor de la terra
deu constrenhe lo senhor del fleux de far complir aquera causa aissi
cum rason sera. E si tant era quel pleyt fos deva t lo senhor del
fleux entre doas personas quiel dissossan cada ung que eran en possession del fleux deu las ausir lo senhor del fleux o aquet que melhs
abondosament proará la saisina deu lo senhor del fleux jutgar o far
aver la saisina et lo vencut deu pagar lo gatge e las messiou a esgard
de la cort. E si sont dus fleusateys qui tengan fleux de ung senhor
pres e pres o que la ung estrengra son fleux a lautre el torbia sa
possession sens autra forssa que no fassa o de gitar hom ny femna
ny bestia daquera causa quant la causa sia vengud per clamor devant
lo senhor deu aver lacusat aitant cum devant es contengut que hom
deu aver de torbament de possession. E deffaida la demanda lo
vencut deu gatgar v S al senhor o deu deffan las messions a lautra
partida. E si lo pleyt era de dessaisiment ab forsa si la forsa se pode
proar deuria aver lo senhor del fleux sobre son fleusatey proat o
atent de dessaisiment fayt ab forsa i.xv S diarn. de gatge e lo vencut
que deu deffar las messions a lautra partida. E si tant era que per
alcuna causa alcuna persona agos mostrat testimonis o aquetz testimonis no volgussam venir per aquet qui mestiers los aura ny per lo
senhor del fleux lo senhor del fleux o deu mostrar al senhor de la
terra. E lo senhor de la terra sens clamor deu costrenher aquetz
testimonis de portar testimoni de vertat.

De gavanhament de fleux.

CLXXIX. — E si alcus home o femna que tengos fleux del senhor gavanhava lo fieux que tendria del senhor deu esmendar aquel gavanhament sens tota enquesta. E si tant era que suffris pleyt ny y seguis dias ny vengos a jutgament ny a cort ny per pleyt si lo fieusatey es daquo convencut ny ateint deu aver lo senhor del fieux v s. Empero si lo senhor encaisonava son fieusatey d'ung gavanhament de fieux e lo fieusatey a la premiera requesta ses tot pleyt o esmendava no deu aver lo senhor nulh gatge. Empero si lo fieusatey negava lo gavanhament del fieux si lo senhor ac podia proar ab dus testimonis leials deu y aver v. s de gatge. E si lo fieusatey negava e lo senhor en autra maniera proar no pot deu ne estre quites lo fieusatey ab ung sagrament que fassa que aquet gavanhament no aya fayt. — E si tant era que lo senhor de ung fieux agos donat a fieux a ung fieusatey una maison una vinha o una autra causa bastida de bon estament. Si tant era que aquera causa gavanhes per la colpa del fieusatey pot o demandar lo senhor del fieux e si lo fieusatey o negava e lo senhor o podia proar am carta o am testimonis leials que asso lavia donat bastit e en bon estament deuria redre rason lo fieusatey daquet gravanhament per que seria vengut e si era vengut per la colpa del fieusatey deuria esmendar lo fieusatey a aquet gavanhament e deuria gatgar al senhor del fieux v s. E si no era vengut per sa colpa aissi cum persona que art lostal sens la colpa daquet que y esta o aissi cum es de vinhas o darbres qui es taillat nuytalment e no sap hom qui o a fait o per comenal tala no es tengut lo fieusatey de esmandar aquo ny gatgar al senhor. — E si tant era que alcus fieusatey apres lo gavanhament del fieux sens aquo esmendar laisses lo fieux pot lo demandar lo senhor del fieux aquet gavanhament en la man del senhor de la terra o daquet de cui es levant e colcant aytamben cum poyria una deuta o una comanda al senhor deu leu far preue dreyt aitant ben cum faria duna autra demanda. E si lo fieusatey laissa a demir lo fieux per sa colpa pot aquo demandar lo senhor del fieux per gavanhament del fieux a son fieusatey. — E si tant era que alcus autre hom qui no fos fieusatey del fieux gavanhes en ung fieux que fos tengut dalcun home de la vila o fes alcuna malafeyta pot aquo demandar lo fieusatey o lo senhor del fieux o entramby o qualsque demendar o vulha entruy aitant que lor sia esmendat o desfinit per jutgament. — Empero si en aquestas causas lo senhor o lo fieusatey trobavan alcuna esmenda del malfaeitor tota aquera esmenda deuria estre meuda en melhorament daquet mescis fieux. E si lo fieusatey ne retenia sens la volontat del senhor del fieux. E lo senhor del fieux sens la volontat

de son fleusatey pot o demandar la ung a lautre en la man del senhor
de la terra aitant se.: cum una deuta o una autra j· sta causa.

Del seuhor del fleux.

CLXXX. — E si tant era que alcuns fleusateys agos melfait al fleux
o per rason del fleux doblias o daccaptes o deffailhiments o de gavanhament del fleux o dautras causas. . lo senhor del fleux len fasia
demanda ne estre adreyt lo fleusatey en la cort del senhor del fleux
e si no era deffailhit. E lo senhor del fleux len meter en altra man
si lo fleusatey volia estre adreyt en la cort daquet senhor deuria lo
gitar lo senhor del fleux daquera autra man en que lauria mes. El
deuria deffar las messions que lo fleusatey auria feytas e puis lo
fleusateyr deuria estre adreyt en la man del senhor del fleux.
— E si tant era que lo senhor del fleux fessa tort al fleusatey en
son fleux per rason del fleux lo senhor del fleux deu daquo estar
adreyt al fleusatey a lesgard de la cort daquet mesis senhor laquals
deu estre aital cum devant es dit. E si lo senhor no era daquo deffailhit nol deu estre en autra man. E si sens deffailhiment daquo lo
metia en altra man si lo senhor vol estar adreyt a esgard de sa cort
lo fleusatey deu lo gitar daquera autra man en que lauria mes e lo
deu deffar las messions que aura faytas. — Empero si lo deman era
del fleusatey contra lo senhor e lo senhor negava la causa si lo fleusatey proar no ac podia lo senhor no deuria far autra esley. E si tant
era del pleyt que sere entro lo senhor e lo fleusatey quen convengo
aver ny creyre testimonis o per la part del senhor o per la part del
fleusatey lo senhor del fleux deu comandar a dos prohomes leials
de la cort que enquerian aquels testimonis leialment aissi per la una
part cum per lautra. E lo senhor ny lo fleusatey no y deven estre
a enquerir aquetz testimonis mas quant seran ausitz que deven estre
publicatz a las partidas e daqui avant que sen segua aissi cum rason
sera — E si tant era que lo fleusatey no agos razonador e que nagos
mestiers sen requiert al senhor lo senhor len deu donar de sa cort
aquel que lo fleusatey demandara al cost e a la messtion del fleusatey
— E si pleyt era entre lo senhor e lo fleusatey e si lo fleusatey es
vencut deu galgar v s. al senhor e mays aissi cum devant es contengut. E no deu al senhor altras messions. E si lo senhor es vencut
no deu far messions al fleusatey.

Si era contrast de la moneda.

CLXXXI. — E si tant era que fos contrast entre lo senhor del fieux e lo fieusatey sobre asso que lo senhor demandes morlas e que lo fieusatey demandes e dissos que arnauldenx deuria. E si tant era que lo senhor del fieux dissos que ental dia lo degos las oblias. E lo fieusatey disia que avant ho fasia en tal autre o que dissos lo senhor del fieux que aitant ben devia hom. E que lo fieusatey disses que no fasia hom mas aitant o que lo senhor del fieux disses que no fasia mas aitant si cartus eran estadas feytas daquera causa per aqueras se deuria determinar aquel contrast. E si cartas non eram estadas feytas deuria proar lo senhor del fieux sa rason e sa emparansa ab dus testimonis leials. Empero si lo senhor del fieux proar no podia lo feusatey deuria aquo esleyar ab sagrament que aissi fos vertat cuna el auria emparat. E si lo fieusatey era vencut deuria gatgar v s. al senhor del fieux.

Del fieux denegat.

CLXXXII. — E si tant era que entre lo senhor del fieux agos contrast sobre asso que lo fieusatey negues a alcun senhor de fieux que no tenia aquel fieux de luy o que lo senhor negues al fieusatey que no tenia aquel fieux deuria proar la part que demandaria ol senhor ol fieusatey am carta si nera feyta. E si no avia deuria proar am dus testimonis leials. E si proar no podia la part que demandaria la part accusada se deure esdise ab sagrament. E si lo senhor del fieux era vencut daquera causa lo fieusatey deuria aver esmenda de sas messions. E si avia pres dampnage dautres demandadors en aquera causa aquo lo deuria esmendar. E si lo fieusatey es vencut lo senhor y deu aver lxv sols de gatge e sas messions rasonables ol fieux encors si al fieusatey plasia meys.

CLXXXIII. — Qui conquerria lo fieux del fieusatey.

E si alcum fieusater tenia alcus fieux dalcun senhor de fieux. E quals o alcun demandayre demandava aquera causa e la conqueris per jutgament si no demandava propiement per lo fieusatey o per son linatge si per linatge li era avengut lo senhor del fieux deuria aquo garantir e salvar al fieusatey. E si garentir ny salvar no podia. E lo fieusatey oc perdia deura donar lo senhor del fieux al fieusatey a esgard de prohomes depuse que lo fieusatey auria perdut lo fleux lo fleusatey poyria metre daquo lo senhor del fleux en la man del senhor de la terra. E aqui deuria trobar sa esmenda. E sas messions.

CLXXXIV. — Cum hom deu mandar lo fleusatey.

E si tant era que alcun hom se clames a alcun senhor de fleux dalcun de sos fleusateys lo senhor del fleux deu mandar son fleusatey en son hostal una vetz o duas vetz o tres vetz. E si deffailh lo fleusatey tres vetz de tres dias acostumals lelalment a luy assignatz. E feyt assaber en son hostal si son de la terra no es lo senhor del fleux pot prendre e saysir lo fleux e deu lo tenir xl.ta dias en sa man. E si dins aquels xl.ta dias y avia fruit ny espleyt culhidors deven estre del senhor del fleux la mession del culhement pagada. E apres aquels xl.ta dias deu metre la causa en la man daquel qui la demanda. E aquet deu pagar a luy quant recebra la causa los galges et las deffautas del fleusatey e deu daqui en avant tenir aquera causa e prene totz los espleytz quin issire. Entro aitant que lo fleusatey ven avant e fey sen dever. Empero si lo fleusatey no es en la terra deu apprendre lo senhor ab bona fe e ab los amics del fleusatey on entendent que lo fleusatey sia. E segon so que a bona fe poira a prendre ab los amicz del fleusatey deu a luy assignar ung dia rasonable dins loqual ung messatge pusca estar anat e tornat entre aquet loc on hom entenda que lo fleusater sia. E si no es vengut aquel dia deu aprendre lo senhor si es aprusmat o alonhat. E segon asso que aprendre no poyre deu lo assignar ung autra dia rasonable en que ung messatge pusca estre a aquet loc anat e tornat. E si aquet second dia no es vengut deu lo assignar dia ben o lelalment aissi cum sobredit es que ung messatge pusca estre anat e tornat daquel loc rasonablament totz losquals dias deu far assaber en son hostal sino a sos amicz si hostal no a o a aquels que tendran lo fleux en garda. E si deffailh totz los tres dias lo senhor deu prendre e saisir la causa aissi cum sobre dit es. E la deu tenir xl.ta dias. E apres la deu bailhar al demandador aissi cum devant es contengut. Empero toutz los fruletz que ysseran en tant quant lo demandayre o tendra deven estre del demandador pagadas las messions del culhiment et de labitament de la causa. Et si lo fleusatey veni avant aquels xl.ta dias lo senhor tendra la causa o apres quant lo demandor la tendra dins ung an e xl.ta dias deu trobar tota la causa pagan sos deffailhimens e la messions al demandador que aura feyt la pleyt laqual causa deu pagar avant que cora la teneson de la causa sens que dels fruletz que no seran yssitz no deu crobar. E quant aura crobat la causa e pagat so deffailhimens deu estar adreyt al demandador. Empero si depuse que lo senhor aura delivrada la possession de la causa al demandador lo fieusatey tardava a venir avant dreyt far ung an e xl.ta dias daqui avant no deu crobar en la causa ny no la deu demandar ny si la demanda no deu estre ausit. Empero si dins aquet temps avia estat malaus o pres en maniera que aquera malausia o la preson lagos tolt la venguda si aquo podia ben e lelalment mostrar nol deuria nozer lo longua demoransa si san e saub no avia demorat ung an e xl.ta dias (car adonc quant auria demorat ung an e xl.ta dias san e saub) auria la causa perduda si lautre navia tant estat en possession estan lo fieusatey san et saub.

CLXXXV. — Cum hom pot laissar fieux.

E si alcun fieusatey que tengos fieux de senhor volia laissar lo fieux pot lo laissar quant a luy plaira oblias pagan melhorat e non affolat empero si lo laissava e que no y agos daquel an pagadas las oblias e que agos affolat al fieux pot lo demandar lo senhor del fieux en la man del senhor de la terra aytant ben cum una autra justa demanda. E si lo senhor del fieux (prepausava contro son fieusatey quel fieux) lavia laissat e lo fieusatey disia que no avia deuria ne estre cresut lo fieusatey am ung sagrament que fes si dono lo senhor no podia proar am cort bastida car si ab cort bastida o podia proar aquo deuria aver valor o ab carta de notari laqual cort deu estre aytal cum devant es contengut. E si o podia proar ab carta de notari aquo yssament deuria aver valor. E si en aquet fieux que hom laissava a alcun senhor avia autres fieusateys que oc tengossam daquel que o layssaria aquels no deurian perdre lor dreyt mas que deurian fer totz aquelz devers que fasian devant a aquel de cuy lo tenian e aquel senhor sobiran a cui seria avengut per encorrament o per layssament o per alcuna maniera. E si els no fasian menhs que lautre non devia far deurian los fieusateys aquo perfar o creysser al senhor entro al compliment de sa dreyturo. E aquet grevament poyrian demandar a aquel a cui lo voudria. Empero si lo senhor avia autreiat avant aquel affeusament no poyria demandar aquera creyssensa.

CLXXXVI. — Cum hom pot penhorar en sos fieux per sas dreyturas.

E si alcun senhor de fieux volia penhorar en son fieux per sas dreyturas far o poyria aissi cum sobre dit es. Empero si tant era que

y penhores lo senhor son fleusatey o son plus bas fleusatey aquet per
cui encaison penhora deu venir avant o deu mallevar aquera penhora.
E si no ac fasia lo penhorat sen pot clamar al senhor de la terra
daquet per cui encaison es penhorat o daquel de qui ten lo fleux lo
penhorat. E lo senhor deu ac tenir dreyture e deu constrenhe aquet
per cui la penhora es feyta de far solver aquera penhora.

CLXXXVII. — Cum lo fleusatey deu mostrar lo fleux al senhor.

E si alcus senhor de fleux volia que lo fleusatey lo mostres lo fleux
que de luy tendra deu ly mostrar lo fleusatey una vetz en lan o plus
si cas y aven per que rasonablement far o deya. E si quant mostrara
lo fleux al senhor y layssava a mostrar una partida del fleux so que
layssaria a mostrar aquo deuria estre encors al senhor del fleux. E
si tant era que alcus senhor de fleux prepauser contra son fleusatey
que del fleux lavia layssat a nostrar partida e lo fleusatey disia que
non avia lo senhor del fleux deu aquo proar ab dus testimonis leials.
E si ayssi proar no podia lo fleusatey deuria esleyar ab sagrament
que no avia layssat a mostrar so que lo senhor disia. Empero si lo
fleusatey jurar no volia deuria estre encors so que esleyar no ausa-
ria ab sagrament lo fleusatey que agos mostrat. E si per aytal
maniera alcuna partida del fleux encorria a alcun senhor del fleux
deu donar lo fleusatey aytant doblias daquera partida de fleux quel
revendra cum se fasia avant de tot lo fleux.

CLXXXVIII. — Cum no deu hom treyre son fleusatey de la vila
per pleydeiar.

E nulhs senhor de fleux no deu treyre nulh hom de Thonenx de
la vila de Thonenx per pleydeiar mas de tota encaison que meta en
luy e de clamor que aya de luy deu far prendre jutgament à Thonenx.
E la cort deu estre dhomes de Thonenx aytals cum devant es con
tengut.

CLXXXIX. — Qui tarda a pagar ung an o dus ans o tres ans
o plus las oblias.

E si alcus fleusatey tardava a pagar ung an o dus ans o tres ans o
plus las oblias del fleux lo senhor del fleux y deu aver v s. de gatge
lo premier an e la oblias dobladas. Empero dels autres ans apres qui
a ung tenent las auria layssadas a pagar no y deu aver gatges en re

mas de sas oblias dreytas car del premier an avant reman en la colpa del senhor si non penhora o]pren la fieux. Empero si per derniers temps e non pas a ung tenent las tardava lo fieusatey a pagar una velz o doas o tres o plus lo senhor y deu aver per cada an aqueras oblias e autras e v s. de gatge. E si alcun fieusatey presentava al senhor del fieux las oblias al dia ont las deuria. E lo senhor metia alcuna encaison devant per loqual lo contrastes a prendre las oblias lo fieusatey no deu estre tengut de pagar gatge si no pagua aquel dia car lo senhor qualque encaison aya pot ben prendre sas oblias al fieusatey sens perilh dessy saubz totz sos dreytz. E si pren las oblias del fieux lo senhor a son fieusatey saubz sos dreytz per aquo no deu estre perdent ny mermans de sa dreytura que ben demandar no ly pusca cum poyra avant. E si lo fieusatey per justa encaison tardava a pagar sas oblias al senhor del fieux no deu estre tengut de gatge ayssi cum seria si lo senhor ero deffailhit de dreyt far o era deffailhit de julgament o si sens julgament lo laissava amermar lo fieux. Empero si per altra encaison las tardava a pagar deuria so gatgar aissi cum devant es dit. E tantost cum la encaison que lo senhor o fieusatey metran a las oblias pagar sera diffinidas per julgament lo fieusatey deu pagar las oblias aquet medis dia. E si no ac fasia deu se gatgar.

CLXXXX. — Cum per falta del senhor del fieux pot anar a maior senhor.

E si tant era que alcun senhor de fieux deffailhis que no fos o far no volgos dreyt a son fieusatey o alcun autre que no fos fieusatey quis clamor de son fieusatey la on el deffailhia de far dreyt aquel a cui deffailhira de far dreyt pot son clamar al senhor de la terra. E lo senhor deu ne far prene dreyt. E aquel senhor de fieux qui sera defailhit de far dreyt aissi cum devant es dit no pot demandar ny aver apres aquel deffailhiment la senhoria ny la cort dequera causa ny daquel pleyt de que seria deffailhit de far dreyt. Empero si dal-tras causas consurdia pleyt daquel fieux quant lo pleyt sera deffinit aquel pleyt deuria venir devant lo senhor del fieux. E per deffailhi-ment devant dit no deuria perdre la juridiction ny la senhoria mas quant daquel pleyt solament delqual seria deffailhit dreyt. E lo fieu-satey sens la deffailhia del senhor no deu deffinir la pleyt del fieux en autra man ny lo senhor del fieux si lo fieusatey no era deffailhit no deu metre lo fieusatey en autra man de lafar del fieux per la sua querelha ny per autruy.

CLXXXXI. — Cum lo fleusatey pot aperar.

E si alcus fleusatey se sentia gravat en alcun julgament en la cort del senhor del fleux pot aperar daquet julgament devant lo Bayle e devant lo cosselh de la vila. E lo bayle e lo cosselh deven deffinir aquel appel segon las costumas de la vila sens tot alongament. E per aquet deffiniment lo bayle ny lo cosselh no deven aver gatge en aucuna de las personas mas Empero, lo senhor del fleux deu aver v s. de gatge en aquet qui aura aperat si es vencut de lapel. E si aquet qui aperara atenhn son apel no deu aver lo senhor del fleux gatge soho deguna de las partz mas a la fin del pleyt se deu gatgar lo vencut a esgard de la cort del senhor del fleux. E pot aperar tot hom en julgame..t entro a x dias al x die que lo julgament aura estat donat. E daqui avant no. E si appellava daqui avant no deu estre ausit.

CLXXXXII. — Del debet.

E establit e acostumet lo dit senhor que si el ave vin a Thonenx o de sas vinhas o de renda sens que lo crompe que pusca aquel vin vendre a Thonenx et que par aquet vendre aya debet a Thonenx loqual dura quatre sepmanas dins careme so es assaber quatre sep-manas avant Rams. E si lo dit senhor no avia vins a Thonenx de sas vinhas o de renda obs de vendre en las ditas quatre sepmanas no deu durar aquet debet mas tant quant lo dit vin tardara a vendre. E si no avia de sas vinhas ny de renda no deu tenir ny far debet en la dita vila a nulha persona dins loqual terme de las ditas quatre sep-manas lo senhor deu far vendre de bons vins e frances e leials e de tal for cum las tavernas de la vila seran al temps de que commensara debet E si nulha persona de la vila vendria vin a taverna dins aquet temps deu dar v s. arn. de gatge al senhor e lo vin del dozilh per ont lo troyl en sus.

CLXXXXIII. — Franquessa del debet.

E establit e acostumet e donet en franquessa que tota persona de la vila qui aparelhat o aya pusca vendre de son vin dins aquet temps en pusca donar a cui lo plaira en pot pusca crompar a barrilh o a saumadas o a toutelz o a pippas dins los deixs de la vila o defora sens que mens de ung barrilh azeal no deu crompar dins lo dit terme en una vetz dins los dexs de la vila. E si o fasia en era proat deu y aver lo senhor v s. de gatge e per aquera medissa maniera que tota persona de la vila pusca vendre son vin a thonetz o a pippas o a saumadas o a barrilhs dins aquel terme sens perilh et sens gatge. Empero si en vendia menhs de ung barrilh azeal en una vetz deu lo senhor y aver v s. de gatge et lo vin pergut.

CLXXXXIV. — E establit e acostumet e donat en franquessa lo dit senhor que dins lo terme del debet tota persona de la vila pusca anar crompar bin en gros o en menut a taverna o estotz fora las dexs de la vila. E si tant era quel senhor ny sos successors pausessan occasion sobre alcuna persona de la vila que dissossam que vendut o crompat avia vin dins lo terme avant dit menhs de ung barrilh azeal dins los dexs de la vila si alcus sen volia desdire deuria estre cresut per son sagrament si donc lo comandament del senhor no avia trobat lacusat manifestament ab testimonis que fossam dels prohomes de la vila lo messatet fasen.

CLXXXXV. — De home qui es trobat de nuyt en lautruy hostal de nuyt o de dias quant les deffendut.

E per so quar es presumption que negun hom en hostal d'autruy de nuyt no senclau sens voluntat e sens saubuda del senhor o de la dona de l'hostal si no es per mal far establit et acostumet lo dit senhor que si alcus borgues o habitant de la vila de Thonenx o en la honor trovaba home de nuyts en claus en son hostal que y sia intrat sens saubuda de luy o de sa molher et lo y trobava depuse que los vesins son colcatz quant aquet borgues o habitans o sa molher o sa maynada criden altament al layron aissi cum los vesins o degan ausir e que lo prenguan si poden sens plaguar. E si aquet que y sera trobat e aissi com dit es se deffen e no se laissa prene e es plagat o mort en aquel deffendament lo senhor de l'hostal no deu estre tengut de res encolpatz al senhor ny altre. E si es pres vieu deu estre en la merce del senhor. E si alcus borgues o habitans en la vila de Thonenx o en la honor avia en alcun home o femna sonspessons per quel deffendes quel no entres en sa maison quant las auria deffendut en presencia de dos prohomes de la vila si aquel o aquela alquat sera feyta la dita deffencion era en après trobat dins l'hostal que lo sere estat deffendut intrar en ayssi cum dit es deu donar LXV s. de gatge al senhor. E si era trobat de nuytz après que los vesins seren colcatz que sia a la merce del senhor.

CLXXXXVI. — Cum hom se pot deffendre de laccusation del senhor.

E establit e acostumet e donet en franquessa lo dit senhor que si el o sos successors o sos bailes o alcun de sos officiers o de sas maynadas de sos officiers accusavan alcun o alcuna borgues o borguesa habitant o habitador de la vila de Thonenx o en la honor de injuria de feyt o de dit que dissossam que ayos feyt o dit a alcuna de las personas dessus ditas que accusat o accusada se pusca purgar daquera accusation o encargament ab ung sagrament que fassa sobre los sans Evangelis de Dieu sa man solta et que lo dit senhor ny sos bayles ny sos officials ny lor maynada no sian recebutz a proar en aquel cas si no ac poden proar ab cort bastida del cossell e dels prohomes de la vila de Thonenx.

CLXXXXVII. — Si alcus hom de la vila de Thonenx era pres e adreyt no volia hom prendre.

E establit e acostumet e donet en franquessa lo dit senhor que si alcus habitadors en la vila de Thonenx o en la honor e sas causas eran presas o enbarguadas a cort e dreyt nol volia hom prendre que lo messis senhor e los autres habitans de la vila de Thonenx lo segulam els sion tenzutz segulr e requerir tant en justus drey los prem hom.

CLXXXXVIII. — Cum lo senhor no deu albergar en maison dalcun home de Thonenx si no per volontat qui estara en lhostal.

E establit et acostumet e donet en franquessa lo dit senhor que el ny sos bayles ny sa maynada ny homo ny femna per luy no albergam ny faran albergar de nuyt ny de dias en maison dalcun habitant ny habitador en la vila de Thonenx ny en la honor per jazer ny per als sens la volontat e sens licencia del senhor o de la dona del hostal o daquel qui en l'hostal estara.

CLXXXXIX. — De proa de paga.

E si alcus hom o femna avia mestier a proar alcuna paga de deute o alcuna delivransa de penhs moble o no moble. E daquo era falta carta la part que aura fait lobligament deuria mostrar la delivransa. E si mostrava la carta que daquo seria estada feyta laqual agos crobada per aquo deuria estre proada la solta e la delivransa daquera causa quant aquel obligament que seria estat feyt ab aquera carta

si donc aquel a qual obligament seria estat feyt no podia mostrar o
per fama comunal o per testimonis leials o per altra significansa que
aquera carta agos perduda car ado ne convendria proar a aquel qui
auria la carta cum lautre lauria reduda la carta de son grat. E tota
paga de deute de que sia carta o de que no sia carta pot se proar ab
autra casta de paga o ab dus testimonis leials dignes de fe.

CC. — Si lo senhor amenaba gens cum se deven albergar.

E si tant era quel senhor amener gens ny ost ny cavalgada a Thonenx no deu albergar totz ny aleuns a mession dalcun hom ny dalcuna
femna de Thonenx. Deu si e sa maynada albergar a sas messions. E
los autres deven se albergar a lost proprias messions sens que null
home ny mulha femna de Thonenx non deven prene ny far prene ny
forsar sens sa voluntat son pan ny son via ny son blat ny son bestiar
ny sos draps ny sa vayssera ny fen ny palha ny carn ny porc ny ra-
sins ny agras de vinhas ny de casals ny alcunas autras causas sens
la voluntat daquel delqual las ditas causas seren.

CCI. — Cum lo senhor deu far questa a Thonenx.

E per deguna manera lo senhor sobredit ny sos successors ny
sos officiers no deven far questa en la vila de Thonenz ny en la
honor a null home ny a mulha femna habitant ny habitador en la
dita vila o en la honor en alcun temps per negun cas que endevenir
y pusca sens lor voluntat.

CCII. — Cum lo senhor no deu treyre ostages de Thanenx.

E establit e acostumet e donet en franquessa lo dit senhor que
ja per neguna ocasion ostages de la vila de Thonenx no sian treytz
ny per negun forfayt maisons no sian fendudas ny vinhas talhadas
ny altres gavanhamens no sian feytz per lo dit senhor ni per sos
officiers perque la vila de Thonenx poscos en lezir ny en gavanhar.

CCIII. — De armas e de malafeytas feytz en rescotz.

E si armas o altre malefiel eran feytz rescostament en la dita vila
de Thonenx o en la honor o en las partemensas aquo deu estre
esmendat en aquel qui aura pres lo dampnage a conoguda del cosselh
e dels prohomes de Thonenx so es segond los bons establimens els
bons us aproats en levescat d'Agenes.

CCIIII. — De batement sens sanc o ab sanc.

E tot hom o tota femna qui feria altre o lo feria ab lo punh o ab la palma o ab lo pe yradament E sanc no y a ny mort si clamor sen feyt que sia punit per justicia en v s. d'arn. al senhor E fassa esmendar segon rason aquet qui aura suffert linjuria a esgard del senhor o del cosselh. E si empero sanc y avia e clamor sen fasia sia punit aquet qui aura ferit e aura feyta la injuria en x s. de gatge e fassa esmendar aquet qui aura suffert la injuria a esgard del senhor e del cosselh. E si fier ab gabi o ab fust o ab peyro o ab teule. Empero que sanc no y aya si clamor sen fa aquet qui fieyria sia punit en x s. de justicia e fassa esmenda al ferit a esgard del senhor e del cosselh e si sanc y a e sin fa clamor sia punit en xx s. si plaga de luy no y a. E si plaga de luy y a sia punit en lxv s. e que fassa esmenda a aquet qui aura suffert la injuria a esgard del senhor o del cosselh.

CCV. — Cum lo senhor no deu crobar son gatge entro que aya feyt pagar la causa jutgada.

E establit e acostumet lo dit senhor que el ny sos bayles no recobria son gatge dalcuna clamor quel sia feyta en justas aya feyt pagar a la persona qui aura vencut lo pleyt la causa jutgada e enjustas aya mandat sa sentencia a execution. E que cascum bayles quant intra bayle à Thonenx si tengut de jurar que aissi ho tendra e o gardara cum dit es e que encontra no fara tant quant bayle sera de Thonenx.

CCVI. — De resposta de deman feyt ab carta.

E si alcus hom demandava a altre alcuna causa de que sia carta feyta de notari aquel aqual demandara sia tengut de respone al demandador lo meysilhs dia que la demanda sera feyta.

CCVII. — Si hom vol treyre garent cum lo deu hom nommar.

E si alcus hom vol treyre garent en alcuna demanda quel sia feyta deu nommar lo garent en la cort del senhor E lo senhor deu lo dar dilation de ix dias continuatz per aver lo garent si la causa es atal que garent y deya estre recebut. E si al journ que luy sera dat per aver son garent aquel qui lo treyra lo garent nol pot aver deu aver altra dilation de ix dias per aver son garent. Empero agut premeyrament sagrament daquel que lo dic requeres que no demandava per mal alongey ny per neguna mala finta mas tant solament no a piscut aver. E daqui avant no deu plus aver dia. Empero pot se clamar del garant si nol fa garentia en ayssi cum deu. E lo garent sera destreyt de portar garentia tant quant deuria a aquel qui lo requier. En aquet meyan lo pleyt principal cessara entro aquet garent aya respost si no ly porta garentia ny prent lo pleyt en si. Empero si aquet garent es en Agenes E si aquet garent contreditz a prendre lo pleyt en sy depusc que contredit o aja no cessara lo pleyt principal. Empero si lo garent que mentan aquet qui treyre lo vol es en marcadaria o en sentors o en alcun loc fora de la terra deu aver aquet qui mentan lo garent dia rasonable per aver son garent a esgard del senhor e de sa cort laquel deu estre del cosselh o dels prohomes de Thonenx Empero agut premeyrament sagrament daquet qui nomma lo garent que aquet qui mentan es son garent e que no ac dit per mala gauda ny per mal finta E dins aquet dia que sera autreyat per aver lo garent lo pleyt principal cessaria. E quant alcus hom es treyat per garent ferma de for la garentia per sufficiens fermensas e de perseguir lo pleyt o de pagar la causa jutgada. E en altra maniera de garantia no valha ny sia recebut per garent aquet vol treyre garent traya lo avant que aya respost en la causa principal car en apres nol sera recebut mos tant quant dreyt sere del garent recepia en sy lo pleyt en lestament en que lo trobaria quant sera treyt garent.

CCVIII. — Cum lo Bayle e lo cosselh poden far inquisition.

E establit e acostumet lo dit senhor que sos bayles ab la maior partida dels cosselhs de Thonenx qui presens seran pusca far inquisitions sobre layronissis e sobre murtres e sobre femnas forsadas e sobre fuc mes e sobre tala de blat e daltres mesihes de vinhas e sobre raubaria e no altre cas en que aya partida sens volontat de las partz.

CCIX. — Cum la may no pusca succedar a son filh mort sens testament.

E establit e acostumet lo dit senhor que si alcus hom o femna que aya may mor sens testament que la may no succedisca en re al filh ny el moble ny el no moble Si tant es que aya parent de la part del pay en justas al quart gran Empero si lo pay en son darre testament avia ordenat que la molher agos de sos bens vivent lo filh o apres la mort del filh que aquet ordenament agos valor e fermetat.

CCX.— Ayssi parla daquetz que disen mal o vilania o hen fey aux cosselhs de la vila de Thonenx.

A tous home o a touta femna estranhs o privatz que digua mal o vilania al cossell de la vila de Thonenx o hen fey de feyt seguen son offici A establit e acostumet lo dit senhor de Thonenx que aquet o aquera que y sera atenhs e proada la injuria o mal si mal y a feyt que sia punit et sia tengut de doner lxy s. d'arn. de galge al senhor e al cossellh per meytat E si tant era que ly fessa vilanya sobre sa persona que sia punit e deya donar x ₴ d'arn. de galge al senhor e al cossellh per meytat E la esmenda feyta a esgard e cognoissensa del senhor e del cossellh E lo senhor deu livrar sirven al Bayle e als cossellhs per levar aquet galge a requesta del cossellh. E si logatgeno pot pagar que deu perdre lo punh sens tota merce.

Articles additionnels.

Ce sont les articles et choses que les manans et habitans de la ville et Juridiction de Thonenx dessus prétendent à démonstrer à Monseigneur.

I. — Et premeyrement lo bose et padouyenc del Brulh et Malabas dict la Gautrenque de nous en faire joyr paciffiquement et quietement comme ont usé et acostume toutz temps nostres prédécesseurs. Auquel article a esté respondu par mon dit Seigneur Guillaume de Stuer ou par son procureur fondé par luy ainsi que s'ensuyt: contentatur de la Gautrenque.

II. — Item du padouenc terres et chemins publicz ont a et peut avoir plusieurs noyers et autres fruitiers qui sont commungs lesquels a pris à son domaine et nous en faire jouir communément et pacifiquement et quietement comme de cause publique. Et aussi a repondu le d. S^r au nom que dessus: Nuces debeut esse ipsius domini.

III. — Item des mesuras et merchas dicelles appartenant à la dite ville lesquelles depuis petit de temps en ça nous a prises et ravises sans autorité de justice et d'icelles nous réintégrer et faire jouir comme lo temps ancien. Aussi a répondu le dit Seigneur de Thonenx en la forme qui s'ensuit: Consentit ut cavetur in consuetudinibus.

IIII. — Item plus des vins excroissas hors de la d. juridiction desquels il a cris par plusieurs fois dedans la villa sans cognoissance a notre préjudice et domage. Et au d. article a été répondu par mon d. seigneur: Consentit ipso domino excepto.

V. — Item plus de son debet lequel tient quinze jours en caresme et quinze jours en carnaval et doit finir a vespres de ramps, le d. seigneur a respondu au d. article: prout sequitur consentit.

VI. — Item plus lequel debet aussi doibt faire et tenir de bon cru de ses vignes estant en sa d. juridiction ou de vin de ses rentes et non autrement. Et pareillement ledit S^r au nom que dessus a respondu au d. article : Consentit hoc anno excepto.

VII. — Item aussi que tous arrentements et investissements faits et passés par les prédécesseurs ou les officiers de Monseigneur sont seront bons et valables, et néantmoings ledit S^r a fait respondre au dit article en son nom prout sequitur : Consentit dum tamen servitores remoretur communiter tanquam ad habentem potestatem.

VIII. — Item aussi que Monseigneur nous fasse chacun journal de terre bon et raisonnable de la semence chacun de deux cartieres ainsi que a été acoustumé de faire par ses prédécesseurs. Et aussi a respondre au d. article le dit S^{gr} par la forme et manière que s'ensuit : Consentit in arrendatis et in arrendandis ad voluntaten domini caveat arrendatus.

IX. — Item aussi que n'aye a mettre gens forains ny garnison dedans la d. ville sans le vouloir et consentement de lad. ville. Respondit idem Dominus prout sequitur : Consentit.

X. — Item aussi que les Messieurs Consulz et ville aye jouir et user des droictz, proffietz e esmoluments et gaiges ainsi qu'il est contenu en la costume et privilèges bien amplement en icelles contenu. Et etiam respondit prout cece : Consentit.

XI. — Item plus des obitz oblias et laisses qui appartiennent à la Eglise et luminarias de ladite ville tant fondées par ses prédécesseurs que autres desquels a pris mis et contribues à son domaine. Et pari modo respondit predictus dominus nomine quo supra : Consentit dum tamen doceatur de jure.

XII. — Item plus que nul home de ladite ville sinon en cas de crime ne doit être mis dans le chateau s'il trouve fermance. Et nihilominus inpse dominus respondit modo et formis sequentibus : Consentit ut in consuetudinibus cavetur.

XIII. — Item que nul hom arrêté au chateau privé ou forain ne doit seulement que ung gaige. Et aussi a respondu ledit seigneur de Thonenx audit article : Ut consuetum est et cavetur sia consutudinibus.

XIV. — Item que tout homme de ladite ville ne doibt point a mon dit seigneur peage de aigue ny de terre en ladite juridiction. Et aussi de ce que il faict payer plus largement qu'il n'y a. Respondit predictus Dominus prout sequitur : Consentit dolo et fraude cessantibus et de blads pertinentibus ipsis habitatoribus focum et locum tenentibus.

XV. — Item de remonstrer comme ses officiers levent du peage de terre plus daucunes choses qu'il n'est contenu en ladite costume fuit responsum in eoden articulo nihil.

XVI. — Item que ne mette ny tengue degun bestial forent en ladite juridiction en naulx herbaiges. Et aussy a respondu ledit seigneur audit article : Consentit.

XVII. — Item que chacun qui a et tient ambant et pont sur la carreira que les ayent deffaire en ensuyvant le bon vouloir de feu Monseigneur de la ville. Et etiam in eoden articulo respondit prout sequitur, ut ecce : Consentit.

XVIII. — Item de rendre les heretaiges de Guilhemot Tornyer et autres qui auraient été pris. Etiam respondit idem Dominus idem articulo ut sequitur : veniant coram Domino.

XIX. — Item que les peagers de terre font payer la prinse de Villeton en cette juriciction au molin de la Tour. Et fut ainsi respondu par ledit seigneur ainsi qu'il sensuit : Non tamen quod ingrediantur juridictionem de Villetano.

XX. — Item faire réparer certaine fuste a Guilhermot d'Escoulet que Maistre Mathelin a prinse Et etiam respondit predictus Domi nus proat sequitur : Veniant coram Domino.

XXI. — Item plus disent lesdits consuls manans et habitans de ladite ville que combien que aux consuls appartienne la cognoissance des causes tant criminelles que civiles avecques le bayle de Monseigneur, comme il a été tenu et observé d'ancienneté mon dit seigneur ne devait avoir ny tenir officiers comme procureurs receveurs de peages qui sont hommes privilégiés ny de qui l'on puisse avoir cognoissance sur luy car a occasion de son privilège l'on ne peut faire justice aux reneurans. Pariformiter respondit ut ecce : Consentit.

XXII. — Item et or est ainsy que mon dit seigneur tient parmi ses recepveurs et péagen d'eau ung nommé Maistre Mathelin de Lagrange lequel a été toujours refusant de obeir a justice ains a esté toujours juge et partie aux arretz qu'il baille aux marchands Et a cause de ce a fait plusieurs exactions sur lesdits marchands. E que pris est s'est démoqué desditz consulz quand ils voulaient avecques le bayle cognoistre des cas desdits arretz.

XXIII. — Item pareilhement touchant le faict de la recette le d. de Lagrange sous couleur de son privilège ne fait diligence de recevoir ains quand les bonnes gens lui portent le bled il dit qu'il n'a pas le temps de le recevoir. Et quand le recept fait tant grosse mesure commettant fausseté et larcin. Aucunes fois il refuse la recepte, les bonnes gens sont contraints de laisser les bleds dont plusieurs sont perdus.

XXIV. — Item plus disent les d. consuls manans et habitans de Thonenx que jamais du dit de Lagrange homme de la d. ville ne peut avoir quittance sûre par le temps advenir de ce qu'ils paient, ains toujours baillait ses quittances confuses pour mettre les ditz consulz manans et habitans en confusion avecques Monseigneur et Madame. Et tellement que par la malice du d. de Lagrange le peuple de la d. ville de Thonenx est demeuré jusques à présent à Monseigneur et à Madame sans ce qu'ils en quoy sont tenus à Monseigneur et à Madame.

XXV. — Item mais y a plus car le d. Mestre Mathelin lequel comme il a esté chargé et convenu pardevant Mossier l'official d'Agen desirrent de ses mérites de grands, énormes, exécrables et détestables crimes et délictz lesquels ils taisent par le pré:ent pour ce que vous mon d. Seigneur nestes assez adoilly dont pour ce qu'il soit chargé des ditz crimes et délictz à luy imposés afin de éviter la punition et que justice n'en fusse administrée et que la cognoissance ne appartenait point à l'official il s'en porta pur appellant au métropolitain de Bourdeaux.

XXVI. — Item et pardevant lequel métropolitain a esté tant procédé que parceque ledit Mestre Mathelin avait bien et duement esté chargé des ditz crimes et délictz fut dict mal appelé par le dit Mestre Mathelin et renvoyé *pro debitâ justicia monstranda*. Lesquelles choses les d. manans et habitans taisent pour le présent pour ce que nestes duement alverty.

XXVII. — Item et aussi lon ne peut jamais sçavoyr sa nativité origine naissance ne duquel pays province il est et qui sont ses parents.

XXVIII. — Item mon d. seigneur ne le doit tenir en son service. Les raisons sont trop évidentes car les ditz consulz manans et habitans de Thononx ont délibéré de vous estre bons et loyaux et n'avoir jamais question ny débat en vous mais exposent pour vous, Madame et aussi pour Messires vos enfants leurs corps et leurs biens ce qu'ils ne pourront faire car le dit Mestre Mathelin est un vrai zizanieur et engranateur et terga malorum entre vous et les d. manans de Thononx. E l'a moutré le temps passé car combien que Monseigneur et Madame que Dieu perdoint lui deffendissent de ne molester les d. habitans touteffois il le faisait et ne demandait que ung inconvénient entre eux ce qui est bien à noter.

XXIX — Item et mesmement car il a expellé plusieurs gens de mestier de la d. ville pour ce que leur faisait faire plusieurs ouvrages soubz couleur de Monseigneur et pays ne les voullait payer,

XXX. — Item et si aucun payement en faisait ce estait au dessoubs de juste pris et pareilhement pour les ouvrages de mon d. Seigneur combien que luy en compta plus que ne en baillent. Et la chose est bien approuvée et vous, Monseigneur, qui estes au present le sçavés bien.

XXXI. — Item a fait lesditz manans exécuter ledit de Lagrange par ung sergent royal ce qui ne devait faire mais le faisait pour les vexer.

XXXII. — Item et aussi il y a plus car ledit Maistre Mathelin pour demonstrer la grande affection inordonnée contre lesditz de Thononx non content de leur faire mal aux corps ny es biens pour les mettre en danger des armes procura avecques feu Monsigneur de avoir certaine monition pappale de petites choses qui ne valaient parler comme de avoir pris de larrivage des bois de ce que les pescheurs qui sont choses que bonnement l'on ne peut Et dautres choses que les bonnes gens ne firent jamais E si aucun tort leu avait fait à Monseigneur ce estait alluy qui l'aurait fait. Pourquoy disent à mon dit seigneur ne pourraient avoir amour s'il estait officier. Pour ce supplient qu'il en soit débouté.

XXXIII — Item combien que ledit Mestre Mathelin démontra qu'il voulait mal à ladite ville car des pierres et teules de ladite ville il a basty la pluspart de sa maison sur quoy supplient lesditz habitants de leur enfaire rendre ladite pierre et teule, protestant de les recouvrer sur luy.

XXXIV. — Item et mesmement car comme il soit contribuable et deniers commungs comme ainsy soit qu'il tiengue plusieurs biens rurals et qu'il soit ung riche homme de deux ou trois mille francs. Toutefois par sa richesse et argent qûil a baillé a trouvé façon de faire adjourner lesdits habitants à Paris par fausses lettres et sergent apostal par lesquelles se portait pour appelant de ce que l'on le voulait faire payer.

XXXV. — Item et semble Monseigneur que vous devez favoriser les pauvres gens chargés de femme et d'enfants plus que cesluy homme incogneu suspect de tout mauvais vices despuis sa jeunesse jusques a présent lesquels vices on ne declare point pas révérence de votre seigneurie. Et aussi affin que l'air en soit infect en conflant que en scavez une partie ains le devez rebuter de votre service comme ont faict aultres plusieurs notables personnaiges tant nobles que aultres, affin que lesditz habitans nayent occasion de avoir question ne debat en vous mais de vous estre bons et loyaux comme à leur seigneur naturel.

XXXVI. — Item le padouenc de la Gautrenque demuerera auxditz manans et habitans dudit lieu de Thonenx pour leur usaige ainsi que ont acoustumé jusques aux confrontations que sentayrent.

XXXVII. — Et premièrement a comensant au grand chemin du Brulh au cap de la terra de Guilhermet delossa. Et dudit grand chemin de Brulh tirant le long du grand chemin jusques à ung valat que vira a la man dextra sailhant sur le chemin de Pis qui faict plec au drechs du mayne de la Toyra en suivant tout le chemin de Pis jusques à ung autre plec au long dung tap jusques au rieu de Malabas laissant le pré tout franc. Et descendant jusques à ung tap que fait division entre ledit Padouenc et la terre de Jorda de la Thané. Et montant dudit tap jusques au grand chemin du Brulh. En descendant et en suivant iceluy chemin jusques a ung aultre grand tap la ont sera mise une grande bola. Et tirant au long dudit tap tout ainsi que vont les bois jusques à ung coing de boys que tient aux terres de farguas en suyvant tant le boys jusques a ung chemin la ont lou solait charrier de la fusta en montant au long du boys de Jehan de Commenge lequel boys se entendra de large xvi pas comptant à la barralha dudit Commenge. Et tirant au long dudit boys a mon dextra jusques aux terres deu Miscons comprenant toutes les nauzes. Et tirant à la

maison dung nommé Le Flahula ladite maison et cortillaige et la terra
uberta de ladite maison de La Flahula demeurant hors dudit
padouene. Et camprenant aussi la Nauzes qui sont entre ledit de La
Flahulla et un nommé Jehan Feysse. Et dudit Feysse tirant dreyt à
la maison de Naudonet de Lennejoux et du dit Naudonnet de Lennejoux intrant à ung grand chemin qui vient audite ville de Thonenx jusques a ung foussé ancien qui est un petit plus haut que la
maison de Andrieu de las Ardonnes lequel foussé va de long en
long jusques a un grand chemin qui vient de ladite ville de Thonenx
au Brulh en circuant ledit boys de la Gautrenque. Et pource-
que plusieurs manans et habitans de ladite ville aurayent laboré
au dedans dudit fossé qui faisait la vraie division de ladite
Gautrenque ceux qui auront laboré seront tenus de faire foussés
grands et amples joignans au premier foussé qui faisait ladite division
lesquels foussés doresenavant iren ladite division et lesdites terres
demeureront à ceux qui les ont laborées. Et par ainsi doresnavant
tout ce qui demeurera dedans lesdites fins et limites à la main senes-
tra ainsi que lesdites confrontations sont encommencées ou seront
faictz grandz foussés et mises pierres bolas et autres enseignes qui
feront ladite division. Et ledit boys et Padouene demeurera comme
dessus est dit à ladite université de ladite ville pour leur usage public
ainsi que ont acoustumé sauf le droit du seigneur, c'est à scavoir une
charge de bois par feu à Noël chacun an. Et sa justice. Et aussi ledit
seigneur a respondu ainsi que sensuit : *Consentit.*

XXXVIII. — Item que les délicts crimes excés commis et perpétrés
en ladite terre et juridiction dudit Thonenx par lesdits habitans et
chacun d'eux par son advénement novel dudit seigneur leur seront
abolis quittés et remis avecques toute esmende et galge applicador
audit seigneur. Et finaliter respendit praedictus dominus ut sequitur
contentatur juse Bajuli excepto.

Et quas quidem consuetudines sic per modum transactione conventionis et accordii per et inter dictas partes factus pausatas et
conventas modo que quo supra dictum est inter ipsas passalas trans-
hactas et conventas paste ipsae transhigentes et convenientes ac
transhigentes et concordantes ad invincem una alteri videlicet dictas
dominus Guilhermus de Stuer dominus ipsius loci de Thonensis per
se et ejus heredibus et in futurum successoribus in dicto dominio et
senhoria sive dominatione ipsius loci quibus cumque de sui paste. Et
praefati consules jurati et particulares dicti loci pariter pro ipsis et

eorum singulis ac ipso...m heredibus et successoribus in dicto uni-
versitate et communitate dicti loci de Thonensis citra tamen jus pre-
judicium domini nostri regis et alterias cujus litet domini superioris
et interesse habentis sus habere pretendentis tenere servare in nulloque contra facere dicere vel venius promiserunt. Et per pactum
expressum convenerunt sub obligatione et ypotheca omnium et sin-
singulorum bonerum suorum quorum cumque mobilium et immobilium praesentium et futurorum subquo omni utriusque juris
renunciatione ad haec neo necessaria pariter et cauthela. Et per
quibusquidem conventionibus pactis et transhactionibus sive conventionibus predictis per modum predictum per et inter ipsas partes
passatas et concordatas salvo quo et per expressum reservato per
ipsas ut dictum est jusse domini nostri regis et cujuslibet alterius
superioris tenendis actendendis inviolabiliter quo et perpetuo obser-
vandis voluerunt partes ipsæ una ergà alteram tam se quam earum
heredes et successores posse et debere cogi et compelli viribus rigo-
ribus cohertionibus et compulsionibus curiarum et sigillorum tam
spiritualium quam temporalium dominorum senescalli Agennensis et
Vasconiæ judicis ordinarii ejusdem villæ et officialis Agennensis et
quemlibet ipsorum una curia pro alià non cessante per quasquidem
curias voluerunt cogi et compelli videlicet per spiritualis citando
monendo excommunicando agravando, reagravando et aliis diversis
modis procedendo. Et per temporales bonorum suorum quorum
cumque mobilium et immobilium præsentium et futurorum captione,
venditione celerique ac festiva distractione eorumdem bannique et
inquanties ac uniers duorum plurium que servientium garnitionis in
eisdem appositione. Et per alia quæ cumque juris et justiciæ remedia
ad hæc necessaria pariter et opportun una ipsarum curiarum proalia
non cessante sed etiam executii per una earum incepta per aliam
terminari posset valeat et finiri. Et super quibus renunciaverunt
partes ipsæ omni exceptioni vis doli mali metus pandis in factum
actioni convictioni invebiti et sine causa ob turpem nullam et injus-
tam causam et quod metus causa gestum est. Generaliter clausulæ
quæ incipit si qua jusfa causa mihi esse videbitur. Dictis que consuetudinibus per et inter ipsas partes non sic factis passatis concessis
transhactis et pactisatis teneri que hujus modi presentis publici
instrumenti non sic facti aliter que dicti quam scripti. E contrà feriis
que messium et vendemiarum omni que et cuiliset alteri juri canonico
civili scripto et non scripto, usui consuetudini quo seu quibus contra
premissa seu ipsorum aliqua in aliquo se juvare possent una ergò

alteram sejuvare possent defendere quo vel tueri. Et ita predicta omnia universa et singula tenero servare in nulloque contra facero dicere vel venire una ipsarum partium alteri promisit et juravit ad et supra Dei sancta quatiur Evangelia earum manibus dextris gratit corporaliter testa. De quibus omnibus et singulis premissis partes ipsæ et quælibet ipsarum petierunt et requisiverunt fieri et reteneri publicum instumentum seu publica instrumenta tot quot erint eis necessaria et opportuna per nos notarias infra scriptos quæ eisdem fuere concessa.

Acta enim fuerunt hæc [apud locum de Thonensis inferioris. Et in Ecclesiâ beatæ Mariæ ejusdem loci die nonâ mensis Decembris anno Domini millesimo quadringentisimo nonagesimo illustrissimo et christianissimo principe et Domino nostro domino Karolo Dei gratiâ francorum rege regnante presentibus ibidem in premissis magistris Guilhermo ardentis Jacobo Gorgonis Jacob Boerii, notariis, Jacobo Chinardi, Jacobo Lemoing domino Johanne Calvelly presbytero et Guilhermo Cozerans, tam villæ Agennii quam loci de Thonensis superioris habitatoribus, testibus ad premissa vocatis. Meque Guilhermo de curtibus notario publico congrafferio curiæ magniffici et potentis viri domini senescalli Agennensis et vasconiæ congrafferio qui in premissis omnibus et singulis una cum magistro Petro Drinoti notario ejusdem loci in premissis convocato presens fui et ipsum instrumentum una cum articulis additionalibus superius insertis et in formam publicam reductum ac sumptum et insertum in decem pellibus pergameni quarum in ultimâ lineâ primæ pellis incipit La court de las carns et in eâdem lineâ finitur hont son ben et deindê ir. ultimâ linea nonæ pellis incipit contentatur jure bajuli excepto et finitur in eâdem lineâ modo que suprâ dictum est sumpsi et ipsum manu aliena michi fideli scribi feci. Et deindê facta diligenti collatione cum vero originali hic me suscripsi et signo meo publico signari in fidem premissorum requisitus. Ainsin signé G. de Curtibus.

Et ego Petrus Drinoti clericus auctoritate que apostolica notarius publicus Demovicensis diocesis oriendus nunc verò habitator villæ de Thonensis inferioris qui in premissis omnibus et singulis ac articulorum additionalium consuetudinum præ insertarum productione ac aliis presens fui una cum dicto magistro Guilhermo de custibus notario superius subsignato et testibus supradictis et de premissis requisitus hujusmodi publicum instrumentum manu meâ propriâ suscripsi et signo meo publico authentico quo in meis utor publicis

Instrumentis antesignavi in fidem et testimonium omnium et singulorum premissorum requisitus et rogatus, Ainsin signe : P. Drinoti.

Lesquels contrat et articles susscontenus extraitz de leur original qui aurait été exhibé comme il est porté par l'acte inséré au devant d'iceulx de la part du seigneur de ladite ville de Thonenx et suivant les accord et consentement en iceluy acte ont été expédiées en la forme que dessus duement collationnées à leur original rendu après audit seigneur et auxdits consuls de Tonneins dont a été retenu la présente copie tirée aussi dudit original par moy.— Par coppie, signé : Pomarède notaire royal.

Acte du serment. — 1er septembre 1581.

Aujourd'hui premier du moys de septembre mil cinq cens quatre vingt et ung avant midy sur la place publique de la ville de Thonenx en Agenais. Estant illec présent hault et puissant seigneur Messire Loys de Caussade, chevalier, viscomte de Calvignac, seigneur et baron dudit Thonenx, de Grateloup, Villeton, Saint-Maigrin, Montbrun, Puycornet, Larnagol et autres plusieurs lieux. Et après queledit seigneur c'est offert et présenté aux consuls, aux manans et habitans de ladite ville juridiction comme nouvellement venu à la succession desdites seigneuries par les décès de feux ses prédécesseurs scavoir Messires François et Pol de Caussade, ses père et frère, pour faire le serement de seigneur ainsin qu'il est accoustumé faire et ses dits prédécesseurs ont faict à leur nouveau advénement. Accompaigné ledit sieur et assisté de Me Bertrand de Dulac son juge ordinaire esdites seigneuries de Thonenx, Grateloup et Villeton et de plusieurs gentilzhommes de sa suyte. Me Claude Drème, advocat, et comparant pour sires Pierre Dupin, Me Pierre Boix, Anthoine Germilhac et Jehan de Costebadie, consulz, et pour lesditz manans et habitans dicelle dite ville et juridiction dudit T   enx avecques lesditz consulz présentz et plusieurs desditz habitantz. A dict et remonstré audit seigneur qu'il est de costume et tous ses ditz prédécesseurs lont ainsin fait faisans leur serement de seigneurs à ladite ville comme le semblable lesdits consulz et habitans entendent que ledit seigneur face pour son regard de promettre et jurer entre autres choses les maintenir en leurs privilèges, franchises et libertés selon les articles des costumes accordés entre les prédécesseurs tant dudit seigneur que des dits habitans. Au moyen de quoi lesdits articles sont à veoir. Et en est pour les fins susdites requise la lecture et intelligence avant procéder à l'acte dudit serment. Et d'aultant que puys quelque temps la susdite ville de Thonenx par l'injure de la guerre a esgaré son contract où sont contenus lesdits privilèges et articles des costumes ce que empêche les ditz consulz d'en pouvoir fournir pour le présent estant adverlis que ledit seigneur a recouvert et tient devers luy ledict contrat, icelluy Drême au nom que dessus l'a supplié et requis le vouloir faire exhiber pour lesdites fins que dessus ce que a esté faict. Après laquelle exhibition des dits articles de costumes et privilèges accordes en l'an *mil troys cens et ung* anciennement comme est mentionné en iceulx aux ditz consuls et juratz, manans et habitans ou leurs prédécesseurs par feu noble messire Guilhem Ferriol, seigneur de ladite ville de Thonenx. Et despuis par feu noble messire Guillaume de Stuer, successeur dudict de Ferriol, seigneur susdit avec plusieurs additions le neuvième de décembre mil quatre cent nonante le tout ensemble escript en forme de contract dans certaines peaux de parchemin commensant par telz motz : *In nomine Domini Amen* expédiées et signées au fondz par Mᵉ Pierre de Curtibus et Pierre Drinoti A esté faict lecture publicquement et a haulte voix de plusieurs et divers desdits articles concernant lesdits privilèges franchises et libertés desdictz manans et habitans de ladite ville et juridiction dudit Thonenx par les anciens. Entre autres choses estait contenu et faict mention comme lesdits habitans sont en liberté de pouvoir faire et avoir en leurs biens des clappiers viviers et édifices colombiers chacun en sa propre terre de mesmes mollins terrenx et de vent chacun en son eau et en sa terre Et le tout tenir franchement sans que ledit seigneur ny ses officiers puissent pour raison de ce prendre y avoir ne demande aucune chose. Aussi que le proche parent de celuy ou celle qui aura vendu quelque bien et hérétaige en ladite ville seigneurie et juridiction dudit Thonenx s'il veut retirer lesdits biens et heretaige vendus sera préféré au retrait et retention à tous autres personnages et au seigneur du fief. Et par droit de linage jusques au quart grain. Et autrement tout ainsin que plus a plain mention est faicte par lesdits articles concernant ce que dict est dont leur teneur avecques la suscription précédante dung chacun diceulx a este extraite dudict contract des dits costumes et privilèges et insérée au présent acte à la requisition desdits consulz. Etant ladicte teneur telle comme sensuyt : Cum los bourges poden far clappeys et libeys e deffes. E voulgo e donet e autreguet en franquessa lodit senhor que los habitans en la dita vila e als appartenemens que ara son e per avant pouscan aver bibeys e deffes clappeys o colomeys franquament cascun en sa propria terra o als ficux que tendran d'aultruy. E tout homo e femna que pescara al bibey daultruy cassara al clappey o al deffes daultruy de dias sia punit en soixante cinq sols darn. de gatge al senhor et esmenda en aquel a qui sera lo bibeys ol clappey o deffes en double del pretz que sera presat per los cosselhs del medis loc lo damnatge que aura donat la causa povada abondosament. E de nuyt si es trobat ny a temps se pot proar abondosament sia punit per lo senhor en six livres e mege darn. de gatge e fos dat lo domage en quatre doublas en aquet que la malafeita aura presa. E si lo cosselhs era a'ie at e convencut en lo dit cas que sia punit en la solve dita maniera. Cum hom pot far molis terrenx o de vent en sa aygua o en sa terra o al ficux que tendra daultruy. E establit e acoustumet e det en franquessa lodit senhor que tot hom e touta femna de Thonenx e de la honor que pareilhat aya pusca far molins terrenx o de vent en sa aygua o en sa terra o al ficux que tendra daultruy daquella maneyra que se vulhe sens perilh e sens pena et que pusca mole so que mole voldra sens que lo senhor ny aucun des sous officiers rien demandar ny prene no deu per reson dels molins. DE VENDA DE HERETAT. E si tant era que alcus hom o femna vendos alcuna heretat que fos soa de part son patrimoni deuria lo aver lo plus prusman de sos parentz si retenir la volia per aquet pres avant totas altras personas e avant lo senhor del ficux o davant aultruy. Empero aquet parent deu estre lo plus prusmant parent del linage en aquera heretat sere a luy venguda so es a son fray de pay o de may o cosin german o filh o nebot filh de fray o de sor germana o altre parent entro al quart gran.

LESQUELS articles et aultres desdits privilèges entendus par ledit Seigneur, il a dit en iceux ensemble en tous leurs autres droitz privilèges, franchises et libertés maintenir et entretenir lesdietz consulz manans et habitans de ladite ville et juridiction dudit Thonenx. Et ainsin lui jurer et faire le serment de seigneur. Et en suyvant la forme par luy faicte dressée escripte en ung feuillet de pappier laquelle a esté par luy exibée de telle teneur : JE LOYS de Caussade Seigneur du présent lieu de Thonenx dessoubs par le décès et comme ayant succédé à feuz nobles Guilhaume et a francoys et Pol de Caussade mes père et frères. PROMETZ ET JURE a vous Seigneurs consulz dudit lieu et autres habitans dicelluy et juricdiction présents et absents. Et a vos hoirs et successeurs à ladvenir que je vous serai bon et fidelle seigneur et vous feray et administeray bonne et vraye justice ou la feray faire et administrer par mes officiers. Et vous garderay et deffendray à mon pouvoir contre quiconque vous molestera ou offensera ou vouldra molester et offenser. Ensemble vous maintiendray les priviléges costumes franchises et libertés des costumes arrestées et accordées par vos predécesseurs. Et feu noble messire Guillaume Ferriol seigneur en sont vivant en l'année mil troys cent et ung ensemble les additions ainsi que sont été accordées par ledit feu noble Guillaume de Stuer ensemblement expédiées par M⁰ Guillaume de Curtibus et Pierre Drinoti notaires, du neuviésme décembre mil quatre cent nonante que me sont esté exibées et lues. Et ce sans renoncer ny me despartir des arrests donnés en la Cour de Parlement de Bourdeaux et exécution diceux. Et sans contrevenir aux edilz ordonnances royaux et de notre droit et daultruy. En laquelle qualité et forme lesditz consulz et habitans illec présent tant pour eulx que pour les autres absents ont offert recevoir ledit serment dudit Seigneur qui alors promis et juré auxditz consuls et habitans comme est contenu et escript cy dessus en ladite forme par luy exibée ainsi que dict est METTANT SA MAIN DEXTRE SUR LA BIBLE ET SAINTE PAROLE DE DIEU contenue en icelle estant à ces fins préparée illec sur une table en la maniere accoustumée lequel serement ainsi fait par ledit Seigneur lesditz Dupin Boix Germillac et Costebadie consulz susdictz inclinés et mettant leurs mains sur ladite Bible ont aussi juré avec les habitans là présents et assistans audit Seigneur en la forme que sensyt : NOUS CONSULS et habitans du présent lieu et juridiction de Thonenx dessoubs à vous hault et puissant Seigneur Messire Loys de Caussade chevalier viscomte de Calvignac Seigneur et Baron de Saint-Maigrin dudit Thonenx Grateloup Villeton Larnagol Puycornet, Montbrun et autres lieux, JURONS et promettons comme estant nostre Seigneur juridictionnel et foncier que a perpétuité nous vous serons bons et fidelles vassaux et BONS HOMMES et de vos hoirs et légitimes successeurs et que fidellement de tout nostre pouvoir nous prendons garde et procurerons que vous vosditz hoirs biens honneurs droitz présents et advenir ne souffrent ou recoyvent aucun détriment, perte peril domaige tort injure ny offense. Et ne ferons aucune chose par nous ou par aucun autre pour nous ny en nostre lieu que soit contre vos personnes ne biens ny des vostres ny ne pratiquerons, contracterons, ferons ne machinerons par aucun moyen contre vous ny les vôtres mais au contraire si cognoissons ou sommes advertis qu'il se fist ou entreprint aucune chose contre vous susdit sieur vos honneurs et liens ou des votres au plustost qu'il viendra à nostre notice et soudainement vous en advertirons. Et tiendrons secret ce que par vous ou vos hoirs et successeurs nous sera dict et communiqué sans le dire manifester ny publier a parsonne. Et garderons et défendrons votre vie et de Madame votre femme et de toute votre famille de tout tort et force. Et vous soutiendrons contre tous voulans venir contre vous et les vostres de tout notre pouvoir. Excepté contre la personne du Roy comme souverain. Et ce sans renoncer ny nous despartir des arretz donnés en la Cour de Parlement de Bourdeaux. Et sans contrevenir aux Editz et ordonnances Royaux Et de nostre droict et daultruy. ET LESDITZ SEREMENT ainsin que dessus respectivement faictz lesditz consuls ont supplié et requis ledit Seigneur leur permettre prendre et retirer à eulx le susd contract desditz costumes et priviléges de ladite ville cy-dessus mentionné comme étant a icelle ville et luy appartenant, ce que ledit Seigneur na volleu, Bien a consenty que lesditz consuls en puissent prendre et lever une copie par les mains de nous soubz signés notaires et auxdites fins ledit contract desditz costumes et priviléges demeuras devers nous que a esté accepté et accordé par iceulx consuls sans préjudice de pouvoir demander et retirer icelluy contrac en sa forme. Et de leurs actions quant à ce desquelles choses sus dites lesdites parties respectivement ont requis à nous ditz notaires de leur faire et retenir acte que leur avons octoyé et faict les jour moys et an susditz ez personnes de Me Pierre Delivre notaire royal de la juridiction de fauilhet Jean Nargassier me tailleur de la ville de Tonneins dessus Et Jehan de Lalyman de la juridiction de Taille-bonrg habitans témoins a ce appelés. Et se sont lesdits Seigneur et consulz à la nostre ensemble les témoings sauf ledit de Lalyman qui a dict ne savoir signer.

Signé : **POMARÈDE**, Notaire-royal.

Coutumes de Tonneins-Dessus.

In nominé Domini, Amen.

Conoguda causa sia a tos presens et adveindors qui aquest present public instrument veseran legiran o legir auziran que lan et lo jour dejus escriptz personnatz al loc del bore Sainct-Pey et en aula et Gleyza del dict loc deu Bore Sainct-Pey en la Diocesa d'Agenes en la présencia de my notari et dels Testimonis dejus escripts noble et puissant Senhor et Baron François de Caumont Senhor et Baron de Caumont et del dict loc del Bourg Saint-Pey, Fauilhet et Agmé, Laperche et de Castelmoron de Montpouilhan, Samazan Dauseilhan, Consenhor de Saint-Berthomieu en Agenes et de Castelneuf en Perigort, de una part. Et Jordan Costa, Jehan del Fraisse, Guilhem Garsias consuls del dict loc de lan present ; Martin de Gailhard Jameth Sinard Jacques Boussières, Jehan de la Morère, Mes Huguet Frimien Jamet Gorgos notaires, Bernard Danglade, Jehan Rosset mossen Anthoni Molin, Michel Richon, Pierre Marsac, Francez Lafossa, Peyrot Filhot, Durant du Bosquant, Peyrot Gache, Moss, Marchal de la Cone, Bernard de la Morère, Peyrolin Futaynes, Peyre Rochon Et Claude de la Ramièra, Jean Clode, Anthoni Futeau, Vidau Fau, Jehan de Massac, Esteve Gayssia, Peyrot de Massac, Jehan de Claverie, Item Peyrot de Lafon, Martin Lombard, Bernard Moline, Anthoni de Massac, Jehan de la Succutour, Arnaudet de la Fauria, Arnault Gaussen, Johan Teyssené, Johan Auchen, Peyrot Dangla, Johan Bareyra, Guilhem Bareyra, Johan Moceyron, Anthoni Malge, Pey Clerc, Jourdan Clere, Francis et Peyrinot Clerc, Guilhem Sapidi, Anthoni Delmas, Johan Constant Pey Tarrieu, Raimond Tarrieu, Johan Cassé dit Brethon, Johan Casse-Vieilh, Bernard de la Peyruge, Mossen Jordan Brau, Bernard de la Motha, Ramon Casté, Johan Hébrard, Bernardon de Latus, Pe Johan Pellet, Anthoni Danglada Ramond del Garn, Mondon de Ribe, Vidau Hébrard, Peyron des Camps, Nicolau Peyre Gamy, Guillaume, le Dans, Jehan de la Roqua, Guyrauld Pelissier, Mossen Gayral de Bonan Capellan, Johan del Prat, Johan Vidau, Johan Lossa, Guichard de Robert, Jehan del Tilh Peyroton Teysseney, Bernard

Laurens, James Maures Ramond del Maistre, Bernard Sexsols, Johan Baillet, Johan Moline, Johan de la Marqua, Johan Guilhem, Johan Bessa Pierre Boyes, Berthoumieu Desas, Bernard Pebedenas Johan Boye, Nazari Calvil Bernard de Combafreyres, Arnaud Pelet Peyrot Mazeria Loys Boyssen, Johan Castaing, Arnaud Vilaines Jehan de la Moria, Johan Boys, Johan Vigne, Johan Gary, George Vilata, Simon Barbara Peyrot del Pey, Arnauld Cassolet, Sanson de la May, Johan Jusquet, Peyrot del Massac, Borgues et habitans del dict loc del Borc Sainct-Pey et dec daquel ; Peyrot de la Genera, Johan Laussa, habitans de la parropia de Sainct-Geordi de Rams Juridiction del dict loc del bourg Sainct-Pey ; Gayral Morgue, Ramond Baillarguet, Pierre Coserans Pey de Bossez, Johan Pothevin, habitans de la parropia de Notre-Dame de Bugassal juridiction del dict loc. Johan Pelet, Peyre Barutel, Micheu Fargues, Guilhem Boyer, Johan Lana, Arnault Lana, Mangot Lana, Johan Monet, Bernard Lafossa, Anthoni Mosseron, Johan Pomes, autre Johan Pomes, Arnauld Seissac, Peyre Borlo, Anthoni Bazeilha, Heliot Bugac, Johan Bazeylha, Johan Mondo, Peyrot de Costa, Fortaney de Merilla, Guilhem de Partarrieu, Johan de Malassa, Arnaud Guilhem de Menilla, et Jean (illisible) habitans de la paroisse de Saint-Sernin de Unet juridiction del dict loc del bourg Sainct-Pey. D'autre part.

Que confus debat question et controversia entre losdictz noble et puissant senhor Frances de Caumont senhor et baron de Caumont et deldict loc del bourg Sainct-Pey et de plusors autre locz, de una part et consulz manans et habitans deldict loc del borc Sainct-Pey et juridiction daquel.

1. — Per so que lesdits consulz borgues manans et habitans de ladita vila et dexs et appartenencias ... aquella disian e affirmian estre grevatz per mon dict senhor en so que mon dict senhor constreinha et vole contraindre tous et cascuns delsdictz consuls borgues manan et habitans de ladita vila et deldict loc deu bourg Sainct-Pey a pagar a mon dict senhor una castiera de fromen un cascun an a causa del *dreyt de fornage* que mon dict senhor pretendia aver sur elz et un chacun d'elz attendut mesmement que per las costumas que son estada donadas par los prodecessors de mon dit senhor senhors de ladita vila del bourg de Sainct-Pey non era feyta aucuna mention.

2. — Item plus los volia constraindre de pagar peage de las marchandisas et autres causas que losditz habitans passerien per lo fleuve de Garonne en montant et descendent passant et eppassant tant per

terra que per aygua per la juridiction de ladita vila del bourg Sainct-Pey nonobstant que en lasditas costumas non fus faicta aucuna mention.

3. — Item plus los volia empachar de jouyr dels deux ters las tres parts faisan lo tout de certainas esmandas que prendrian de *las cridas* que se devian far en ladita vila del borc Sainct-Pey de las parts de Monsenhor et dels consuls de lasqualas esmandas los dictz predecessors de mon dit senhor senhors del dict loc del borc Sainct-Pey aven donadas aux dits consuls borgues et habitans de ladita vila pour mettre à la reparation de ladite vila.

4. — Item plus disso que mondit senhor los volia contraindre a luy payar et estre payat per ung chescun deusdits habitan et habitadors una vetz l'an de Noël una *carga de busqua* nonobstant que en lasditas costumas non sia feyta aulcuna mention.

6. — Item plus disso que come per las dictas costumas losdictz senhors prédécessors de mon dict senhor se sian resesbatz *lo debet* del mes de may per vendre son vin que mon dit senhor fay vendre d'aultre vin que del son au prejudice delsdicts manans et habitans.

7. — Item plus de ce que mon d. senhor a mes et met una vetz lan ung grand nombre de *bestial estranh* et de pays estrange en las terras et pasturals dels manans et habitans de ladita vila en lor donant de grands dommages et daquels en prenen aulcuns dreytz et deners nonobstant que per las ditas costumas non sia facha alcuna mention, le tout en grand préjudice et dommage dels conseilhs borges, manans et habitans.

8. — Item plus de ce que mon d. senhor los vol constraindre de payar certains drechs de froment autrement dit *fromenage*. Es assaver per una chescuna maison estant en ladita vila a duas aygas sieys denen et per alapen tres deners nonobstant que jamais no agossan pagat ny lors predecessors.

Mon dict senhor disant quel es senhor et baron en tota justice aulte moyenne et basse mère, mixte, impere de la dicta vila del bourg Saint-Pey. Et daquelles et droicts senhoriaux a joui tant pour luy que per sous predecessors de tout temps et anciennetat que non es memori del contrari.

Dict plus inter cetira que a nulh dels dicts consuls borges manans et habitans de la d. vila del bourg Saint-Pey no es permes se aver ny far four dans la d. vila ny dexs daquela mas deven venir coser al four del d. senhor en lui payant lo dreyt del fournage ainsi come aprest per las costumas per los d. conselhs borges et habitans alegadas et las quallas lors predecessors an juradas tenir et observar ensemble los dreyts ben et honor del d. senhor. Perque si lo d. senhor et sous predecessors an pres et levat pren et leva un chascun an de chascun dels d. conselhs manans et habitans de lad. vila et dexs del bourg Saint-Pey mas cástera de froment els on a fach et fan en bona causa et solagamen des d. consuls borges manans et habitans de la d. vila.

Item tant que tocha de ce que dissom del peage dit lo d. senhor que a causa de la d. senhoria, et a dreyt et tant per luy que per sous predecessors seignors de la d. villa et baronia es en bona possession et saisina levar et percebre peage tant per terra que per aygua de tous et ung chescun por'an et reportan passan et repassan marchandisas ou aultres causas deven peage per la senhoria del borc Sainct-Pey ; per que no lo voler pagar mantenen so es venir direclament contra lor sagrament en grand dommaige de mon d. senhor et de sos successors.

Item tant que touche de ce que los d. cosselhs borges manans et habitans se disan aver dreyt et estre acoustumat destre feytas inhibitions et induita penas tant de par mon d. senhor de la vila et daquellas peynas estre levat et percebut per los d. consuls doas pars de tres faisan lo tout. Dit lo d. senhor que a aultre que a luy quest lo senhor de ladita vila sans aultre ou a sous officiers et de per luy no se appartient lexercice de la d. justice et per conséquant totas esmandes et de ce que on deven aver lexercice d'iceulx.

Item et tant que touche la réservation faicta per los dits senhors predecessors de mon d. senhor del debet del vin et per vendre vin tout lo mes de May dit lo d. senhor que del dict debet el a jouyt tant per vendre son vin de son cru et autre en venden et fasen vendre a autres tout lo mes de May sans bue a autres sia permes en vendre que al dict senhor ou a sous comis et deputatz.

Item tant que que touche de la la d. loiguihna que los d. consuls Borge, manans et habitans de la d. vila disc estre contraints payar ung chascun an a Noël et que non es contengut en las d. costumas.

Item et de ce que dissen aussi que mon d. senhor a mes et fay mectre a grand nombre de bestial estrange en las terras et possession du d. manans et habitans en lor donan de grands dommages et non es contengut en las d. costumas dit la d. senhor que des dictz

dreytz de la lohguin a et del bestial et nes en bona possession et saisina levar et percebre lors d. dreytz sur les dictz consuls borges
manans et habitants tant per luy que per sos predecessors. Dict plus
quel a dreyt et es contengut en las d. costumas que ung chascun des
dictz consuls borges manans et habitans de la d. vila et dexs es tengut payar à mon d. senhor per lo dreyt de froment sieys deners et
per alapen tres deners, ung chascun an. De laquelles causas los d.
consuls borges manans et habitans sont refusans endegadament et
contre lor sagrament. Lasquallas causas et una chescuna daquellas
vistas et que elz sont vengutz contra las ditas costumas del contengut en aquelas els deven perdre et estre formes et debolats de totas
las costumas en contengut en las costumas et contengut en aqueras et
non jouir de arres en avant.

Per que tractans aulcuns amictz de las d. partidas de say et de lay
son vengutz en etal appointamen et an volgut establit et ordonat
ainsi ques contengut et los articles et causas que sen seguan la tenor
dels quaux es tala.

Appointament feyt entre lo noble et puissant Senhor et Baron
frances de Caumont Senhor et Baron de fauilhet, du d. Caumont.
d'Agmé, Laperche, de Castelmoron, de la ville del bourg Saint-Pey
de Thonnenx, de Montpoilhan, Samazan, Dauscilhan, Consenhor de
Saint-Berthomieu en Agenes, de Castelneau en Perigord, de una part.
— Et los conselhs Borges manans et habitans de la d. ville et juridiction del borc Saint-Pey et de chacun dels tant que cascun toqua et
pot tocar.

Droit de fourrage.

1. — Et premièrament es estat appuntat statut et ordonnat que los
d. consulz Borges manans et habitans de la d. vila et juridiction del
dict borge Sain-Pey et Dexs d'aquela pagaran tous los ans au d.
noble et puissant senhor monsenhor de Caumont et a sous successors
senhors de ladita villa del borg sen Pey chescun an en la festa de
Saint-Michel deu mes d3 septembre per lo dreyt del fournage una
carteira de froment a mesura de la d. villa et asso per cascun for
daquelz qui demoran et demoraran a temps advenir et dedans la d.
vila et dexs daquela. Losquals dexs son et sera fora a la d. villa et so
estendaran deven lo borge de Jus tant quant sestend la juridiction et
limita de la villa del borg Sen-Pey et daqui tirant al darre fossal de
la d. villa tirant tout lo longe del dict fossat daqui al riu appelat lo
Cassarin et al moly dels pays Carmes del bourg Sainct-Pey. Et del dit

moly segan lo d. riu al moly de Martin de Gailhard Borges de la d. villa et daqui segan et tout al long del d. riu jusques al fluvi de Garonna et lo long del fluvy tant quant restant la d. juridiction et limita de la d. vila del bourg San-Pey.

Debit de vin.

2. — Item plus et joyra mon d. senhor del dreyt appelat lo *debet del vin* cascun an tos los mes de May per vendre vin bon et marchand et non aultre.

Charge de bois.

8. — Item cascun tenant for en la d. juridiction pagara et portara a mon d. senhor una begada cascun an a Nadal et de Nadal en Nadal et se penden a benis lo d. senhor ou sous successors una charga de boy pour son cauffage, ou detz deners de moneda coren per la valour; Et asso si mon dit senhor, madamoisella sa fema ou Monseignor son fils ou lors successors payre mayre ou lors enfants naturels et legitimes un ou plusiors son en d. festa en la d. villa del borg Sen-Pey : Et si no y son a Nadal qualque aultre jour de lan que lor plaira quant lo d. senhor dama ou enfants ung vu plusours vendran et seran en ladita una vegada lan sans plus. Et lan que no y vendra degun delz no ne pagaran res lo dits habitans del d. loys et à capitani officier assenssada ny aultre servitour de mon d. senhor et dels sous successors.

Produit de amendes.

4. — Item Come en et de aulcuns cas et articles de la costuma et establiment de la d. villa aissy dejus escriptz los d. consulz borges et habitants degan prendre doas partz las tres faisan lo tout de las esmandas per convertir en la reparation de la villa. dayssi avant a mon d. senhor et als sous successors appartendran et levaran las doas partz et los consulz borges et habitants la tersa part tant solament de la on ne devian prendre las doas partz per convertir à la d. reparation.

Nouvelle amende.

5. — Item et tout home qui fera a aultra alcuna plaga dont sang ne sailha oultra las penas et esmendas qui son en las d. costumas et establiments pagara lo delinquan a mon d. senhor la soma de cinquanta sols et satisfera partida, si sen plaint de son interest al regard de la court de mon d. senhor. Et si lo cas requer plus grand pena

sera plus amplement punit lo delinquan jouxta la forma del dreich et de raison.

Paissage des bestiaux du Seigneur.

6. — Item et poyran lo d. senhor et los sous tenir en la riviera et juridiction sur d. et par paysse sos propres bestials de qualque condition que sian tal nombre que luy plaira en temps no prohibat et sens portar domage a nulh hom en blatz pratz vinhas ny notz. Et si damnaiges y fay ou faict far sera esmendat lo domage solament selon raiso. Et daultre bestial que seran no hia noy fara ny pourra aulcunamant tenir.

Paissage des bestiaux des habitants

7. — Item semblablament los d. consulz borges et habitants de la dita villa et els et cascun dels poyran en temps no prohibat tenir et far paysser los propres bestials et no autres en la d. riviera et sens donar dommage. Et si ne dona sera esmendat et pagaran la clamor si clamor y a. Et si daultres bestialz estranges que tengun a gazailha ou aultrament aultres que des dits habitans ny mectian ne seran pugnitz par mon dit senhor de pena arbitraria. Toutas begadas mon dit senhor et habitans poyran en toustempsmectre en lors heretaiges ou ailhors de consentement daquetz de qui seran los d. heretaiger et els paissage com es los d. bestialz.

Prés fermés.

8. — Item plus si ny avia aulcuns pratz barratz per gardar la secunda herba no sera permis à degun de los ubri ny y mettre bestials. Et si lo contrari fan ne sera pugniz par mon dit senhor los delinquants et segan las costumas et los establiments.

Droits Seigneuriaux arréragés.

9. — Item comme mon d. senhor aya plusiours terriers registres, instruments et documents anciens et autres per los quals troba o te belcop de cens, rendas, acaptes et autre devers que no luy son pas pagats, es dit et appuntat que cascun delz dictz consulz, borges habitants et tenanciers de las causas per lasqualles los d. cens rendas acaptes et autres devers que mon d. senhor trobera per los d. terriers registres et documents luy esser degutz pagaran los d. cens rendas acaptes et autres devers et sen purgaran per sagramen.

Franchise du droit de Sermenaige

18. — Item et mon d. senhor a quitat et remit als dits consulz, borges manans et habitans lo dreit appelat del sermen ou sermentage loqual era degut a mon d. senhor per las costumas et establimens de la d. villa per aras et per totz temps et tous arreyrages que per lo dict deyt lui estre degutz.

Franchise du péage.

11. — Item et neantmens mon d. senhor per el et per los sons a donat et dona alz dicts consuls borges et habitans del d. Borc Saint-Pey de Tnonneux, dexs et juridiction daquela qui son et qui seran a temps advenir habens sagrament a mon d. senhor et pagan tailha cargas et subsides et commis de la d. villa franchesa libertat et immunitat a perpetual de passar et repassar ou far passar et repassar los fruits de lor cru ou aultres marchandises quelzconques tan par terra que par aygna en sa villa terra et juridiction susd sens que per tot aquellas pagan a mon d. senhor ou a sous officiers alcun peage per los d. fruits et marchandises assaver et del peage degut à mon d. senhor per rason de la d. villa et juridiction car d'autres non en seran quites.

Fraudes du péage.

12. — Item plus et si cas era que aulcun dels ditz consulz borges et habitans fasia ou comettia aucun barat, dol ou cautelha el d. peage en passan ou fasen passar et repassar en lor nom aulcuns fruitz ou marchandises d'aultruy et que reallement se ou que sianp aparan per cada vegada a mon d. senhor donble peage et dix livres tournois es et neantmens no sera punit qui ou fara per mon d. senhor come per jus et segon raison Et sera tenguts chescun deus d. habitans si requis en son de se purgar moyennant lor sagrament si an comes aulcun barat, dol ou fraulde en lo d. peage nonobstant laqualla purgation poyra mon d. senhor ou son procuror probar lo contrari Et aquel que sera trobat en faulta pagara et sera punit como dessus.

Cri public.

13. — Item las cridas dont es mention feyta en las d. costumas et establimens ou extraits de las costumas de Castelgeloux ayssi dejus escriut se faran dayssi en avant el nom de per mon d. senhor et de la villa.

Maintien des anciennes coutumes.

14. — Item et en totas autras causas punctz et articles tendran et valran a perpetual las costumas et establimens anciens de la d. villa ayssi dejus inscridas de point en point en so que no sien a re que dessus contrarias. Et si aulcun deus consulz borges ou habitans venan al contrari no seran punitz aygrament per man d. senhor.

Promesse d'observer les coutumes de Casteljaloux.

15 Item et los d. consulz borges et habitans de la d. villa son contens de las d. costumas et establissements sans alegar ny sans usurpar aultres dreyts ny preaminensas de mon d. senhor per loqual en agua ns poyran alegar ni se ajudar de aulcuna prescription a laquala renuncien expressement. La tenor de las costumas et establiments et de l'entrait de la d. costuma de Castelgeloux touchant las cridas es aytal.

Octroi des coutumes de Casteljaloux aux habitans du bourg Saint-Pierre de Tonneins.

Conoguda causa a tous homes qui son ne qui seran que Ramon Bernat de Rovinha fils de huc de Rovinha que fo, en Eymeric de Rovinha oncle del dit Ramond-Bernat et frayre del predict huc de Rovinha, ambi ensemps per lors agradablas voluntatz non forsats ny decebutz ny enganatz reconogeran et autregeran per lor et per tos los lors presens et adveindors que en Ramon Bernard de Rovinha qui fo frayre de huc de Rovinha pape del dict Eymeric et de huc de Rovinha son frayre qui fo, Det et octroyet per se et per tos los sous per tot temps a toutz los lors habitans et habitadors del Bourg apperat lo Bourg Sanct-Pey de Thonneux las costumas de Castelgeloux, lasqualles costumas meyssas de Castelgeloux lavant dit Ramon Bernard de Rovinha et en Eymeric de Rovinha son oncle an autreyadas dadas et confermadas per lors bonas et agradablas voluntatz per lor et per toutz lors los a tos los habitans et habitadors hommes et femmes presents et advenir del dict Borg Saint-Pey per toutz temps, lasquallas costumas de Castelgeloux son atalas cum en aquesta pagena son escriptas.

Transcription des coutumes de Casteljaloux.

Arras comensan las costumas de Castelgeloux que lo predict Ramon Bernat et Eymeric de Rovinha son oncle an dadas et confermadas a los los habitans et habitadors del Borg Saint-Pey ayssi aim predit es.

Meurtre.

16. — Si hom aussi autre home en la villa am arma mortal ou en autra guisa encors et al senhor en totas las suas causas si non en son corps deffenden. Si deffora dexs laussi et escapar pot del senhor sens preson de las suas causas am tres cents sols de morlans per tres mags et trenta tres sols au Baille et sera en paour delz amicz del mort.

Adultère.

17. — Si home es pris en moilhe maridada ab leyaus testimonis sera pres deu senhor et pot escapar son aver donan per volontat del senhor se nes desherelat.

Voies de fait.

18. — Si home contan ab autre el fier et luy fey sanc de la gola en sus al senhor na clamor et lo sanc se pot monstrar tres sols aura lo senhor aqui meses. Mas sil ou desdi qui nera accusat lo plagat ou jurara que sanc luy a treyta Et aqui mesis aquel acusat jurara sa man tersa que sanc treyta no la Et lo sagrament acabat lo gaige es al senhor tres solz si fin e feyta deu sagrament detz houeit deners al senhor daran.

Duel.

19. — Si batailha es fermada en la man del senhor et es fayta lo gatge es del senhor trenta et tres sols del vencut et las armas del vencut. Si sen fui detz et sept volz sieys deners daran au d. Si hom pana la venda tres solz dara al senhor et la venda doblada.

Vol dans la ville.

20. — Si hom es pres en layronissi dins los murs pres sera deu senhor mas no lo penera ny no laussira del premy larrosin. Si meys y es pres es a la merce del senhor.

Vol dans les dexs.

21. — Si larron es pres dans los deixs al senhor dara tres sols et esmendara lo layronissi. Et si fora dexs es pres et non es rendut al senhor pot se accordar en luy qui pres laura. Et si es rendut al senhor dara de gatge cinq sols et aureilha et lo larronissi rendut.

Patente de cordonnier.

22. — Lo suder ses sol da al senhor, un pareilh de sabatous l'an et festa de sainct Guyrauld.

Patente de tisseran.

23. — Lo teysseney ses sol da à la Pentecosta sieys deners al senhor houeit si nes sol. Qui drapz tendra dara lan al senhor tres bergadas de brin dauqual se vueilha.

Patente de forgeron.

26. — Faur si nes sol si cotel fey ny fautz ny ferretz ung ne dara al senhor. D'aultres ferrament non res.

Patente de boucher.

25. — Lo mazerey si porc y compria nol aussi nulh y vens los loins et ung poges a senhor si aussi son mezes porc ou de home de la vila posta ung mes tengut dara cinq poges, de la vaca meailha, de vacon mesailha. Naiso en ferman da al senhor sieys deners et alapan tres celers non res.

Debat entre le seigneur et le bourgeois.

26. — Sil senhor aura nania ab son bourges ou altra rencura en sa man de doi borges anil que repond den nau dias per respondre.

Four public et privé.

27. — Si hom coy pan al for del senhor dara la dreytura. En qualqua maniera autra coy lo pan no deu res al senhor. Et si lo pan porte del fourn lo forney lo rendra an burges. Borges si vol aver forn fara deus dexs aver lo borges gardara cui se vulha en la villa entro denedat aussi a si faict no y a omicidi aquet que encasionnat es et vol escapar pot am sagrament. Lo senhor no pot hom gitar de la villa si davant luy pot far dreyt. Si vol pot fermar la crides soubre sia jutgat.

Le bourgeois peut quitter la ville. — L'étranger peut être reçu.

28. — Si borges ysser de la villa vol dias aura quaranta per vendre las suas causas. Autre tort lo senhor no lor fara sans ren gardar. Se guidara am las suas causas, on que anar vouldra. De son poder tout home deu estre segur deus lors aven si causa demanda home en la villa nol tendra si non la man del senhor si estar vol adreyt. Si hom vol estre borges en la villa deu estre un an et ung mes senes cautelha et daquet an en avant lo sega lo senho nil borgues no es-

taran la demandador. Lo senhor deu defendre son borgues de tout
home sel pot aver adreyt et de penhora et de coreilha.

Droit de moudre.

29. — Bourgues molera son blat ont que se vulha et cobrara sa
farina al senhor del blat et si mens mes de la farina lo senhor la fara
rendre au molier.

Le bourgeois peut disposer de ses biens.

30. — Borgues pot ordonar son aver et sas heretatz a cuy se
vulha.

Le bourgeois ne peut être contraint de prêter ni de donner au seigneur.

31. — Borgues no deu prestar ny crezer son aver si no vol al
senhor per deners.

Le seigneur ne doit rien prendre aux bourgeois.

32. — Lo senhor no deu aver de las causas del borgues deffora
vila ny dedans villa ny dors ny dors ny de vinhas ny dautra maniera.

Deux cas d'aide au seigneur.

33. — Si lo senhor va aultra mar on es pres tres cents sols naura
delz borgues. En autra maniera non deu res aver.

Le seigneur peut racheter chevalier bourgeois ou vilain ou cheval.

34. — Si bourgues cavoir ou bourgues ou vilham en batailha al
senhor lo deu rendre cavoir per cent sols, bourgues per trenta sols,
vilhain per cinq sols. Si prend caval, al senhor lo rendra per detz
sols et retendra lo fren et la sella.

Le seigneur ne peut distraire le bourgeois de son juge naturel.

35. — Lo dict senhor no deu tremettre son borgues en aultra villa
per negun julgament mays lo borgues pot clamar son julgament a
qualqua villa Si vollia que sia delassa costuma como quel meses julgament es feyt en aquela villa que lo senhor fach aura lo senhor tres
sols del borgues Si autre julgament es faict lo senhor naura arcs ni
desencusa ni als.

Demande d'un chevalier à un bourgeois.

36. — Si carvoir ou un aultre home demana lo borgues a home
apres trenta ans destage lo borgues en la man del senhor se deu deffendre si vol. Et aquel qui demandara per home deu lo dar son per
son linage de corps et manasas. Et si borgues meus aquela demanda
qui es lo demanara der clamant certain home de linage et daver.

Succession ab intestat.

37. — Si home mor sans testament et sans ordenh als parents de
luy deven estre las suas causas ; mas si non a parens, aux creantours
rendutz lors deutes, lo remanen es al senhor.

Le bourgeois ne doit rien au seigneur pour raison des voyages du comte ou du roi.

38. — Lo borgues no deu arre dar ny prestar al senhor per l'anada
del comte ny del roy si no volo.

Droit sur le blé.

39. — Aquestas son las costumas de Castelgéloux. Lo senhor a de
la sainct Miquel entro a la sainct Jean en la conqua del blat meailha
qui blat crompara per revendre. Et si lo borgues lo ten ung mes non
dara mas come del son home estranh una copa de blat se lo ven.

Droit sur le vin.

40. — Lo borgues pot son vin aca far cridar qualque mesura que se
vuilha mectre. Et si la mesura puis lo vin es al senhor del dozilh en
bal. Del much del vin tres deners et meeilha de morlans dome quel
crompa per revendre.

Le bourgeois est tenu de tailler au bois du seigneur.

41. — Lo senhor amalcore de medar ung mes en bon puech ou en
bona seguritat. Lo borgues deu anar tailhar au bost del senhor tout
fust cassa enferas.

Droit du bourgeois pour la nourriture de son bétail.

42. — Lo borgues demaner hesbage per la terra del senhor al
bestiar.

Le meunier ne peut être témoin et ne peut faire serment.

43. — Lo molier no prant on a Testimoni ny no passa per sagrament ny vacquers.

Coups donnés dans le moulin ou dans le four du seigneur.

44. — Cel que tatra home au molin ny al four del senhor et clam nes lo senhor y a nau sols au vincut.

Coups donnés dans la boucherie.

45. — Si bataison es feyta au masel tns sols au vincut.

Coups donnés dans une maison privée.

46. — Si bataison es feyta en la maison deu borgues en la villa clausa lo senhor y a trente tres sols al vencut et pot far tornar l'appellant.

Peine contre celui qui se sert d'un couteau pour en frapper.

47. — En celuy qui traira cotel per ferir son vesin ou auttre home si aictent nes et proat per dict domes de la villa trente tres sols y a lo senhor.

Débit de vin du seigneur

48 — Lo mes de May a la senhor debet de son vin de la saumada del mel a lo senhor quatre morlans ou una coppa si intra dedins los dexes.

Plaies

49. — De clam de plaga trente tres sols al senhor al vencut en tornar E si es feyta davant lo bayle del senhor ou davant prohomes que o autrefo et al senhor trenta tres sols que clamor feyta non sia.

Le seigneur ne peut empêcher un étranger de s'établir en ville.

50. — Lo senhor no ha de reffuzar nulz home qui en sa villa sen venga estar si no que sia tredor conegut. Et si nera appelat et sen vol desdire nol den refusar. Si non vol es diser deu lor dar dias quarenta dias et tenir en segur.

Le chevalier peut disposer de son homme hors des murs.

51. — Lo caroes de la villa fara son plaiser de son home traict de la porta en fora.

Chevalier qui cautionne un bourgeois.

52. — Si negun dels carvos de la villa emparo per hom negun deus borgues si vol cres deffendran segon dreit del senhor ou si no vol deffendre sera segur dens la villa si vol reman ou sinon ysser na ab sas causas segur per quarenta dias Et si nulhs sos vesins emparo per home bourges de la ville que naura estat an et mes sens demandar comparar lo senhor come son bourges et dins lan demandar et nos vol deffendre sera segur dins los dexes si vol demorar ou si vol deffenra per coyta de la villa sera deffendut.

Demande du seigneur contre ses chevaliers ou bourgeois.

53. — Si lo senhor fors a caroes ny bourges de la villa soubre dreciz tenir se deven daquella demanda entro lo senhor no prengua dreytura.

Prétention des bourgeois sur maison ou sol.

54. — Si lo borges demanda mais ny sol a son vesin cinq sols dara al senhor lo clamant ans que naga jugement.

Droit d'investiture.

55. — Cel que comprara maison ou sol en la villa dara seys deners d'investitura al senhor.

Demande de meurtre ou de trahison jugée sans délai.

56. — Si lo senhor demanda ou appela son bourges de la mort ou de traison ades ses dira sens dia.

Demande pour injures.

57. — Si hom appella puta la moilhe de son vesin desdira sen à ses dia per sagrament si hom na lo senhor de puta conogada. Si esforsada et clams n'es lo senhor y a trente tres sols en la mesura falsa et lo senhor lobs sols

Vin falsifié depuis la crie.

58. — Si vin es azagat desppuis que cridat es ou sordege vin mesclat, lo vin és del senhor et tres sols de gage.

Vin après le temps du débit.

59. — Lo debet del senhor transpassat deu o tres sols de trit a ricardar sauves pel treze deners de ganil lo song ou vesin si plus hoo ven tres sols de gaige de la ung marcat a l'autre.

Coups donnés dans la cour du seigneur.

60. — Si hom es ferit en la cort del senhor et son sang perdre, trente tres sols y a lo senhor sy lo ferit s'adressa.

Serment ne peut avoir lieu sans la volonté du seigneur.

61. — Sagrament no deu aver en la villa sens voluntat deu senhor. De touta parolla facha en la court del senhor deu estre proada per conseilhs de la villa.

Droit sur la vente des chevaux, poulains et juments.

62. — De caval, de rossi et d'ega et de mul vendut al senhor deux morlans si vesin no lo compra.

Droit sur la vente des bestiaux au marché.

63. — Et de vesin al dia del marquat de beu et de assa et de poro meailha de douze bestialz vendutz meailha toutz menhs gros meailha douze mens meailha.

Droits et devoirs du portier de la ville.

64. — Lo portey es franc excepta de clausura de villa et en cada saumada de lencha ung laichitz daquet qui la porteran et pan et carn a nadal de cada maio. Sil portey pent la clau esmandar laya. Si portey es forsat lo senhor la fara esmandar et naura son gaige tres sols.

Si sors aucuna nouvella demanda en la villa o alcuns noelz cas ou aulcuna noera res obligada ou remasa que non feus de la costuma de Castelgeloux ayssi escripts ou coustraist ou contradicion en vena entre los senhors et los borges ou aulcun de lor entre los medis borges que non se poscos declarar per lo sobre escript, tout so que obs lor faria que per aquest escript non poyrian jugar ny declarar deu estre jugat et declarat entra los senhors et los borges per las coutumas de Castelgeloux.

Aquestas costumas det et octreyet per si et per sous lavandit Ramond Bernard de Rovinha que fo à tous los habitans et habitadors del loc del Bore Sainct Pey. Lasquallas meyssas costumas lodit predict A Ramon Bernard de Rovinha en Eymeric de Rovinha son oncle a dadas et octreyadas et confirmadas à tos los habitans et habitaders present et arcindors del dict loc deu Boro Sant Pey per lor et per tous les lors per tout temps. Et fermament an promes et octroyat et corporellament per los bonas volontatz jurat sobre los Sanctz Evangelis de Dieus per lor et per tos lors a mon dit senhor en Ramon Bernard de Rovinha En Eymeric de Rovinha son oncle que etz auran tendran et totz los lors toutz temps fermas et establaz totas entegrament las ditas costumas et tot quant que contengut es en aquesta presenta scriptura et que re no len franchiran ny corrompran ny faran far, ny encontra neguna de las ditas causas no vendran ny home ny femna per lor ny per .os lors en negun loc ny en negun temps per negun dreict ny per néguna encaiso. Et an me donat los metes senhors a tous los borges del medis loc et al lors ajudadous et deffendadors si de re etz ny los lors anaven venir en contra los honorables Barons En huc de Puyols et en Bernard de Rovinha los quals octrajeron et prometeron per ferma et leial instipulation et per las lors bonas feys et lealtatz à tous los habitadors del predict boro per lor et per etz lor esser adjudadors et deffendadors contra als dicts senhors et contra lor si es medis senhors ou los lors venir en aulcun temps et de ren contra neguna causa de las ditas costumas et contrast no camblament o perturbation y feissen de res en aulcun temps. Et lor an promes estre mansfermas en obligament de tous lors bens. Et per mays de valor et de fermetat aver de toutas las ditas causas los avant dicts senhors en Ramon Bernard de Rovinha et en Eymeric de Rovinha son oncle et los ditz Barons en Iluc de Pujols et en Bernard de Rovinha en tesmoignage de vertat et de las dictas costumas an pausat et mes ainsi cum son mantagutz la ung apres lautre lors sagetz pendans en aquesta presenta carta avant sagelada las predictas costumas per mey de valor et de actestatio et de fermetat et aver toutz temps.

Asso fo ayssi feyt et accordat et autreiat à Thonnenx en la Gleysa de Monseignor Sant Peyre al Bouro appellat lo Borc Sant Pey Detz Dias al vsset del mes d'ost l'an de nostre senhor mil CCLX et ung Alfoso Tnol. Com^a. V^llm^a Agenense Episcopo. Ainsin signats en quatre signatz en lad. costuma pendens.

Nouveaux articles accordés par les consuls de Casteljaloux aux consuls du Bourg Saint-Pierre de Thonenx (1475).

L'Estrait de la costumas de Castelgeloux es atal :

Conoguda causa sia que en la presencia de my notari Testimonis et Juratz de la vila de Castelgeloux vengon et se presenten personnellament pardevant les honorables homes Guillem Lane, Johan Denyfieux, Johan de Salavert, Pierre Guiraud conseilh de la villa de Castelgeloux. Et Pardavan Esteven de Renol Bayle de lad. villa los honorables homes Peyre Pradere et Bartholomeu Pelet se disant conseilhs deu loc et per deux habitans manans deu loc deu Borc Saint Pey de Thonnenx requerant et suppliant aux dits conseilhs de lad. villa de Castelgeloux que lor plagessa autrejar ung article de costuma ou dus contengutz en la costumas de la villa de Castelgeloux losquals disson lor eran necessaris et ce per causa que etz avian los fors et costumas et usages semblables à la costumas de la villa de Castelgeloux, lasquals ostenderen aqui medis et furen legidas et se trobarian quasi unas exceptat los dits dus articles et usages losquals disson à lor appartenir pregan supplican come dessus. Et los dits conseilhs et dautres Juratz de ladite villa agut conseilh et déliberation entre lor autreian losdits dus articles aus ditz de Thonnenx ab lo saget de la villa a lors despens. Deus quals articles et privilèges lu tenir sen sec.

Dommages aux champs.

65. — Si home ou femna de sept ans en sus es acteint en malfaicta en vinha en casal ou en pratz ou en blatz ou en fructz, tres solz de Morlans et lo gatge la tersa part al senhor et las duas partz a la villa si lo malfaictor es actent et conogut del gage si lo borges de sept ans en sus hoc dietz ou hoet rapporta al conseilh ou si la garda communal hoc dietz.

Cri public.

66. — Item touquant lusage que es acostumat de lad. villa toquant las cridas es atal que quant on fey cridar cridas publiquas de vinhas de pratz ou daultras causas communals appartenens à lad. villa sinon

que fossa expres mandat en particular de mon dit redoutable senhor Monseignor de Labrit ont las fey cridar de las pars de Monseignor et deu Ballo et deus conseilhs de la dita villa.

Losquals articles et usages an estat extretz del translat de las coscostumas de lad. villa per my notari cy dejus scriut per mandament deus dits conseilhs susdits.

Acta fuerunt haec apud Castrum Gelosium predictum die quartâ mensis septembris anno Domini millesimo CCCC° LXXV° Regnante Illustrissimo Principe et Domino nostro Domino Ludovico Dei gratiâ francorum Rege et Ramondo Episcopo vasatensi, Præsentibus ibidem Guillermo de Moncanelo, Johanne de Lafargua, Bertrando de Beou, Johanne Michaele testibus ad hoc vocatis et rogatis sic signatis, Et me Johanne de furno auctoritatibus Impériali et domini mei de Albreto notario publico qui dum premissa fierent presens fui et ad mandatum dictorum Consulum dictos articulos a suo originali extraxi in hanc formam publicam redegi in fidem omnium et singulorum signo meo authentico signavi.

Autres articles accordés par les Consuls de Casteljaloux aux Consuls du Bourg Saint-Pierre de Thonenx.

Sensec la tenor dels Establiments.

Aquestz son los establimens deu loc de Castetgeloux.

67. — Revendeurs de vin.

Premeirament es establit que nulhs home nestran ny privat no deu comprar vin dens la villa de Castetgeloux per arrecardar sinon quel compres del borges et dans la villa et quelz portes et metos dans son hostal et quel tengos ung mes complet avant de far vendre a taverna. Et sil la comprava et vendos dins lo mes a taverna lo vin del dozilh en bas es encors al senhor et a la villa et tres sols de Morlans lo gage, la tersa part del vin et del gage al senhor et las duas pars a la villa.

68. — Dommages aux champs.

Si home ou femna de sept ans en sus es arrestat en malfeita en vinha ou casal ou en prat ou en blatz ou en fructz tres sols de morlans et lo gaige, la tersa part al senhor et las duas pars a la villa. Et lo malfaitor es acteint et cozut del gaige sil borgues de sept ans en sus ao dictz ou ao rapporta al conseilhs ou la garda communa ao dictz.

69. — Bœufs trouvé en dommage.

Si beu es actent ou troubat en mal faicta quatro deners morlans es lo gage Et beu si es trobat de dias tres sols morlans et nies de nuictz sieys sols de morlans.

70. — Brebis ou chèvre en dommage.

Si hoeilha ou crabe es trobat en mal faicta ung morlans es lo gage et si crabe o boc y es trobat sieys deners de morlans Et si craba ou boc son actens de Pasques entro a Penthecosta que los y pot hom occase sans gaige.

71. — Cochon ou truie en dommage.

Lo porc ou treuga si es acteint ou troubat en malfeyta quatro morlans es lo gage. Et de toutas las causas susditas quel devant pagar la malafeyta.

72. — Dommages dans les bois défendus.

Home o femna, si es trobat, en bosc cridat ou bedat de nuictz trenta tres sols morlans es lo gage.

73. — Dommage de pigeons.

Si hom pran colom on coloma mechetz de colomes si es actent trenta tres sols de morlans es la gage.

74. — Oie trouvée en dommage.

Aucqua si es acteinta en malfeyta lo bec en pot hom aver.

75. — Cosommateur qui sort de la taverne sans payer.

Si nuls home ou femma a recept vin en taverna et sen ba oultre la volontat del taverney sans pagar, tres sols de morlans es lo gage et lo taverney que deura estre cresut per son sagrament.

76. — Taverniers.

Si hom ou femma qui face taverne se da aver tres meailha amilha per cascun dou que fara pagar tres sols de morlans al senher et als conseilhs.

77. — Vol de fruits exposé en vente.

Si fructa es apportada a vener en la carrera. Et nulhs home ou

femma de sept ans en sus no pren sens volontat daquel ou daquera
qui portada laura deux morlans es lo gage et que deu estar cresu
aquet ou aquera qui la portara per son sagrament.

78. — Défense de tenir sur la rue des tables pour vendre.

Nulha persona non den pausar taulley pertenir mercandaria sur la
carreyra et so o fac sieys morlans es lo gage.

79. — Bouchers.

Los mazereys no se devan tenir en bona bustia vendabla als bancz
si non dus. Et si on faisan tres sols de morlans es lo gage. Et cascun maserey no deu tenir car vendable alz bancz si non es mar-
chande. Et si noy fey tres sols de morlans es lo gaige et la carn
gitar horra delz bancz. Et si ny tenen carn de porc gaffera dins los
bancz per que y fos acteint que sia condemnat selon costumas.

80. — Vin falsifié après avoir été mis en taverne.

Nulh home ny femma no den meetre aygua en vin puisque laya
atavernat Et si o fasc tres solz de morlans es logage. Et lo vin del
dozilh en bas encors.

81. — Bouchers.

Mazerey no den tenir carn a vendre dins los bancz de ung dia et
mey en la en lo mes de Juilh et Dost Empero si o fasc de hora nona
en bast que lo y pot tenir la neyt et landoman entourn tersa. Et si o
fasc tres solz de morlans es logage et la carn encorsa.

82. — Défense d'acheter des comestibles lo mercredy hors des portes.

Nulz home ny femna al die del dimercres fora las portas delz
grands murs de la villa no deu crompar garie ny garies cappos lebres
counilhs ny nulh heux ny fromages ny peys. Et si oo faste que per-
gue tout ce que crompat aura et douze deners de morlans de gage
tres millia sia margue.

83. — Défense d'acheter des comestibles hors des murs avant midy.

Nulh home ny femna no deu comprar de las causas dessus dictas
entra myedie sia passat Et si o faze que pergan so que comprat aurar Et si o fazia que sia au gage de sieys deners de morlas.

84. — Défense de dépouiller les vignes des carrassins et sarments.

Nulz homs ny femma lo gadiey qui loguia vinhas a obrar no trague paissel ny butz ny esserment de vinha si no faço de la sua metissa vinha Et si o fazo que sia augage de sieys deners de morlans.

85. — Défense de prendre des raisins.

Nulz homs uy femma qui se logon a verenhas non porte de las vinhas rasin Et si ao fazia que sia al gage de sieys denen de morlans.

86. — Défense de passer dans les vignes d'autrui de Pâques à la Toussaint.

Nulhs homs ny femma ny autra no traversa en vinha ny en autruy cazal sino ab lo messaguey ou ab licencia del senhor de cuy la vinha ou casal sia de la festa de l'asques entro a Tous Sayns Ft si actent nes sieys deners de morlans es lo gage.

87. — Bouchers.

Nuls mazerey no deu escorchar beu ny bacqua ny moto ny cresto ny ouelha ny craba ni boc ni pelar porc ny truya dins los bancz de Castelgeloux ni en carreyra ny tenir ventre ny gotz del susdit bestial Et si o fasen deuran de cascun lo gage tres sols de morlans.

88. — Défense de mettre dans la ville du vin autre que le sien propre.

Nulhs home ni femma estrang ny privat no deu mectre vin dins la villa de Castelgeloux sinon de sas vinhas et de sas arrendas Esi o fase tres sols de morlans es lo gage et lo vin deu estre versat. Et deu estar metut dans la festa de Saint-Martin divern de dias et si nuictz al senhor et conseilhs es encors lo vin.

89. — Défense de changer le vin mis en taverne.

Item nulla persona que aye feyt taverna no deu cambiar lo vin tant entro aya vendut lo bayssel qu'aura atavernat. E si ao fase lo vin es encors del dozilhen bas al senhor et als consilhs et tres solz de morlans de gage.

90. — Le pilori pour ceux qui ne peuvent payer l'amende.

Item tota persona qui ne poyra pagar lo gage de trenta tres sols

de morlans deu estar a l'espilori del mati entro a mye jour Si non
pode pagar lo gage de trenta tres sols de morlans deu estar a l'espilori tout ung jour ou tant qu'il plaira al senhor et als conseils.

91. — Peine contre ceux qui prennent les vases des tavernes.

Item tota pessona qui pode prenner cnap en taverna et sen va a
bet defora tostau et tengut de pagar et esmendar la malafeyta et
sieys deners morlans de gaige al senhor et alz conseilhs.

92. — Franchise de péage.

Item et es en for et en costuma et usage que tot bourges de la d.
villa no deu ny peage ny autre tribut al senhor de qualque marchan-
disa que se sia ny danuda ny de venguda en qualqua feysson que se
mercandayra de socque ne aultrement fors que de vin qui sen ven
en taverna que paque de socquet douze denest pour frais a obs reparation de la d. villa.

LOS pusens fors costumas et establiments dessus dicts en estat
estraictz deu propre original et en aquetz corrigitz per mandament
de mes dictz senhors procuraire bayle et conseilhs dessus dicts senhors procuraire bayle et conseilhs dessus dicts lo vingt quatrième
jour de fevrier lan mil CCCC quatro vingt Regnans illustre prince et
senhor Loys per la gracia de Dieu Rey de France et reveren Pay eu
Diu Monseigneur Ramon de Torquelari evesque de Bazatz Present
a so honorables homes Johan Sinard, Guilhem Ramon Sinard, Johan
Denfieux, ferrando de cap de porc, Johan de Seigniens, Peyroton deu
Plan et Anthoni del Vinhal bourges et Juratz de la d. villa de Casteljaloux temoins ad so convoqualz et appelatz et ains in signalz ET ME
JOHANNE DE FURNO clerico notario publico qui ad mandatum dictorum dominorum meorum superius nominatorum et ad requestam
partium predictarum coppiam predictarum consueludinum et statu-
torum a suo originali manu aliena extrahere feci et signo meo aug-
tentico signavi in fidem omnium et sigulorum requisitus.

LAS QUALLAS causas dessus dites transaction costumas et establi-
mensdadas et auctreyadas lo dit senhor de Caumont aus dits habitans
et habitadors del dict loc del borcsanct Pey per neusar de punt en punt
ainsi que assi son escriutas specificadas et declaradas Et aussi de ung
costat et daultro las ditas partidas et cascuna dellas assaver es lo
dit senhor de Caumont per ed et per los sons et los dits consuls

Juratz manans et habitans deu d. loc et juridiction per els et per lors heretes et successors présents et adveindors las causas contengulas en lo présent appunctament et accord costumas et establimens an promettut de tenir servar et gardar de punt en punt et non contrafar ny contradire ny venir en negun temps ny en deguna maniera dasquesta hora en avant El a quo en expressa obligation de tous et cascun de lor bens et causas mobles et immobles presens et adveindors dejus touta renonciation de dreyt et de cauthela E si ne volian anar a lencontre de ung costat et daultre ne volen estre compellidas per toutas cours ecclesiasticas et seculiares una coust per l'autra]nen cessan come si era causa jugada conoguda confessada et en jugemen passada. Et a major fermetat las ditas partidas et cascuna dellas la ung apus lautra assaber es lo d. senhor de Caumont per ed et los d. consulz et juratz deld. loc an promes et jurat soubre los quatre saynetz Evangelis de Dieu tocqualz las causas predictas tendran non contrafaran ny en contrafar dire ny venir no faran eu degun temps ny en deguna maniera Et an me demandat las d. partidas et cascuna dellas assaver es lo d. senhor de Caumont per se et los d. consilhs et Juratz per es et cascun lor n'esta feyt a una carta per me notari dejus escriut.

ACTA fuerunt haec omnia in dicto loco Thonnensis superioris et in Ecclesia ejusdem loci Die nona mensis Maii anno Domini millesimo quingentesimo secundo illustrisimo principe et domino nostro Ludovico Dei gracia francorum Rege regnante et reverendo in Christo Principe et Domino Domino Leonardo miseratione Divina Agennensi Episcopo existente Ibidem testibus in premissis honorabilibus et discretis viris magistro Johanne deu Plamont in utroque jure licenciato officiale Sarlatense priore de Canis et rectore de Demonsac, nobilibus arnaldo de Vinen Capitaneo Castrinovi senescalliæ Petragorensis francisco de Vinen ejus filio ejus loci Castrinovi Johanne de Comarqua magistro Johanne Redon notario habitator parrochiæ Sancti Vincentii senescalliæ Petragorensis et Jacobo Chivalier Castellans de Doma dictorum locorum habitatorun testibus ad premissa vocatis et rogatis Et quia quæ per dictas partes superius sunt expressata suscipere non poterant commode in quatuor pergamenis pellibus in eisdem continentibus id cirio Ego notarius infra scriptus predicta scribi feci in quinque pergameni pellibus insertis et inglutinatis tenaci glutino et ad omnem fraudem removendam in margine dictarum quinque pellium signum meum manuale apposui in fidem premissorum Et me

Johanni frumenti notario publico Thonnensis superioris habitatore
qui de premissis requisitus hoc presens instrumentum retinui recepi
feci vidi audivi et in meis prothocolis registravi et per allum mihy fi-
delem grossari feci signo que meo consueto signavi in fidem premissorum. — Ainsi signó au bas du dit instrument de transaction.
J. frumenti not. predict...

**Copie de charte détachée du cahier de coutumes ci-dessus transcrit et par
laquelle Eymeri de Rovinha accorde deux articles de coutumes aux habitants du bourg Saint-Pierre de Thonenx.**

(5 janvier 1317.)

Conoguda causa sia que lo noble baron N'Aymeric de Rovinha
senhor del borc Sen Pey de Thonnenx en sa partida a promes et
autregat.

> Au Arnauld de Gaillard,
>
> Au Bertrand de Massac,
>
> Et au Gillis de Barrois,
>
> Et au Guilhem de Massac,
>
> *Consuls del dict loc :*
>
> Et au Gaillart de Tremolet,
>
> Et au Guilhem de Tremolet,
>
> Et au Pey de Vic,
>
> Et au Ramond de Gaillard,
>
> Et au Byquem de Lannes,
>
> Et au Guilhem de Gaillard,
>
> Et au Massip de Gailhard,
>
> Et au Pey Mercier,
>
> Et au Guilhem de Massac.
>
> Et au Ramon Barreyra,
>
> Et au Ramon de Gailhard,
>
> Et au Pey Molye,
>
> Et au Pey Barreyra,

> Et au Pey de Genao,
>
> Et au Guilhem de Luc,
>
> Et au Guilhem de Luc filh deu Guilhem que fo,
>
> Et au Ramon Saur,
>
> Et au Guilhem Dansel,
>
> Et au Fois de Fazas.

Borges et habitans en Juratz del dict loc totz aqui presens stipulens et recebens per lor et per totz los aveindors del dict loc los establimens qui senseguen.

Essai de conciliation devant les Consuls.

93. — Premierament que si y a nulh home borges del dict loc et et de la Juridiction daquet que aya contrast pleyct ny debat ab autre borges del dict loc aquet demandant no sia tengut de far citar (lo defendor cevant lo cosseilhs) ny perdevant negun Juge tant atro que aya mostrat a det ou als conseilhs del dict loc de aquet debat que se (sia elevat entre las partidas) et daquet estar a la ordonensa des dicts conseilhs. Et si y a degun qui sia rebelle per que los cosselhs ac deven prene et menar als despens de la villa. Et si lo feyt era tant gros que los d. conseilhs no pogossan ordonnar que los d. conseilhs no pogossan en anar demandar conseilh a Savis als despens de las partidas qui auran aquest contrast.

Prohibition au Seigneur de faire toutes nouvelletés aux bourgeois et habitants.

94. — Item mays que lo dit senhor n'Aymérie no den far ny son Bayle ny procureur nulha novellat a nulhy borges del dict loc. Et si ac faze que ed o den reparar et tornar a estament degut a la conoguda delz conseilhs et Juratz del dict loc. Et si far no ac vole et y sera constraint quelz dictz conseilhs ac deven prene en lor (man) et menar alz despens de la villa.

Et de las causas predictas los d. conseilhs prohomes et Juratz requeron my notairi jus escriut quelz en feys carta publica per mon offici als despens de la villa.

Testes sunt los senhors Helygararo et W. Tilhol prestres, Amalvin de Lestrada, R. Robat.

Et ego Simon de Pena communis notarius Burgi Sancti-Petri de Thonenx qui ham cartam inquisivirecepi et scripsi.

Actum fuit in Ecclesia Dicti Burgi Sancti-Petri de Thonenx V° Die Januarii anno Domini millesimo CCC° XVII° Regnante Domino Philippo Rege franciœ, Amanevo Episcopo Agenneusi.

Ainsi signé J. Picardi notar. Datum pro copia et collationne facta cum verso originali.

INDEX.

—

Sommaire des Chapitres.

PREMIÈRE PARTIE.

SITUATION. — ORIGINE. — CONSTITUTION POLITIQUE ET CIVILE DE LA VILLE ET DE LA SEIGNEURIE DE TONNEINS.

Territoire de Tonneins faisait partie de la Celtique et du Royaume des Nitiobriges. — Après conquête de César, pays des Niotobriges enclavé dans seconde Aquitaine. — Fait ensuite partie du Royaume des Visigoths sous le nom d'Agenais.

Deux villes closes et fortifiées, chefs-lieux d'une baronnie, Tonneins ou le Grand Tonneins de Tonneins-Dessous, et le Petit Tonneins ou Bourg Saint-Pierre de Tonneins ou Tonneins-Dessus.

Tonneins-Dessus a faubourg du Biscarret et le bourg de Cuges. — Entre les deux villes quartier d'entre deux Bourgs.

Tonneins-Dessus comprend la partie orientale à partir de l'entre deux Bourgs.

2 Églises : Notre-Dame de Mercadieu à Tonneins-Dessous, et Saint-Pierre à Tonneins-Dessus; cette dernière détruite au xvi⁰ siècle, et non reconstruite à la même place.

Au v⁰ siècle, Tonnantius Ferreolus, préfet des Gaules, son fils Tonnantius Ferreolus II, fut préfet des Gaules. De Tonnantius on a fait Tonnanco, Thonenx et enfin Tonneins.

Seigneurie à Tonneins au vii⁰ siècle. — Titres et reconnaissances en font foi.

L'église Notre-Dame de Mercadil est fondée. — Doctrines Vaudoises ont cours dans la plaine de Tonneins. — Croisades contre eux; ville de Gontaud est prise. — Tonneins soumis au pillage et à la destruction. — Italien Henri, à la tête du mouvement anti-catholique.

Baronnie de Tonneins-Dessous appartient à la maison Ferreol; celle de Tonneins-Dessus, à Raynaud Bernard de Rovinha, seigneur de Caumont et Casteljaloux. 2 seigneuries avec chacune une église.

Seigneur de Tonneins-Dessous a 4 paroisses : Saint-Blaise de Brell, Saint-Germain de Rivière, Saint-Etienne de Gafoulet et Notre-Dame de Mercadil, viennent ensuite s'ajouter celles de Gradeloup et Villefranche du Cayran puis la baronnie de Villeton, le marquisat de Calonges et enfin la baronnie de Tonneins-Dessus.

Baronnie de Tonneins-Dessus a 3 paroisses : Saint-Sernin d'Unet, Saint-Georges de Rams et Saint-Pierre de Tonneins.

En 1609. — Délimitation solennelle de la baronnie de Tonneins-Dessus. — Maison de Tonnance de Ferreol se disperse, un de ses membres fonde la baronnie de Tonneins et donne à ce fief le nom de Tonnance ou Tonneins.

Fondation de l'église Notre-Dame remonte au vi* siècle, saccagée par les Sarrasins, détruite de nouveau dans les guerres de Religion au xvi* siècle, et rétablie au xviii*.

Fondation de l'église Saint-Pierre, saccagée par les Sarrazins, reconstruite, brûlée au xvi* siècle, réédifiée à la même place, bâtie sur les bords du fleuve, on la démolit par précaution.

En 1686. — Fondation de l'église des religieux du tiers-ordre de Saint-François, devenue un temple protestant.

Coutumes locales, en dépit des lois romaines. — Coutume suppléa à la loi et l'emporte quelquefois sur elle.

1301. — Rédaction de la coutume sous Philippe-le-Bel, véritable contrat synallagmatique. — Guillaume de Stuer, obligé par habitants de représenter la coutume; lecture publique de la coutume écrite en langue vulgaire.

Louis de Caussade, baron de Tonneins, obligé de donner copie des coutumes et faire serment. — Justice mère sans limite. — Justice moyenne jusqu'à 60 sols d'amende. — Basse justice jusqu'à 60 sols, simples sols dont l'amende ne dépasse pas 10 sols. — Sénéchal. — Bailli. — 4 consuls sans traitement gouvernent pour un an. — Leur serment. — Corps de jurats est le conseil des consuls. — Robe rouge, noire et chaperon rouge. — Deniers patrimoniaux. — Réception de Bourgeois de Tonneins. — Recipiendaire donne 12 deniers et une hallebarde. — Marché chaque semaine. — Grande foire de l'Ascension à Pentecôte.

Cour de justice du baron de Tonneins, composée du bailli, des consuls et de quelques jurats. — C'est la juridiction de 1re instance. — Pouvoir d'appeler devant la Cour du seigneur immédiatement supérieur. Serment est en honneur. — L'adversaire du seigneur est cru sur son serment.

Page 5 à 28.

DEUXIÈME PARTIE.

1re PÉRIODE. — DEPUIS LA FONDATION DE LA VILLE JUSQU'A L'ANNÉE 1453.

Fondation de Tonneins sous Dagobert. — Sarrazins envahissent l'Aquitaine. — Contrée de Tonneins ravagée. — Louis VII, épousa Éléonore et reçoit l'Aquitaine. — Celle-ci divorce et fait passer par son mariage l'Aquitaine à Henri II, roi d'Angleterre. — Agenais est donné à sa sœur Jeanne femme de Raymond VI,, comte de Toulouse. — Albigeois. — Croisade contre eux. — Grands ravages à Tonneins.

1270. — Agenais revient au Roi d'Angleterre.

1239. — Guillaume de Ferriol se rend garant d'un traité entre G. de Gontaud et Rudel, seigneur de Bergerac.

1250. — Il est présent à l'hommage rendu par Amanieu d'Albret, à G. de Beart.

1254. — Il est exécuteur testamentaire de Rudel.

1261. — Il transige avec moines de Grandselve, diocèse de Toulouse, et avec l'abbé de Sarlat. — G. de Ferriol meurt, son fils Etienne lui succède et prend part à Guerre entre Philippe-le-Bel et Edouard I.

A Etienne de Ferriol, succède son fils Guillaume. — Il meurt en 1312. — Son fils Etienne lui succède. — Il devient sénéchal d'Aquitaine, de par le roi d'Angleterre, puis on le révoque.

1324. — France et Angleterre en guerre à cause du château de Montpezat, en Agenais. — Traité de paix en 1325. — Roi de France occupe Tonneins. — Seigneurs du pays prennent parti pour la cause française.

1340. — Edouard III donne à G. Raymond de Caumont Tonneins-Dessus, acquis ou confisqué par lui.

Puissance d'Edouard III en Guienne. — Prince de Galles en Guienne. — Il ravage le Languedoc. — Se rend en Normandie.

23 mars 1357. — Trève conclue à Bordeaux. — Députés gardiens de la Trève. — Pour la contrée de l'Agenais, sire de Caumont, Amanieu de Fossat, Bernard de Rovinha, seigneur de Tonneins, et G. de Ferriol, seigneur de Tonneins. — Le prince de Galles reçoit la Guienne et pressure l'Aquitaine. — Plaintes au roi de France. — Prince de Galles cité devant Cour des Pairs qui confisque duché de Guienne. — Déclaration de Guerre. — Tonneins pris par Duguesclin. — Jean de Ferriol, nouveau seigneur de Tonneins en 1400, s'attache à la cause française. — Il se soumet au roi d'Angleterre peu après. — Traité du 10 janvier 1421. — Mutuelle concession. — Mort de Charles VI. — Anglais chassés de la Guienne. — Mort de Jean de Ferriol. — Sa fille Isabelle, dame de Montpezat, vend seigneurie de Tonneins-Dessous, à Amanieu de Madaillan, seigneur aquitain, ami du roi d'Angleterre. — Prisonnier du roi. — Seigneurie confisquée. — Parlement de Toulouse, chargé de dire quel devait être le possesseur nouveau. — Procès entre Isabelle de Ferriol, les héritiers de de Madaillan et le Procureur général pour la possession de la seigneurie. — Pendant procès, Charles VII met Poton

de Xaintrailles en possession. — Procès continue. — Isabelle de Ferriol meurt. — Parlement de Toulouse intervient ainsi que lettre patente pour réaliser acquisition. — Vente le 27 septembre 1452.

Fort-Sanche de Xaintrailles épouse Edie de Roqueys en 1380. 4 enfants : Jean, Beatrix, Thalie et Jean dit Poton. Le père de famille institue Jean son fils aîné, héritier des seigneuries de Xaintrailles et Ambrus ; et à Poton, seigneurie de Villeton.

Poton de Xaintrailles — caractère guerrier, noble et hardi, 1417 — il est au service du Dauphin. — 1418 défend avec La Hire ville de Couci, entreprend expédition en Normandie, — fait prisonnier par Talbot et rendu à la liberté 1450, prend part à la guerre de Guienne, signe traité de capitulation de Bordeaux — reçoit du roi ville de Saint-Macaire : — de Jean V, comte d'Armagnac, la vicomté de Brulbois — 1453 fait sénéchal de Limousin. Maréchal de France en 1454 — Gouverneur de Bordeaux — Meurt le 7 octobre 1461.

En 1436, il avait épousé Catherine Brachet de Vendome, il lui lègue par testament seigneuries de Tonneins et de Grateloup.

En 1423, assiste à bataille de Crevant — y est fait prisonnier, relaché, il assiste à la bataille de Ham, à bataille de Verneuil et a prise de Bruiné le Comte ; — en 1428, enfermé à Orléans — est blessé — rejoint le roi à Chinon — assiste à bataille de Patay, bat les Anglais et fait prisonnier Talbot, assiste au sacre du roi à Reims : — Ecuyer du roi — défait les Bourguignons avec Jeanne d'Arc — siège de Compiègne — Jeanne d'Arc prisonnière — Xaintrailles fait lever le siège — gagne bataille de Germiny suivi toujours de Guillaume son berger inspiré.   Page 28 à 41.

DEUXIÈME PÉRIODE
DE L'ANNÉE 1453 JUSQU'A NOTRE ÉPOQUE.

Agenais délivré des Anglais. — Catherine Brachet, veuve de Poton de Xaintrailles a par testament la seigneurie de Tonneins, se remarie avec Jean de Stuer sire de la Barde. — Ils meurent sans enfants ; en 1490 — leur héritier est Guillaume de Stuer, chambellan du roi, sénéchal de Saintonge — il arrive à Tonneins — consuls revendiquent droits des habitants en vertu des coutumes ; serment prêté par seigneur et prêté au seigneur. — Procès-verbal de l'assemblée. — Jean de Drulha consul. — G. de Stuer se marie avec Catherine de Caussade, un fils : François de Stuer, seigneur de Saint-Pierre, donne aux habitants coutumes de Casteljaloux. — Tonneins-Dessous plus libre.

G. de Stuer meurt. — François de Stuer son fils lui succède. — Refuse de prêter serment, consuls portent la question devant le Parlement de Bordeaux qui condamne le seigneur le 12 janvier 1530.

Réforme s'introduit en Agenais, baron de Tonneins-Dessus embrasse la réforme.— Fr. de Stuer garde sa croyance. — De Monluc sévit contre les nouveaux convertis.—Persécutions. —Consuls, jurats et habitants de Tonneins se soumettent.— Baronnie de Caumont aussi.—Scaliger, disciple de la réforme, se défend et fait acquitter les autre coaccusés. — Ventes de l'hôtel de ville, des poids publics, etc., pour payer dépenses des persécutions. — Reine de Navarre passe à Tonneins. — Pressée de quitter, défense des réformés, elle n'obéit pas. — Séjour de deux jours attendant de Fonterailles et de Montamac, s'enferme à Bergerac, puis va à Cognac et à la Rochelle. — Saint-Barthélemy éclate. — Tonneins fidèle à la cause du roi de Navarre. — Maréchal de Biron occupe Marmande.

François de Stuer meurt, deux fils : Paul et Louis, le premier assasiné à Paris, second devient baron de Tonneins-Dessus. Il épouse Diane d'Escars fille unique du comte de Lavauguyon, prince de Carency.

Louis de Stuer de Caussade veut prendre possession de la baronnie — invité d'exhiber les coutumes et de prêter serment. — Il le prête le 1er septembre 1581. — Guerres désolent la contrée. — Armée du roi et armée de reine de Navarre se livrent bataille près de Tonneins. — Maréchal de Matignon reprend Tonneins. — Garnison dans le château. — Louis de Caussade la congédie et s'y établit. — Louis de Stuer de Caussade, ferme catholique. — Nompar de Caumont, marquis de la Force, ferme protestant très influent. Page 41 à 50.

Sous Henri IV, Tonneins jouit de la paix. — Jacques de Bruet, épouse Thalèze de Xaintrailles. — Gouverneur de Tonneins le 10 novembre 1601. — Louis de Caussade meurt. — Jacques de Stuer de Caussade comte de Lavauguyon son fils lui succède. — Henri IV meurt, Tonneins a fini de jouir de la paix. — Défense aux protestants de tenir des assemblées. — Alliance avec l'Espagne. — 21e synode national des églises réformées se tient à Tonneins. — Jean Gigard modérateur. — Fin du synode le 3 juin. — 1615 26 août. — Serment d'union des églises réformées au Temple en assemblée générale. — Serment signé par gouverneur, consuls et le pasteur. — Grande assemble le 20 septembre 1615 en vue de relever les fortifications.

On travaille aux fortifications, car une armée menace la ville. — Duc de Rohan et duc de Bouillon, sont à St-Foy à la tête des mécontents — de La Garde, gouverneur de Tonneins-Dessous les rejoint — de Pécharnault, commande Tonneins. — Duc de Rohan arrive ; il voudrait empêcher Jurade d'aller voir le roi à Bordeaux, après des tiraillements elle n'y va pas. — Manque d'union, — arrêt du Parlement de Bordeaux, règle certains détails d'administration municipale.

Duc de Mayenne, lieutenant-général du roi passa à Tonneins, reçu avec honneur 14 septembre, 1618.

1619. — Nouveaux troubles — Tonneins resté fidèle au roi. — Poste d'eau divise les deux villes — on arrête la Poste et on prend les marchandises. — Procès coûteux, mais sans résultat.

Assemblée de la Rochelle dirige affaires des Eglises réformées. — Etat dans l'Etat. — Guerre civile paraît inévitable. — Marquis de La Force, commande cercle de la Basse-Guyenne. (Sainte-Foy, Clairac et Tonneins, villes de sûreté.

Louis XIII, vient combattre les réformés en Basse-Guienne. — Soumet: Castillon, Bergerac, Ste-Foy — vient à Tonneins qui ouvre ses portes et il assiège Clairac. — 23 juillet 1620 prise de Clairac. — Roi va à Agen, et à Montauban — ville résiste — siège de Monheurt.

1622. — Prise de Monflanquin, par marquis de La Force, prise de Clairac par de Lusignan. — Siège de Montravel, par Duc d'Elbœuf marquis de La Force, assiège Tonneins; Tonneins-Dessous se rend — Château se rend; de La Vauguyon et de Dondas, faits prisonniers et envoyés à Ste-Foy — Duc d'Elbœuf et Maréchal de Thémines arrivent à Tonneins; Tonneins-Dessous et bourg de Cuges pris. — Péripéties du siège — ravitaillement de la ville par bateaux chargés de blé et de farine. — Peste et famine, Roi se plaint des lenteurs du siège — traité le 4 mai 1622 — mort de Montpoullan et Vicomte de Castets — M. Le prince arrive à Bordeaux et apprend capitulation de Tonneins. — Affront fait aux armées du Roi — on met le feu aux deux villes — 6 octobre Costebadie a chanté l'Incendie. Page 50 à 72.

Guerre civile dévaste la France. — Duplessis-Mornays écrit au roi pou demander la Paix pour les Réformés. — 19 oct. 1622 déclaration royale montrait en partie disposition de l'Edit de Nantes; ordre de raser les nouvelles fortifications et de rétablir les personnes dans leurs biens, charges, honneurs.

Fin de 1622 — à la faveur de cette déclaration on veut rechercher emplacement des maisons détruites pour reconstruire — ordre du roi de ne reconstruire qu'à 500 pas du fleuve. — Dussault avocat général au Parlement vient de limiter les 500 pas. — Quelques habitants bâtissent sur ancien emplacement — On les dénonce. — Procès-verbal détaillé de Dussault. — 17 sep. 1623 achat d'un terrain par Dussault pour permettre aux habitants pauvres de bâtir; — résistance à Tonneins-Dessous — on veut bâtir sur ancien emplacement; Dussault ordonne à des maçons de démolir les échoppes bâties; — opposition — assignation devant la Cour; Réunion des habitants de Tonneins-Dessous dans le temple de Fauillet — ils veulent en référer à l'autorité du Roi. — Duc de La Force intercède pour eux. — Constructions reprises sur anciens emplacements.

1653. — Tonneins protégé par maréchal de Turenne ; baron de Tonneins-dessus par son mariage avec Anne Nompar de Caumont fille du duc de La Force. Jean Reverend de Bonguey et Labat de Vivens rendent des services.

Période Révolutionnaire à Tonneins — taxes exagérées sur les gens dit riches. — Sociétés populaires dont un des magistrats municipaux est exclu Lutte entre municipalité et Jouan le jeune — Isabeau lui écrit de réparer ses fautes.

Guerres du 1er Empire — divers habitants se distinguent. — Fondation à Tonneins d'une Ecole secondaire. — Hôtel-de-Ville dans maison de M. de Luppé. — Confection d'un quai. — Construction de la manufacture des tabacs — temple protestant neuf. — Littérateurs Tonneinquais : Jacques de Coras et Costebadie poètes, Jean Castera, Arbanière et Louis Florimond Lagarde. — Jasmin et Pradel.   Page 50 à la fin.

ERRATA.

Page 8, ligne 25, affiment ; *lisez :* affirment.

 — 38, ligne 17, la premier ; *lisez :* le premier.

 — 38, ligne 25, ces inspirations ; *lisez :* ses inspirations.

 — 39, ligne 18. Enpanal ; *lisez :* Exparsat.

 — 39, ligne 19, Menestral-sur-Sandre ; *lisez :* Menestrel-s.-Sandre.

 — 39, ligne 20, Puyavan ; *lisez :* Puyaran.

 — 39, ligne 20, Caubeyres; *lisez :* Cauvère.

 — 39, ligne 23, Vendome ; *lisez :* Vendosme.

 — 41, ligne 26, 1841 ; *lisez :* 1461.

 — 44, ligne 16, Tonneins-Dessus ; *lisez :* Tonneins-Dessous.

 — 59, ligne 23, ainsi ; *lisez :* ains.

 — 50, ligne 25, défense ; *lisez :* dépense.

 — 59, ligne 26, pour la communauté sous la ville ; *lisez :* seulement pour la communauté.

 — 79, ligne 6, avit ; *lisez :* avait.

Agen, Imprimerie Veuve LAMY.